Fabricador de instrumentos de trabalho, de habitações, de culturas e sociedades, o Homem é também agente transformador da História. Mas qual será o lugar do Homem na História e o da História na vida do Homem?

AS GRANDES REVOLUÇÕES E AS CIVILIZAÇÕES DA MODERNIDADE

Título original:
The Great Revolutions and the Civilisations of Modernity

© Copyright 2006 by Koninklijke Brill NV, Leiden, The Netherlands

Introdução: © Filipe Carreira da Silva e Edições 70, Lda.

Tradução: Filipe Carreira da Silva

Revisão: Luís Abel Ferreira

Capa: FBA
©: Corbis / VMI

Depósito Legal n.º 335832/11

Biblioteca Nacional de Portugal – Catalogação na Publicação

EISENSTADT, S. N., 1923-

As grandes revoluções e as civilizações
da modernidade. – (Lugar da história ; 81)
ISBN 978-972-44-1692-2

CDU 94(100)
323.2(100)

Paginação: MJA

Impressão e acabamento:
PAPELMUNDE
para
EDIÇÕES 70, LDA.
Outubro de 2011

Direitos reservados para todos os países de Língua Portuguesa

EDIÇÕES 70, Lda.
Rua Luciano Cordeiro, 123 – 1.º Esq.º - 1069-157 Lisboa / Portugal
Telefs.: 213190240 – Fax: 213190249
e-mail: geral@edicoes70.pt

www.edicoes70.pt

Esta obra está protegida pela lei. Não pode ser reproduzida,
no todo ou em parte, qualquer que seja o modo utilizado,
incluindo fotocópia e xerocópia, sem prévia autorização do Editor.
Qualquer transgressão à lei dos Direitos de Autor será passível
de procedimento judicial.

S. N. EISENSTADT
AS GRANDES REVOLUÇÕES E AS CIVILIZAÇÕES DA MODERNIDADE

ORGANIZAÇÃO E INTRODUÇÃO
DE FILIPE CARREIRA DA SILVA

Introdução

S.N. Eisenstadt
– Cultura, Estrutura e Acção Social

I

Foi num final de tarde de Verão, em Jerusalém, que ouvi aquela que me parece ser a melhor descrição do lugar ocupado por S.N. Eisenstadt na sociologia contemporânea. «É possível ensinar teorias sociológicas desde o pós-guerra», dizia Leo Avritzer, em conversa comigo e com José Maurício Domingues, todos nós de visita a Jerusalém em Julho de 2009, «usando unicamente a carreira e obra de Eisenstadt como referência – do estrutural-funcionalismo dos anos 50, às suas críticas dos anos 60 e 70, até ao paradigma alternativo da modernização enquanto múltiplas modernidades, que ele vem desenvolvendo hoje em dia». Leo Avritzer tinha razão: raros são os autores que exerceram tamanha influência sobre os respectivos campos disciplinares. Em sociologia, exceptuando a galeria de «pais fundadores da disciplina», atrever-me-ia afirmar que nenhum outro autor exerceu uma influência comparável, em profundidade e em extensão, à de S.N. Eisenstadt[1].

---

[1] Para um balanço crítico dos contributos de S.N. Eisenstadt, vide o excelente número especial organizado em sua memória no *Journal of Classical Sociology* (2011, 11), com

AS GRANDES REVOLUÇÕES E AS CIVILIZAÇÕES DA MODERNIDADE

O objectivo desta introdução é justamente o de dar a conhecer ao público português os principais traços do percurso e alguns dos contributos desta figura maior da sociologia do século xx. Infelizmente, e não obstante de algumas notáveis excepções(²), apenas uma pequena fracção da *opus* de Eisenstadt foi traduzida e publicada entre nós. Ciente, pois, do relativo desconhecimento do pensamento de Eisenstadt no nosso país, é minha intenção nesta introdução empreender um breve périplo pelos temas centrais da sua agenda de investigação, sempre que possível por referência aos trabalhos mais significativos a esse respeito, oferecendo, deste modo, outras tantas boas razões para se ler o texto original de Eisenstadt que se segue.

II

Shmuel Noah Eisenstadt nasceu em Varsóvia, em 1923, no seio de uma família de emigrantes judeus que se haviam instalado na Polónia no início do século xix, oriundos da Europa Central. Aos 12 anos de idade, na sequência da morte do seu pai, Eisenstadt emigra para a Palestina. Entre 1935 e 1940, faz os seus estudos liceais em Tel Aviv, ingressando de seguida na Universidade Hebraica de Jerusalém, onde se virá a licenciar em história e obter, com apenas 23 anos, o doutoramento em sociologia. Em 1947-48, já como professor de sociologia da Universidade Hebraica, ingressa num pós-doutoramento na London School of Economics (LSE), naquela que virá a ser a sua primeira estada prolongada num país anglo-saxónico. Em 1949, um ano após a criação do Estado de Israel, Eisenstadt regressa a Jerusalém onde assume a chefia do departamento de sociologia da Universidade Hebraica, que manterá durante os vinte anos seguintes. Até à sua jubilação em 1983, Eisenstadt desempenha

---

artigos de Edward Tiryakian, Luis Roniger, Wilfred Spohn, Roland Robertson, Donald Levine e Said Amir Arjomand.

(²) Refiro-me concretamente à tradução de uma selecção original de textos do autor sob o título de *A Dinâmica das Civilizações. Tradição e Modernidade* (Lisboa: Cosmos, 1991), da responsabilidade editorial de Pedro Tavares de Almeida, Jorge Miguel Pedreira, Rui Santos e David Justino (Eisenstadt, 1991: 25), e, mais recentemente, às colectâneas de textos *Fundamentalismo e Modernidade* (Oeiras: Celta, 1997) e *Múltiplas Modernidades. Ensaios* (Lisboa: Livros Horizonte, 2007), sem esquecer a tradução da obra *Paradoxes of Democracy* como *Os Regimes Democráticos: Fragilidade, Continuidade e Transformabilidade* (Oeiras: Celta, 2000). Esta relativamente tardia e limitada recepção das ideias de Eisenstadt em Portugal contrasta com a sua recepção no Brasil, onde a primeira tradução data de finais dos anos 60 (*Modernização: Protesto e Mudança*. Rio de Janeiro: Zahar, 1969).

múltiplos papéis nesta Universidade, sem prejuízo das várias posições como professor ou investigador convidado em Universidades estrangeiras que irá acumulando ao longo dos anos. Eisenstadt foi igualmente agraciado com inúmeros prémios científicos, com destaque para o Prémio Balzan de Sociologia, em 1988, e o Prémio Holberg, oito anos mais tarde. É, pois, com inteira justiça que à altura da sua morte, em 2010, Eisenstadt era consensualmente considerado como o «pai da sociologia» em Israel e o seu mais prolífico membro, com uma bibliografia que se prolongava por largas centenas de títulos, entre livros publicados e editados, artigos em revistas e capítulos em livros[3].

Os primeiros passos desta longa carreira foram moldados por duas influências fundamentais, como ele próprio teve recentemente oportunidade de reconhecer (Eisenstadt, 2003: 1-2). Em primeiro lugar, Eisenstadt foi influenciado pelo contexto intelectual da Palestina dos anos 30 e 40, marcado, por um lado, pelos acesos debates na comunidade judaica local e, por outro, pelo ambiente académico na Universidade Hebraica de Jerusalém. Aqui importa salientar a influência de Martin Buber, seu professor e mentor intelectual sob cuja influência Eisenstadt viria a interpretar Max Weber. Em Londres, o outro palco deste contexto intelectual formador, Eisenstadt encontra Edward Shils, estabelecendo com ele uma relação de grande cumplicidade que se irá prolongar até à morte deste último em 1995, um grupo de sociólogos comparatistas – representados por Morris Ginsberg e T.H. Marshall – bem como um notável grupo de antropólogos ingleses, entre os quais se contam Raymond Firth, E.E. Evans-Pritchard, Edmund Leach, Audrey Richards e Max Gluckman. Em segundo lugar, o seu pensamento foi moldado pela influência exercida pelos processos políticos e sociais do pós-guerra: a criação do Estado de Israel em 1948 e os processos de estabelecimento e desenvolvimento da sociedade israelita, e, na cena internacional, o despoletar das primeiras vagas de democratização e o desenvolvimento de novas visões de organização social e desenvolvimento económico, com os concomitantes conflitos e contradições. É neste quadro societal que Eisenstadt começa, pela primeira vez, a apreciar a tensão entre, por um lado, a aparente ilimitada capacidade de criatividade das sociedades e, por outro, os seus bem definidos limites (ecológicos, institucionais, etc.). Trata-se, em rigor, de um problema de investigação em torno do qual uma parte importante do pensamento sociológico de Eisenstadt se irá desdobrar. Conceptualizado em termos da tensão fundamental entre carisma

---

[3] A lista completa está disponível em: http://app.gwv-fachverlage.de/ds/resources/w-18-5174.pdf

AS GRANDES REVOLUÇÕES E AS CIVILIZAÇÕES DA MODERNIDADE

e rotinização, tributária da sociologia weberiana, este tema irá sofrer várias transformações ao longo da sua carreira sem nunca ser posto de lado, constituindo-se como um referente incontornável nas suas discussões de problemas centrais de teorias sociológicas e das suas análises histórico-comparativas de civilizações (Eisenstadt 2003: 1).

Apesar desta pluralidade de influências intelectuais e sócio-políticas, a verdade é que, do ponto de vista do pensamento sociológico do autor, devemos fazer ressaltar o nome de Martin Buber. Mais do que Shils, Parsons ou Merton (com quem viria a estabelecer relações de grande proximidade, sobretudo a partir dos anos 50), é a Buber que Eisenstadt atribui a principal influência na definição das linhas mestras e das problemáticas fundamentais do seu pensamento. Isto mesmo é reafirmado em entrevistas recentes (Delanty 2004: 401; Weil 2010: 453) e, em particular, na introdução à colectânea de textos de Buber que Eisenstadt organizou sob o título *On Intersubjectivity and Cultural Creativity* (1992). O problema sociológico central para Buber, cuja amizade com Georg Simmel em Berlim foi de grande importância para o desenvolvimento do seu próprio pensamento, consistia na natureza da «situação humana» entendida como emergente da relação entre intersubjectividade e criatividade cultural. Especificamente, Buber tinha grande interesse em definir a natureza e as condições quer da criatividade social e cultural, quer do desenvolvimento de relações sociais autenticamente intersubjectivas (Eisenstadt 1992: 8). A principal condição para o florescimento da criatividade humana era, segundo Buber, a existência de diálogo, de abertura comunicativa: um diálogo entre homens, e entre estes e Deus. Tal abertura comunicativa era promovida em determinados contextos institucionais cujos atributos estruturais importava identificar, o mais importante dos quais residia na predisposição em encetar relações interpessoais directas, transcendendo e atravessando estruturas formalizadas e institucionalizadas, bem como relações não mediadas com a esfera do sagrado e dos valores. Como Eisenstadt nota, esta preocupação de Buber com o diálogo e a criatividade para além dos confins da racionalidade, incluindo na sua análise elementos «expressivos» da experiência humana, para usar a expressão de Charles Taylor, afasta-o de uma outra perspectiva sociológica igualmente centrada sobre a problemática da comunicação, a teoria da acção comunicativa desenvolvida por Jürgen Habermas a partir dos anos 60 (Eisenstadt 1992: 12). Esta preocupação com uma noção não restritiva de criatividade é adoptada por Eisenstadt como sua desde o primeiro momento, e, longe de se tratar de um passageiro interesse de juventude, virá a tornar-se numa problemática a que retornará inúmeras vezes ao longo da sua carreira.

III

Esta problemática da criatividade humana, e dos seus limites, será sistematicamente explorada por Eisenstadt de forma *comparativa*, naquele que é um dos traços distintivos da sua abordagem sociológica. A comparação de casos históricos de forma sociologicamente informada tornar-se-á a pedra de toque da sociologia eisenstadtiana, nomeadamente de casos históricos de índole política. Tal sociologia histórica comparada irá desembocar numa análise comparada de civilizações e das suas dinâmicas, combinada com um interesse consistente sobre problemas de teoria sociológica. Um destes problemas, e o primeiro a receber atenção sistemática por parte do nosso autor, foi o da solidariedade (Eisenstadt 2003: 3).

Em *The Absorption of Immigrants*, publicado originalmente em hebraico em 1951 e, numa versão alargada, em inglês em 1953, Eisenstadt estuda a integração de vários grupos de novos emigrantes em Israel do ponto de vista da construção de laços de confiança interpessoal e solidariedade, e da sua importância para os processos de mudança social. A sua principal conclusão, inspirada no trabalho de Edward Shils sobre «grupos primários» (Shils 1950), apontava para o facto de que são os grupos ou comunidades mais internamente solidárias e com o mais elevado grau de confiança interpessoal que melhor se ajustam ou se adaptam em situações de mudança abrupta, como é o caso dos processos de emigração. Apesar do carácter pioneiro deste estudo, a verdade é que Eisenstadt é o primeiro a reconhecer algumas das suas limitações, a principal das quais reside no facto de não ter sido dada a devida atenção às tradições culturais dos diferentes grupos, tradições estas que viriam a ser objecto de contínua reconstrução no quadro da sociedade israelita nas décadas subsequentes (Weil 2010: 454).

Se esta análise sociológica aos emigrantes lhe viria a granjear o reconhecimento dos seus pares na academia israelita, é com *From Generation to Generation* (1956), um estudo sobre a formação da «juventude» enquanto uma categoria sociológica, que Eisenstadt se torna numa figura internacionalmente conhecida. Trata-se de um desenvolvimento da anterior problemática da confiança interpessoal e da solidariedade grupal, mas agora de forma comparativa e global. Operando explicitamente no quadro do paradigma estrutural-funcionalista, Eisenstadt propõe-se estudar a «existência de grupos etários em sociedades não reguladas por estruturas de parentesco ou outros critérios particularistas» (1956: 9). Nos capítulos II a V deste livro, Eisenstadt leva a cabo uma minuciosa análise destes grupos etários num grande número de sociedades, classifica os diversos tipos de grupos etários, e analisa a estrutura destes grupos do ponto de vista das funções que desempenham nos respectivos sistemas sociais. Esta vasta e detalhada análise comparativa permite-lhe concluir que a «juventude», enquanto uma categoria sociológica que se refere a um grupo etário específico, tende a surgir em sociedades em que ocorre uma descontinuidade básica entre, por um lado, os princípios particularistas que regem a esfera familiar e as relações de parentesco, e, por outro, os princípios universalistas que regulam os sectores institucionais mais amplos. Em tais sociedades, que tanto podem ser tradicionais como modernas, tendem a surgir grupos etários e de jovens. No seio de tais grupos, dá-se a transferência da solidariedade e da confiança da esfera familiar para o domínio mais amplo regulado por princípios universalistas. Pode, por conseguinte, afirmar-se que «os grupos etários constituem uma *esfera de ligação* entre a família e outras esferas institucionalizadas da sociedade (política, económica, etc.).» (Eisenstadt 1956: 270 – meu sublinhado).

Esta problemática da confiança e da solidariedade seria mais tarde retomada por Eisenstadt nas suas análises ao fenómeno do clientelismo, com Luís Roniger, no início dos anos 80, a que nos iremos referir adiante. Mas o final dos anos 50 e o início dos anos 60 são marcados por um novo tema de investigação na carreira da Eisenstadt: o estudo dos sistemas políticos dos principais impérios da história da humanidade, da Antiguidade Clássica aos impérios da era moderna, numa autêntica *tour de force* da sociologia política estrutural-funcionalista do pós-guerra.

IV

O estrutural-funcionalismo, corrente sociológica dominante durante a vintena de anos subsequente ao final da Segunda Guerra Mundial nos Estados Unidos e, em menor grau, no resto do mundo, teve como principais intérpretes Talcott Parsons, autor da grande síntese teórica *The Structure of Social Action* (1937), e Robert K. Merton, autor da não menos influente *Social Theory and Social Structure* (1968)[4]. Mas é com a obra de Eisenstadt, *The Political Systems of Empires*, que o paradigma estrutural-funcionalista ganha o seu primeiro clássico na área da sociologia política comparada. Não é, pois,

---

[4] O contributo destes autores excede em muito estas duas obras. Para uma análise do conjunto das contribuições de Parsons e Merton para a teoria social contemporânea, *vide* Baert & Silva 2010: 64-78.

de estranhar que este ambicioso livro, publicado pela primeira vez em 1963, tenha motivado reacções enérgicas por parte dos críticos do funcionalismo[5]. Nele é-nos proposta uma análise à escala global e em diferentes épocas históricas de um fenómeno político bem definido – a forma de governo de um regime político específico, o império. Este tipo de regime político, distinto quer dos regimes de tipo patrimonial ou feudal (por exemplo, os reinos da Europa medieval), quer dos sistemas políticos modernos, incluía uma panóplia de diferentes sub-tipos, desde os impérios da Antiguidade Clássica, como o Egípcio ou Inca, aos impérios da era moderna, como o Império Britânico (Eisenstadt 1963: 23-24). Numa época como a nossa, em que o estudo dos impérios voltou ao centro da agenda científica, em parte devido à chamada «crise do Estado-nação», revisitar as teses de Eisenstadt a este respeito assume reforçada relevância.

O conceito nuclear em torno da qual gira toda a análise é a noção de «recursos livres ou flutuantes», isto é, recursos materiais ou simbólicos que não estavam inscritos nos grupos ou esferas sociais particularistas nem tão pouco estavam destinados a ser nelas usados, como é o caso do dinheiro ou prestígio (Eisenstadt 1963: 27). O desenvolvimento e reprodução interna de graus relativamente elevados deste tipo de recursos flutuantes permitia distinguir o sistema político dos «impérios ou Estados burocráticos históricos centralizados» dos sistemas políticos tribais, patrimoniais e de certas cidades-estado (Eisenstadt 1963: 23). A tese de Eisenstadt é a de que os líderes políticos destes impérios recorriam frequentemente à estratégia de libertar estes recursos de compromissos com os grupos tradicionais (aristocráticos, urbanos ou rurais) e de os pôr à disposição de outros grupos que os pudessem, com relativa autonomia, criar e reproduzir. Claro está, os próprios líderes tinham grande interesse em manter sob seu controlo tais recursos flutuantes. Assim se explica, por exemplo, que ao longo da história diversos imperadores tenham tentado criar e manter um campesinato independente da influência dos terratenentes locais (Eisenstadt 2003: 5). Não é, pois, de estranhar que grande parte da análise em *The Political Systems of Empires* se foque, weberianamente, nas funções desempenhadas pelas burocracias imperiais, responsáveis pela tradução da vontade imperial em medidas políticas concretas nos territórios sob seu domínio.

---

[5] Ficou famosa a recensão de Eric Wolf, o célebre antropólogo, para a *American Anthropologist*, em que este se confessava "enfurecido" com este livro de Eisenstadt. *Vide* Wolf (1965: 172).

AS GRANDES REVOLUÇÕES E AS CIVILIZAÇÕES DA MODERNIDADE

Importa sublinhar que Eisenstadt nunca subscreveu de forma acrítica todas as premissas do funcionalismo estruturalista. Apesar de ter operado explicitamente no âmbito deste paradigma durante décadas, a postura de Eisenstadt foi sempre a de um «aliado crítico» que não hesita em apontar o dedo a possíveis deficiências no modelo teórico que perfilha, nem tão pouco procurar alternativas fora dele. Como se pode ilustrar com o caso concreto de *The Political Systems of Empires*, a análise de Eisenstadt transcende criticamente várias premissas estrutural-funcionalistas. Em primeiro lugar, Eisenstadt afirma claramente o carácter construído, e não dado, dos sistemas sociais. É por esta adopção de uma perspectiva decididamente «construcionista» que Eisenstadt sublinha a importância de se estudar, no caso dos sistemas políticos imperiais, o papel desempenhado pelos grupos de empreendedores institucionais na construção destes impérios. Em segundo lugar, Eisenstadt rejeita a premissa de uma tendência natural para a ordem e a estabilidade dos sistemas sociais. Pelo contrário, enfatiza as contradições internas a todo e qualquer sistema, sublinha os processos de mudança que daí decorrem, sem nunca excluir a possibilidade de destruição e dissolução desses mesmos sistemas. Em terceiro lugar, Eisenstadt insiste em sublinhar o papel crucial que a cultura desempenha em qualquer análise do comportamento humano. Em particular, as visões culturais (ideológicas, religiosas, etc.) são concebidas como sendo autónomas de outras esferas da realidade social e, como tal, exercendo um impacto independente sobre a conduta quer dos líderes, quer dos restantes grupos, nestes impérios. Em quarto e último lugar, Eisenstadt rejeita as premissas evolucionistas que marcaram a primeira geração de estudos sobre a modernização, nos anos 40 e 50. Desde logo, afirma que nem toda a mudança social leva necessariamente a processos de diferenciação funcional; mais importante, defende que diferentes sociedades podem desenvolver diferentes respostas institucionais aos mesmos problemas de crescente diferenciação estrutural (Eisenstadt 2003: 6-7). Nesta última crítica ao paradigma estrutural-funcionalista encontra-se o gérmen do novo paradigma sobre a natureza da modernidade que, como veremos adiante, Eisenstadt virá a articular a partir do final dos anos 90 – o paradigma das múltiplas modernidades.

O distanciamento de Eisenstadt face ao estrutural-funcionalismo permite-lhe aproximar-se de várias perspectivas críticas deste último, que ganharam expressão nos anos 60 e 70. É o caso, nomeadamente, da teoria do conflito (exs. Dahrendorf 1959, Collins 1975), do modelo de troca (ex. Homans 1961), e do modelo estruturalista simbólico de Claude Lévi-Strauss (1975). Todas estas abordagens, a par de outras mais antigas como o interaccionismo simbólico, e outras ainda como a etnometodologia e os vários neo-marxismos, rejeitavam o pressuposto de que uma formação social é um dado «natural». Antes problematizavam a origem destas formações. Em vez de simplesmente assumir a existência destas estruturas sociais, a tarefa era agora a de investigar as suas causas e consequências, as suas dinâmicas, contradições e agentes. Apesar de partilharem esta visão construcionista da realidade, estas abordagens podem agrupar-se em dois pólos analíticos bem distintos: de um lado, o pólo da «ordem negociada» e, do outro, o pólo da «estrutura profunda», embora unindo estes pólos se podia encontrar uma preocupação comum com a «cultura», i.e. a dimensão simbólica das interacções humanas, por oposição a uma ênfase nos aspectos materiais da vida social. Como Eisenstadt bem nota, estas controvérsias dos anos 60 prefiguravam a dicotomia «acção *vs*. estrutura» que viria a marcar a agenda sociológica nas duas décadas seguintes (Eisenstadt 2003: 8).

V

A nova agenda que começava a definir-se com o desaparecimento abrupto do paradigma estrutural-funcionalista no início dos anos 70 incluía, como vimos, um forte pendor construcionista. Com este, vinha a concomitante necessidade de se definirem estratégias teórico-metodológicas capazes de responder ao desafio de explicar os processos e mecanismos específicos através dos quais os actores, grupos e sociedades surgem, desenvolvem e eventualmente desaparecem. Mas, não menos importante, a nova agenda sociológica ficou marcada pela rejeição de uma premissa central do paradigma funcional--estruturalista, a saber, a de que a ordem social se funda sobre a divisão social do trabalho. Pelo contrário, o núcleo constitutivo da ordem social era agora atribuído à «cultura», a instituições sociais específicas como o Estado, ou ao próprio comportamento individual. Consequentemente, o estatuto epistemológico das concepções sociológicas de cultura, Estado e indivíduo alteraram--se de forma profunda e duradoura. O domínio da cultura, como se pode ver pelo caso da etnometodologia, passou a ser concebido como incorporando o código programático do comportamento humano, i.e. um conjunto de princípios incorporados na natureza da mente humana que, por intermédio de certos códigos, regulam a acção. No caso do Estado, como a disseminação do neo--institucionalismo a partir dos anos 80 bem ilustra (veja-se Baert e Silva 2010: 136-144), este conceito assumiu o estatuto de um autêntico agente dotado de autonomia e, por conseguinte, de enorme poder preditivo. O mesmo sucedeu no caso da noção de «indivíduo» a qual, como é patente no caso da teoria da escolha racional, ela própria herdeira do modelo da troca, cedo assumiu um estatuto de total independência analítica (Eisenstadt 2003: 12-15).

Esta crescente autonomia analítica, quando não ontológica, destes conceitos sociológicos teve como resultado uma profunda modificação na forma de se conceber a relação entre cultura e estrutura social. Em particular, emergiram duas novas formas de se conceber esta relação. Por um lado, houve quem passasse a defender, como foi o caso de alguns estruturalistas e de marxistas mais ortodoxos, o carácter relativamente homogéneo e uniforme das orientações culturais no âmbito de uma formação social, bem como a sua relativa estabilidade ao longo do tempo. A principal deficiência que pode ser apontada a uma tal perspectiva diz respeito à sua incapacidade em dar conta das estratégias individuais ou grupais de escolha, maximização e de possível inovação. Por outro lado, a cultura passou a ser concebida, como infinitamente maleável e em permanente mudança. Um exemplo disto é o do individualismo metodológico que reduz a categoria sociológica de «cultura» ao resultado agregado de padrões de comportamento (ex. Boudon 1984). Mas igualmente entre os pós-estruturalistas se encontra uma tendência semelhante, ao subsumirem todo o comportamento humano à categoria do «poder» (Foucault 1975; 1976). Ao se reificarem estes conceitos, como que se reduziu ontologicamente a acção humana a cada um deles: por exemplo, o comportamento político eleitoral passou a ser explicado, em larga medida, por referência à maximização da utilidade individual, negligenciando-se o enquadramento normativo e institucional do comportamento humano. Eisenstadt é muito claro a este respeito: uma consequência paradoxal do pluralismo teórico que, a partir dos anos 70, se seguiu à queda do estrutural-funcionalismo até então dominante, foi a de que se tenha «deitado fora o bebé» do estrutural-funcionalismo – o estudo das normas, regras, instituições e da divisão do trabalho – juntamente «com a água do banho» – algumas das premissas dessa análise (Eisenstadt 2003: 16). Este problema não foi, infelizmente, inteiramente solucionado com as tentativas neo-institucionalistas, a que se assistiu na ciência política e, em menor grau, em sociologia, a partir dos anos 80, de reintroduzir na agenda a preocupação com a origem das normas e das instituições. A maioria destes neo-institucionalismos ainda opera no âmbito do modelo individualista e racionalista da acção típico da teoria da escolha racional (ex. Coleman 1990), mantendo-se, por conseguinte, incapaz de responder aos problemas teóricos fundamentais suscitados pelas controvérsias acima descritas.

VI

Ciente da importância dos desafios com que a sociologia se defronta nos anos 80, ela que havia passado boa parte da década anterior a discutir a sua própria crise (Eisenstadt e Curelaru 1976), Eisenstadt desenvolve a partir desta altura uma solução que simultaneamente preserve a preocupação com a dimensão normativa e institucional da realidade social, sem deixar de fazer justiça à autonomia individual, à contingência e ao conflito. Numa frase, a solução proposta por Eisenstadt passa pela redefinição das relações entre acção humana, cultura, e estrutura social. Eu gostaria aqui de chamar a atenção do leitor para a diferença entre a estratégia prosseguida por Eisenstadt da escolhida por vários outros teóricos à época. Se autores como Pierre Bourdieu (1972, 1980), Jürgen Habermas (1981), Anthony Giddens (1984) ou Jeffrey Alexander (1982-3) optaram por publicar grandes tratados teóricos, com o intuito de integrar e sintetizar elementos de diferentes tradições ou perspectivas, e de reconciliar abordagens construcionistas com preocupações estruturalistas, Eisenstadt prefere encetar um novo programa de investigação, com um novo objecto de estudo, que articule, sistematicamente, os três elementos básicos que, no seu entender, qualquer explicação sociológica deve possuir – cultura, estrutura e acção social (*agency*).

Refiro-me ao famoso programa de investigação sobre o estudo comparado de civilizações (Eisenstadt 1986). Trata-se de um programa que procura recuperar um tema clássico da sociologia weberiana – a análise civilizacional comparada – e, através dele, dar resposta aos desafios teóricos contemporâneos: em particular, Eisenstadt propõe-se examinar a forma como as relações entre a divisão social do trabalho, a regulação do poder, a construção da confiança, da solidariedade e do significado, bem como o seu impacto sobre as dinâmicas culturais e institucionais, se reforçam mutuamente na cristalização, reprodução e mudança das sociedades (Eisenstadt 2003: 17; para uma crítica, *vide* Domingues 2003: 242-246).

Eisenstadt escolhe como objecto de estudo deste seu programa de investigação as civilizações, *maxime* as civilizações da era Axial. Um termo originalmente proposto por Karl Jaspers, as civilizações da era Axial são aquelas civilizações que se desenvolveram no milénio anterior ao Cristianismo. Para além deste último, as civilizações Axiais incluem o Hinduísmo, o Judaísmo, o Confucionismo e o Budismo (o Islão, é, em rigor, pós-Axial por ter sido surgido séculos mais tarde). Estas civilizações proporcionam um excelente contexto para se estudar as relações entre «cultura» (i.e., visões culturais como, por exemplo, mundivisões secularistas ou materialistas da história por oposição a concepções religiosas ou idealistas da realidade) e «estrutura social», na medida em que estas civilizações se caracterizam pela distinção clara entre a divisão social do trabalho e as dimensões carismáticas da ordem social. Nestas civilizações, as visões culturais nunca se reduzem às estruturas sociais: elas são criadas, desenvolvidas e reproduzidas por grupos sociais concretos – por exemplo, elites intelectuais, administrativas ou políticas – que se afirmam como actores sociais autónomos. Por seu turno, estas elites estão intimamente relacionadas com novos tipos de movimentos sociais, tais como seitas ou heterodoxias, que articulam, através das suas identidades colectivas, visões alternativas da ordem social (Delanty 2004: 392). Deste modo, surge uma tensão fundamental nestas civilizações Axiais: a tensão entre a ordem transcendental e a ordem mundana e, mais importante, surgem também diferentes concepções de como institucionalizar estas visões heterodoxas (Eisenstadt 2003: 18-19). A possibilidade de total reconstrução política, social e cultural do mundo torna-se, com o advento deste tipo de civilização, subitamente concebível – é esta predisposição cultural para a transformação social, em resultado de um entendimento radicalmente novo da acção humana e das suas potencialidades – que emerge com as civilizações Axiais e que as torna tão importantes, de acordo com Eisenstadt, para a análise sociológica.

De igual forma, um dos casos mais interpelantes do ponto de vista da análise civilizacional comparada é o Japão, a única civilização que não experienciou uma transformação de tipo Axial. Donde, a invulgar combinação da sociedade japonesa entre um elevado grau de diferenciação estrutural e uma baixa autonomia das principais elites. Apesar disto, o grau de sofisticação da civilização japonesa (ilustrada pela qualidade da sua reflexão filosófica, literária e ideológica, bem como pelo seu grau de desenvolvimento tecnológico), em nada fica a dever ao das civilizações Axiais. Este foi um dos estudos de caso que ocupou Eisenstadt – sete anos da sua carreira, para ser mais exacto – no período dedicado à análise comparada de civilizações, tendo resultado no seminal *Japanese Civilization in a Comparative Perspective*, uma das mais completas e profundas análises sociológicas publicadas até hoje sobre o Japão (Eisenstadt 1996). Ao centrar a sua análise, não nas instituições económicas, sociais ou políticas japonesas como a teoria da modernização dos anos 60 fazia, mas no seu programa cultural, Eisenstadt é capaz de explicar a forma como a sociedade japonesa tem conseguido evitar os confrontos entre tradição e modernidade que marcam a transição para a modernidade das civilizações Axiais (Eisenstadt 1996: 428-434).

Em rigor, este programa de investigação de Eisenstadt não tem como unidades de análise unicamente as civilizações. Na verdade, Eisenstadt tem dedicado uma grande parte dos seus esforços ao estudo de arenas institucionais específicas no âmbito destas civilizações. Podemos aqui mencionar dois casos particularmente significativos. O primeiro diz respeito ao fenómeno do clientelismo, que Eisenstadt analisou conjuntamente com Luís Roniger em *Patrons, Clients and Friends* (1984). A principal conclusão deste trabalho, ainda hoje uma referência neste domínio, aponta para a íntima relação entre o desenvolvimento de relações de tipo clientelar e a prevalência – em diferentes sociedades ou sectores das mesmas – de visões culturais promulgadas por elites que dominam as hierarquias clientelares. Em consequência deste facto, verifica-se, segundo Eisenstadt e Roniger, uma relação inversamente proporcional entre a prevalência de relações clientelares nas estruturas institucionais de uma sociedade e os níveis de confiança interpessoal nos diversos sectores dessa sociedade. Ao invés, em sociedades em que o clientelismo sofre a competição de outros princípios mais universalistas, o grau de confiança interpessoal tende a ser mais elevado. Este tipo de especificação de regularidades sociológicas por parte de Eisenstadt ilustra bem uma das características mais notáveis do seu pensamento: a sua capacidade invulgar de, num mesmo movimento cognitivo, partir de uma reflexão de grande abstracção e complexidade, que lhe serve de guia para a identificação de mecanismos, protagonistas, e casos históricos que, por seu turno, voltam a alimentar a sua reflexão sociológica.

Um segundo caso que merece a pena ser referido é o da análise de cidades e hierarquias urbanas das principais civilizações, em *Society, Culture and Urbanization* (Eisenstadt e Shachar 1987). O ponto de Eisenstadt é o de que os padrões ecológicos (por exemplo, as formas urbanas) são profundamente moldados pelas orientações culturais e os processos sociais. Para testar esta hipótese geral, Eisenstadt enceta uma análise sistemática das relações entre os padrões ecológicos e as dinâmicas institucionais. Ilustrando as suas teses com os casos de Pequim, em que a influência da cosmologia confucionista promulgada pelas elites terá sido determinante, e das diferenças entre Istambul e Constantinopla resultantes das concepções muçulmanas de ordem social, Eisenstadt defende que a explicação das estruturas urbanas não se deve reduzir a factores de ordem ecológica, económica ou de diferenciação funcional. Pelo contrário, há que incluir na análise as visões culturais e as concepções de ordem social das elites das respectivas sociedades (Eisenstadt 2003: 20). Facto revelador do carácter sistematizador do pensamento de Eisenstadt é a circunstância de ter estendido esta linha de pesquisa a pequenos Estados, numa demonstração clara de que a escala da nossa unidade de análise pode e deve ser, ela própria, objecto de reflexão (Eisenstadt 1985).

VII

Ligando o estudo de cidades e pequenos Estados ao de unidades analíticas de maior dimensão e complexidade como Estados-nação, impérios e civilizações encontra-se uma preocupação comum em desenvolver uma teoria sociológica que, respeitando a contingência histórica, articule visões culturais, padrões institucionais e a acção social. Nos últimos vinte anos da sua carreira, Eisenstadt debruçou-se sobre três fenómenos distintos em que aplicou esta teoria: o fundamentalismo, a democracia e as revoluções. Entre nós, foram já traduzidos textos referentes aos dois primeiros temas (Eisenstadt 1997, 1999b); sobre o último, porém, o texto que agora se passa para português, *As Grandes Revoluções e as Civilizações da Modernidade*, publicado originalmente em 2003, é o primeiro a ser traduzido e publicado em Portugal.

Apesar de se tratarem de temas diferentes, seria um erro considerá-los programas de investigação independentes: pelo contrário, a abordagem teórico-metodológica é a mesma, mudando apenas o objecto de estudo. Esta abordagem, como vimos acima, parte da ideia de que as civilizações possuem um núcleo normativo de cariz religioso que molda continuamente as estruturas sociais, políticas, culturais e as identidades colectivas. Isto também se verifica, não obstante os processos modernos de secularização, no âmbito das civilizações modernas. Deste ponto de vista, as sociedades modernas não são simplesmente produtos historicamente convergentes de padrões de modernização como a industrialização capitalista, democratização política ou a secularização cultural. Ao invés, Eisenstadt defende que os núcleos religiosos das diversas civilizações mantêm-se enquanto fontes culturais de diferentes programas da modernidade e possuem, enquanto tal, um impacto continuado sobre as dimensões sócio-económicas, político-institucionais e técnico-científicas das sociedades modernas. É das tensões e contradições entre as componentes universalistas e particularistas, utópicas e pragmáticas, destes núcleos religiosos civilizacionais que derivam as antinomias da modernidade, as quais, por seu turno, ajudam a configurar as múltiplas formas de modernidade, que se materializam em diferentes orientações culturais, instituições políticas e configurações societais (Spohn 2001: 500).

É no âmbito deste quadro conceptual que Eisenstadt se debruça sobre o fenómeno do fundamentalismo, um tópico que regressou em força à agenda social científica nos anos 90: pautada por eventos como a guerra civil na ex-Jugoslávia ao genocídio no Ruanda, a última década do século xx ficou definitivamente marcada pelo regresso das problemáticas do nacionalismo, das identidades colectivas, das lutas pelos direitos culturais, e das paixões. A tese de Eisenstadt é tão contra-intuitiva quanto sistemática. O fundamentalismo, ainda que defenda ideologias anti-iluministas e anti-modernas, é um fenómeno distintamente *moderno* na medida em que incorpora componentes centrais de uma tradição inequivocamente moderna e ocidental – a do jacobinismo, com a sua insistência totalizadora sobre a autonomia e a participação dos indivíduos e dos colectivos (Eisenstadt 1997: 47-54). É, pois, por recurso à sua abordagem civilizacional comparada que Eisenstadt consegue reconceptualizar o fenómeno do fundamentalismo: generalizando a premissa de Weber sobre a importância do sectarianismo protestante para a ascensão da modernidade ocidental, Eisenstadt afirma que os movimentos fundamentalistas modernos são, de igual modo, partes integrantes dos processos de modernização nas sociedades não-ocidentais. Por outras palavras, as múltiplas expressões do fundamentalismo devem ser entendidas enquanto misturas híbridas entre formas radicais de tradições religiosas e formas incorporadas do totalismo ocidental jacobino. Em suma, ao contrário dos paradigmas da modernização e da neo-modernização, Eisenstadt não concebe a modernização cultural como um processo gradual de diferenciação funcional e de progressiva secularização (ex. Inglehart e Norris 2004). Pelo contrário, os processos de modernização cultural são por ele entendidos como processos de reconstrução (secularizante) de tradições religiosas. Deste ponto de vista, o fundamentalismo não é um fenómeno destinado a desaparecer à medida que as sociedades se vão modernizando, qual resquício de um passado religioso tradicional; antes, é um potencial permanente de todas as sociedades modernas. O fundamentalismo, portanto, não é uma reacção aos processos universalizantes da modernidade ocidental no sentido de se preservar a autenticidade de formas de vida tradicionais. É, isso sim, uma das fontes de mudança cultural modernizadora em sociedades não-ocidentais e um veículo importante da construção de «múltiplas modernidades»[6].

---

[6] Sobre o tratamento de Eisenstadt a este tema, *vide* Eisenstadt (2000). Para perspectivas críticas, *vide* Therborn (2003), Schmidt (2006), ou Silva e Vieira (2009).

AS GRANDES REVOLUÇÕES E AS CIVILIZAÇÕES DA MODERNIDADE

Uma tese paralela pode ser vista a ser articulada por Eisenstadt por relação à democracia, essa forma de governo tantas vezes concebida como correlato político da modernidade ocidental. Quer na literatura neo-conservadora dos anos 90 e o seu contraponto cosmopolita no âmbito da teoria política, quer nos estudos empíricos subsequentes sobre a qualidade da democracia em perspectiva comparada, a premissa é a de que, com a queda do Muro de Berlim, se iria assistir a uma progressiva, ainda que por vezes acidentada, difusão deste modelo político pelas várias regiões do mundo. Eisenstadt rejeita ambas as perspectivas. O ponto de partida da alternativa que giza em *Os Regimes Democráticos*, traduzido e publicado em Portugal em 2000, é interpretar as oposições entre as concepções materiais-participativas e constitucionais-formais de democracia, ou entre as orientações culturais e as estruturas institucionais, como expressões das tensões do programa político da modernidade. Daqui decorre a impossibilidade de se reduzirem os processos de democratização às dimensões estruturais da modernização política, tais como a formação dos Estados-nação ou o gradual alargamento do sufrágio eleitoral. Pelo contrário, os processos de democratização e constitucionalização dependem crucialmente da dimensão cultural do programa da modernidade – especificamente, da esfera dos valores e das crenças, das identidades colectivas, bem como das componentes jacobinas totalistas do horizonte normativo da modernidade (Spohn 2001: 506).

A preocupação revelada por Eisenstadt em analisar os processos de democratização em termos das relações entre as visões culturais, padrões institucionais e a acção humana pode igualmente ser encontrada num fenómeno conexo, as grandes revoluções modernas, cujos ícones maiores são as oitocentistas Revoluções Americana e Francesa, mas que se estenderam ao século xx com, entre outras, as Revoluções Russa e Chinesa. A este tema Eisenstadt dedicou um importante estudo no final dos anos 70, *Revolution and the Transformation of Societies*, mas, não satisfeito totalmente com a análise então empreendida, decidiu voltar a ele na sua última monografia, justamente o texto que a seguir se reproduz. A principal diferença entre estes dois trabalhos diz respeito ao enquadramento teórico proposto, com o último a beneficiar dos proventos da abordagem civilizacional comparada entretanto desenvolvida. Com efeito, *As Grandes Revoluções e as Civilizações da Modernidade* é um contributo valioso não apenas pela perspectiva teórica que propõe, mas também pela estratégia metodológica que sugere.

Deste último ponto de vista, embora em rigor este contributo possa ser encontrado já em textos anteriores, é crucial a distinção feita por Eisenstadt entre, por um lado, as condições, e, por outro, as «causas» das revoluções: se as primeiras incluem factores psicológicos ou estruturais que concorrem para a queda de regimes, as segundas cingem-se àqueles factores que nos ajudam a distinguir entre um desfecho revolucionário de uma solução pactada ou reformista. Como Eisenstadt explica, uma vez que, por definição, as revoluções são concomitantes com as quedas de regimes, as condições por detrás da queda de um regime (por exemplo, as lutas entre diferentes elites, o surgimento de novos grupos sociais, ou o enfraquecimento do regime devido a razões económicas, políticas ou militares) são, igualmente, condições necessárias para o eclodir de um processo revolucionário. Porém, é apenas em certas circunstâncias históricas, no âmbito de determinadas premissas civilizacionais, de alguns regimes políticos, e de tipos específicos de economia política que tais condições se podem transformar em causas de revoluções. No caso da nossa Revolução dos Cravos, analisada em 1978 por Eisenstadt como um exemplo de uma revolução numa sociedade neo-patrimonial (1978: 368-369, trad. brasileira), é notável a síntese acutilante por ele produzida, enfatizando correctamente o papel dos «intelectuais e líderes políticos autónomos» que serviram de ligação entre os movimentos populares e agiram como arquitectos de um padrão altamente mobilizador de mudança. A acção destes elementos terá sido determinante, segundo esta perspectiva analítica, para transformar certas condições em causas da revolução portuguesa de 1974-76. Por exemplo, um segmento destes «elementos políticos autónomos», nomeadamente os deputados à Assembleia Constituinte, usaram as condições de pobreza e exclusão social herdadas do Estado Novo como justificações para a ruptura com o passado, transformando essas condições sócio-económicas estruturais em causas eficientes da constitucionalização do nosso invulgarmente generoso catálogo de direitos sociais, processo de constitucionalização este que é uma das dimensões fundamentais da nossa transição revolucionária para a democracia (Vieira e Silva 2010).

Numa época em que as teorias sociológicas são predominantemente dominadas por abordagens de pequeno ou médio alcance, centradas sobre fenómenos bem definidos, o contributo teórico de *As Grandes Revoluções e as Civilizações da Modernidade* é ainda mais notável pelo seu âmbito largo, grande sistematicidade e não menor sensibilidade à contingência histórica e à autonomia individual. Prova disto mesmo foi a atribuição a Eisenstadt em 2006 do Prémio Holberg, o equivalente ao Prémio Nobel para as ciências sociais e humanidades, em larga medida devido ao seu trabalho sobre «múltiplas modernidades», de que esta obra foi a última expressão. Mas este prémio

AS GRANDES REVOLUÇÕES E AS CIVILIZAÇÕES DA MODERNIDADE

marca sobretudo o reconhecimento do singular e verdadeiramente excepcional percurso percorrido por Eisenstadt durante a segunda metade do século xx, um percurso que culmina com a obra que agora se inclui na colecção «Lugar da História».

Para S.N. Eisenstadt 1923-2010
Académico de excepção e querido amigo
in piam memoriam.

Agosto de 2011
Filipe Carreira da Silva

Bibliografia da Introdução

ALEXANDER, J.C. 1982-3. *Theoretical Logic in Sociology*, 4 vols. Berkeley, CA: University of California Press.

BAERT, P. e SILVA, F.C. 2010. *Social Theory in the Twentieth Century and Beyond*. Cambridge: Polity Press.

BOUDON, R. 1984. *La place du désordre: Critique des théories du changement social*. Paris: PUF (tradução portuguesa: *O Lugar da Desordem*. Lisboa: Gradiva, 1990).

BOURDIEU, P. 1972. *L'Esquisse d'une Théorie de la Pratique*. Genève: Éditions Droz.

BOURDIEU, P. 1980. *Le Sens Pratique*. Paris: Les Éditions de Minuit.

COLEMAN, J.S. 1990. *Foundations of Social Theory*. Cambridge, MA: The Belknap Press of Harvard University Press.

COLLINS, R. 1975. *Conflict Sociology. Toward an Explanatory Science*. Nova Iorque: Academic Press.

DELANTY, G. 2004. «An Interview with S.N. Eisenstadt. Pluralism and the Multiple Forms of Modernity». *European Journal of Social Theory* 7 (3): 391-404.

DAHRENDORF, R. 1959. *Class and Class Conflict in Industrial Society*. Londres: Routledge & Kegan Paul.

DOMINGUES, J.M. 2003. *Do Ocidente à Modernidade. Intelectuais e Mudança Social*. Rio de Janeiro: Civilização Brasileira.

EISENSTADT, S.N. 1953. *The Absorption of Emigrants*. Glencoe, IL: The Free Press.

EISENSTADT, S.N. 1956. *From Generation to Generation: Age Groups and Social Structure*. Glencoe, IL: The Free Press/Londres: Routledge & Kegan Paul.

AS GRANDES REVOLUÇÕES E AS CIVILIZAÇÕES DA MODERNIDADE

EISENSTADT, S.N. 1963. *The Political Systems of Empires*. Nova Iorque: The Free Press (nova edição: New Brunswick: Transaction Publishers, 1992).

EISENSTADT, S.N. 1973. *Tradition, Change and Modernity*. Nova Iorque: John Wiley & Sons.

EISESNTADT, S.N. e CURELARU, M. 1976. *The Form of Sociology: Paradigms and Crisis*. Nova Iorque, John Wiley.

EISENSTADT, S.N. 1978. *Revolution and the Transformation of Societies: A Comparative Study of Civilizations*. New York: The Free Press (trad. português do Brasil: *Revolução e Transformação das Sociedades: Um Estudo Comparativo de Civilizações*. Rio de Janeiro: Zahar, 1979).

EISENSTADT, S.N. 1984. *Patrons, Clients and Friends*. Cambridge: Cambridge University Press.

EISENSTADT, S.N. 1985. «Reflections on Center-Periphery Relations and Small European States», in Risto Alapuro *et al.* (orgs.) *Small States in Comparative Perspective*. Oslo: Norwegian University Press.

EISENSTADT, S.N. (org.) 1986. *The Origins and Diversity of Axial Civilizations*. Nova Iorque: SUNY Press.

EISENSTADT, S.N. e SHACHAR, A. 1987. *Society, Culture and Urbanization*. Beverly Hills, CA: Sage Publications.

EISENSTADT. S.N. 1991. *A Dinâmica das Civilizações. Tradição e Modernidade*. Lisboa: Cosmos.

EISENSTADT, S.N. 1992. «Introduction. Intersubjectivity, Dialogue, Discourse, and Cultural Creativity in the Work of Martin Buber». In Buber, M., *On Intersubjectivity and Cultural Creativity*. Chicago: University of Chicago Press, pp. 1-22.

EISENSTADT, S.N. 1995. *Power, Trust, and Meaning: Essays in Sociological Theory and Analysis*. Chicago: University of Chicago Press.

EISENSTADT, S.N. 1996. *Japanese Civilization: A Comparative View*. Chicago: University of Chicago Press.

EISENSTADT. S.N. 1997. *Fundamentalismo e Modernidade. Heterodoxias, Utopismo e Jacobinismo na Constituição dos Movimentos Fundamentalistas*. Oeiras: Celta.

EISENSTADT, S.N. 1999a. *Fundamentalism, Sectarianism, and Revolution. The Jacobin Dimension of Modernity*. Cambridge: Cambridge University Press.

EISENSTADT, S.N. 1999b. *Paradoxes of Democracy. Fragility, Continuity, and Change*. Baltimore, MD: Johns Hopkins University Press (tradução portuguesa: *Os Regimes Democráticos: Fragilidade, Continuidade e Transformabilidade*. Oeiras: Celta, 2000).

EISENSTADT, S.N. 2000. «Multiple modernities», *Daedalus* (Journal of the American Academy of Arts and Sciences), 129 (1) (tradução portuguesa: «Modernidades múltiplas», *Sociologia, Problemas e Práticas*, 35, 2001).

EISENSTADT, S.N. 2003. «Introduction: Comparative Studies and Sociological Theory – From Comparative Studies to Civilizational Analysis: Autobiographical

BIBLIOGRAFIA DA INTRODUÇÃO

Notes», in *Comparative Civilizations and Multiple Modernities*. Leiden: Brill, pp. 1-32.

Foucault, M. 1975. *Surveiller et Punir. Naissance de la Prison*. Paris: Éditions Gallimard.

Foucault, M. 1976. *Histoire de la Sexualité, tome 1: La Volonté de Savoir*. Paris: Éditions Gallimard (tradução portuguesa: *História da Sexualidade – I. A Vontade de Saber*. Lisboa: Relógio D'Água).

Giddens, A. 1984. *The Constitution of Society. Outline of the Theory of Structuration*. Berkeley, CA: University of California Press.

Habermas, J. 1991. *The Theory of Communicative Action*, 2 vols. Cambridge: Polity Press. Edição original em alemão: 1981.

Homans, G. 1961. *Social Behavior: Its Elementary Forms*. Nova Iorque: Harcourt, Brace and World.

Lévi-Strauss, C. 1975. *Antropologia Estrutural*. Rio de Janeiro: Tempo Brasileiro.

Inglehart, R. e Norris, P. 2004. *Sacred and Secular: Religion and Politics Worldwide*. Cambridge: Cambridge University Press.

Merton, R.K. 1968. *Social Theory and Social Structure*. Nova Iorque: The Free Press (edição revista e alargada).

Parsons, T. 1937. *The Structure of Social Action. A Study in Social Theory with Special Reference to a Group of Recent European Writers*. Nova Iorque: McGraw-Hill.

Schmidt, V. 2006. «Multiple Modernities or Varieties of Modernity?». *Current Sociology* 54 (1): 77-97.

Shils, Edward A. 1950. «Primary Groups in the American Army» in Robert K. Merton e Paul F. Lazarsfeld, (orgs.) *Continuities in Social Research*, pp. 16-39.

Silva, F.C. e Vieira, M.B. 2009. «Plural Modernity. Changing Modern Institutional Forms – Disciplines and Nation-States». *Social Analysis* 53 (2): 60-79.

Therborn, G. 2003. «Entangled Modernities». *European Journal of Social Theory* 6 (3): 293-305.

Vieira, M.B. e Silva, F.C. 2010. *O Momento Constituinte. Os Direitos Sociais na Constituição*. Coimbra: Almedina.

Weil, S. 2010. «On Multiple Modernities, Civilizations and Ancient Judaism. An Interview with Prof. S.N. Eisenstadt», *European Societies* 12 (4): 451-465.

Wolf, Eric R. 1965. «The Political Systems of Empires. S.N. Eisenstadt. Review», *American Anthropologist* 67: 172-176.

Primeira Parte

As grandes revoluções
e as origens e cristalização da modernidade:
algumas comparações

Capítulo I

Introdução: os enquadramentos históricos e civilizacionais das grandes revoluções

I

Este livro procura analisar o contexto civilizacional e histórico do desenvolvimento das revoluções modernas – das Grandes Revoluções e das suas relações com a modernidade, com a civilização da modernidade. As Grandes («clássicas») Revoluções([1]) – a «Guerra Civil» inglesa, as revoluções ameri-

---

([1]) Foran, J. 1997. *Theorizing Revolutions*. London: Routledge; Eisenstadt, S.N. 1978. *Revolutions and the Transformation of Societies*. New York: Free Press; Marx, K. 1971. *On Revolution*. S.K. Padover (ed.), New York: McGraw-Hill; Kamenka, E 1990 (ed.). *A World in Revolution?*. Canberra: Australian National University Press; Goldstone, J.A. 1980. Theories of Revolution: The Third Generation. *World Politics*. 32, pp. 425-453; Meyer, G.P. 1976. Revolutionstheorien heute: Ein kritischer Uberblick in hisonscher Absicht, in H.U. Wehler (ed.), *200 Jahre amerikanische Revolution und moderne Revolutionsforschung*. Göttingen: Vandenhoeck & Ruprecht, pp. 122-176; Goldstone, J.A. 1994 (ed.). *Revolutions: Theoretical, Comparative and Historical Studies*. NewYork/Orlando/Austin/Toronto/London/Sydney/Tokyo: Harcourt Brace College Publishers – ver especialmente a bibliografia do livro, pp. 321-327; Lubasz,

cana e francesa, posteriormente as revoluções chinesa, russa e vietnamita, e possivelmente também outras como a revolução turca – mudaram o mundo. Estas revoluções estiveram intimamente relacionadas com o desenvolvimento

---

H. 1966 (ed.). *Revolutions in Modern European History*. New York: Macmillan; Zagorin, P. 1976. Prolegomena to the Comparative History of Revolution in Early Modern Europe, *Comparative Studies in Society and History,* (18 April), pp. 151-174; Kossok, M. 1969 (ed.). *Studien über die Revolution*. Berlin: Akademie; idem. 1974 (ed.). *Studien zur vergleichenden Revolutionsgeschichte, 1500-1917*. Berlin: Akademie.

Sobre as componentes utópicas das revoluções: Seligman, A. B. 1989 (ed.). *Order and Transcendence: The Role of Utopias and the Dynamics of Civilizations*. Leiden: E. J. Brill; Lasky, M., 1976 *Utopia and Revolution;* Chicago University Press. Saage, R. 1990. *Das Ende der Politischen Utopie?* Frankfurt am Main: Suhrkamp; Friedlander, J.S., G. Holton, L. Marx, e E. Skolnikoff. 1985 (eds.). *Visions of the Apocalypse: End or Rebirth?* New York and London: Holmes & Meier.

Sobre a revolução inglesa veja-se, entre outras, as seguintes obras: Hill, C. 1966. The English Revolution and the Brotherhood of Man, in Lubasz, *Revolutions in Modern European History,* op.cit., pp. 39-55; Stone, L. 1972. *The Causes of the English Revolution, 1529-1642*. London: Routledge & Kegan Paul; idem, The English Revolution, in Forster e Greene, 1970, *Preconditions of Revolution,* op.cit., pp. 55-108; Zagorin, P., The English Revolution, 1640-1660, in Lubasz, *Revolutions in Modem European History,* op.cit., pp. 24-39; Seaver, P.S. 1976 (ed.). *Seventeenth-Century England: Society in an Age of Revolution*. New York: New Viewpoints.

Sobre a revolução americana veja-se: Weir, R.M. 1976. Who Shall Rule at Rome: The American Revolution as a Crisis of Legitimacy for the Colonial Elite, *Journal of Interdisciplinary History,* vol. 6, no. 4, pp. 679-700; Morris, R.B. 1967. *The American Revolution Reconsidered*. New York: Harper & Row; e Greene, J.P. 1973. The Social Origins of the American Revolution: An Evaluation and an Interpretation, *Political Science Quarterly,* vol. 88, no. 1, pp. 1-22.

Sobre a revolução russa veja-se: Carr, E.H., The Background of the Russian Revolution, in Lubasz, *Revolutions in Modern European History,* op.cit., pp. 112-119; Daniels, R.V., The Russian Revolution Runs Its Course, in *idem*, pp. 128-136; Dietrich, Z.R., De Russische Revolutie, in I. Schoffer (ed.). *Zeven Revoluties, Amsterdam: T.H. du Bussy,* pp. 103-127; Schapiro, L., The Bolsheviks and Their Rivals, in Lubasz, *Revolutions in Modern European History,*op.cit., pp. 119-128; Turner, I. 1970. The Significance of the Russian Revolution, in E. Kamenka (ed.). *A World in Revolution?* Canberra: Australian National University Press, pp. 25-39; Venturi, F. 1960. *Roots of Revolution: A History of the Populist and Socialist Movements in Nineteenth Century Russia*. New York: Knopf; Ulam, A.B. 1965. *The Bolsheviks: The Intellectual and Political History of the Triumph of Communism in Russia*. New York: Macmillan; Pipes, R. 1968 (ed.). *Revolutionary Russia*. Cambridge: Harvard University Press.

OS ENQUADRAMENTOS HISTÓRICOS E CIVILIZACIONAIS DAS GRANDES REVOLUÇÕES

do mundo moderno, da civilização moderna – e desde então as ideologias revolucionárias, a imagem e os movimentos revolucionários, passaram a ser uma componente fundamental do mundo moderno e contemporâneo. As revoluções, a transformação revolucionária, passaram a ser o arquétipo da mudança social «real», e o fenómeno revolucionário transformou-se num tema central e num foco de grande interesse e fascínio para o discurso académico intelectual e ideológico moderno. O estudo das revoluções tem fascinado de igual forma historiadores, sociólogos e cientistas políticos. Gerou uma vasta literatura e deu origem a estudos diversos, tanto de carácter geral, como estudos de caso e estudos comparativos. Apesar da abundância destes estudos – e possivelmente, em certa medida, por sua causa – alguns problemas centrais relacionados com as revoluções, especialmente a análise da sua especificidade enquanto fenómenos distintos de outros processos de transformação social e política de grande alcance, de outras drásticas mudanças de regime e das suas condições de desenvolvimento, e o seu impacto geral, não foram ainda completamente

---

Acerca do caso vietnamita veja-se: McAlister, J.T. Jr., e P. Mus, 1970. *The Vietnamese and Their Revolution*. New York: Harper & Row, Harper Torchbooks; McLane, J.R. 1971. Archaic Movements and Revolution in Southern Vietnam, in N. Miller e R. Aya (eds.). *National Liberation: Revolution in the Third World*. New York: Free Press, pp. 68-101; Mus, P. 1967. Buddhism in Vietnamese History and Society, *Jahrbuch des Südasien Instituts*, 1, pp. 95-115; e White, C.P. 1974. The Vietnamese Revolutionary Alliance: Intellectuals, Workers, and Peasants, in Lewis, J.W. (ed.), *Peasant Rebellion and Communist Revolution in Asia*. Stanford: Stanford University Press, pp. 77-95; Woodside, A. 1976. *Community and Revolution in Modern Vietnam*. Boston: Houghton Mifflin.

Sobre a revolução chinesa veja-se, entre outros: Gardner, J. 1972. Revolution in China, in P.J. Vatikiotis (ed.), *Revolution in the Middle East*. London: George Allen & Unwin, pp. 211-232; Meisner, M. 1974. Utopian Socialist Themes in Maoism, in Lewis. *Peasant Rebellion and Communist Revolution in Asia*, op.cit., pp. 207-252;

Zurcher, E. De Chinese Revolutie, in Schoffer, *Zeven Revoluties*, op.cit., pp. 145--167; Schwartz, B.P. 1968. *Communism and China: Ideology in Flux*. Cambridge: Harvard University Press; Schurmann. F. e O. Schell, 1967 (eds.). *Republican China: Nationalism, War, and the Rise of Communism, 1911-1949*. New York: Random House, Vintage; Milton, D., N. Milton, e F. Schurmann, 1974 (eds.). *People's China: Social Experimentation, Politics, and Entry onto the World Scene, 1966 through 1972*. New York: Random House, Vintage; Ho, Ping-ti e Tang Tsou, 1968 (eds.). *China's Heritage and the Communist Political System: China in Crisis*, 2 vols. Chicago: University of Chicago Press; Gray, J. 1969 (ed.). *Modern China's Search for a Political Form*. New York: Oxford University Press, pp. 41-65; Wright, M.C. 1968 (ed.). *China in Revolution: The First Phase, 1900--1913*. New Haven: Yale University Press, pp. 24-26.

abordados nem adequadamente analisados. Uma grande parte da literatura sobre revoluções e transformações sociais tem assumido que estas revoluções constituíram uma mudança social «real», verdadeira e genuína. Outros processos foram frequentemente julgados ou dimensionados de acordo com a sua proximidade a um qualquer tipo ideal de revolução. Enquanto originalmente este termo se aplicava apenas às Grandes Revoluções – a inglesa, americana, francesa, russa e chinesa – o seu uso estendeu-se, mais tarde, a um vasto número de processos políticos e sociais, em particular, segundo Goldstone([2]) e Gunt, em relação àqueles que «tentam pela força derrubar governos, seguidos pela reconsolidação da autoridade por novos grupos governando através de novas instituições políticas e por vezes sociais». Desta forma, a especificidade tanto destas Grandes Revoluções como de outros processos – incluindo outros tipos de transformação macrossocietal – perdeu-se frequentemente. Assim, neste livro exploraremos as características específicas destas revoluções; as causas e os enquadramentos do seu desenvolvimento; os novos programas culturais e políticos por si defendidos – i.e. o programa cultural e político da modernidade; a institucionalização deste programa, e o lugar dos símbolos e movimentos revolucionários nas diversas conjunturas das civilizações da modernidade. Em primeiro lugar procuraremos indicar, com algum detalhe, as características específicas destas revoluções, distinguindo-as de outros processos de mudança, especialmente macrossocietal, acima de tudo daqueles processos que implicam mudanças drásticas de regime político. Analisaremos as características específicas das ideologias, bem como dos processos de luta política e de mobilização social e política que ocorreram no âmbito destas revoluções. Em segundo lugar, abordaremos a recorrente questão das «causas» das revoluções, e reexaminaremos a vasta literatura sobre este assunto. Por fim, deter-nos-emos sobre o problema das suas consequências, em especial sobre a relação das revoluções com a modernidade ou modernização, com a cristalização da civilização moderna.

([2]) Goldstone, J. A. 1991. Ideology, Cultural Frameworks, and the Process of Revolution. *Theory and Society.* 20, pp. 405-453; Goldstone, J.A., T.R. Gurr & M. Farrokh. 1991 (eds.). *Revolutions of the Late Twentieth Century.* Boulder, Westview Press.

OS ENQUADRAMENTOS HISTÓRICOS E CIVILIZACIONAIS DAS GRANDES REVOLUÇÕES

II

O principal argumento deste livro é o de que estas revoluções – que detiveram uma importância crucial na cristalização e nas dinâmicas da modernidade, da civilização moderna e das múltiplas modernidades que se desenvolveram no âmbito desta civilização – constituem um tipo distinto de mudança macrossocietal. A característica específica deste tipo distinto de mudança macrossocietal consiste na combinação da mudança de regime com a cristalização de novas cosmologias e concepções ontológicas com implicações intelectuais de longo alcance, i.e., de novas civilizações. Tais combinações constituem um caso específico, possivelmente único, na história da humanidade. Neste livro procuraremos explicar os contextos nos quais estas combinações se cristalizaram, e de que forma estas combinações se relacionam com as «causas» das revoluções. A literatura sobre as causas das revoluções é, na verdade, muito extensa; tem-se desenvolvido exponencialmente nos últimos tempos, e não é nossa intenção acrescentar um novo capítulo a esta literatura. Mas os factores frequentemente referidos como causas das revoluções – lutas inter-elites e luta de classes; dificuldades económicas; espirais de desenvolvimento económico e de inflação; enfraquecimento interno e internacional dos regimes – podem ser encontrados em muitos casos de declínio de regimes, especialmente dos impérios. Por outras palavras, esta literatura não se confronta directamente com o problema mais lato dos contextos civilizacionais e históricos que dão origem a uma combinação específica de mudança de regime, através da cristalização de novos programas civilizacionais, característicos das Grandes Revoluções. Só em alguns dos estudos mais recentes dedicados ao papel das ideologias nos processos revolucionários se encontram algumas pistas interessantes, embora preliminares, sobre este problema. Assim, a identificação da constelação específica dos contextos civilizacionais e das condições históricas, no âmbito dos quais as causas das revoluções, profusamente analisadas pela literatura, propiciam a emergência das revoluções, constituem o primeiro foco central da análise apresentada neste livro. Esta análise fundamenta-se em diversas premissas. A primeira é a de que as características específicas destas revoluções, acima de tudo os laços entre as mudanças de regime e a difusão de novos programas político-culturais, têm estado profundamente enraizadas nos contextos históricos e civilizacionais nos quais se desenvolveram – em primeiro na Europa Ocidental e mais tarde na cristandade oriental (russa ortodoxa) e nas civilizações confucionistas na China e no Vietname.

35

AS GRANDES REVOLUÇÕES E AS ORIGENS E CRISTALIZAÇÃO DA MODERNIDADE

A segunda grande premissa – ou mais correctamente – hipótese colocada nesta parte do livro é a de que estas revoluções tendem a desenvolver-se em especial no contexto de certos tipos de Civilizações da Idade Axial[3] – antes de mais nas civilizações axiais em que a arena política constitui um importante fórum de implementação das visões transcendentais que aí predominam –, e especialmente nos impérios, sistemas feudais imperiais, e situações de transição para a modernidade. As principais orientações culturais e as premissas civilizacionais prevalecentes nestas civilizações inspiraram perspectivas sobre novos tipos de ordem social com fortes orientações utópicas e universalistas, enquanto as características organizativas e estruturais das sociedades que se desenvolveram nestas civilizações forneceram os contextos propícios à institucionalização de tais visões. É no âmbito do enquadramento destas características estruturais e culturais que diferentes condições apontadas na literatura como causas das revoluções – entre elas os conflitos entre elites e entre classes – podem, em situações históricas favoráveis, em especial naquelas que decorrem da transição para a modernidade, ter conduzido às revoluções modernas. As condições históricas favoráveis nas quais estas revoluções se desenvolvem em situações de transição para a modernidade – i.e., em situações em que algumas das premissas ideológicas básicas da modernidade, especialmente as relativas à institucionalização da ordem social e política, bem como as características institucionais paralelas daí decorrentes – podem ter cristalizado e entrado em contradição com os seus sistemas institucionais e com os padrões de legitimação mais tradicionais. Foi nestas circunstâncias que ocorreu um relativo grau de entrosamento entre movimentos de contestação, construção institucional, articulação e ideologização da luta política – um entrosamento que viabilizou o desenvolvimento da combinação de mudanças de regime e de mudanças estruturais com a cristalização de novos programas civilizacionais totais, característicos das Grandes Revoluções. Quando tais combinações não tiveram lugar, o processo de incursão ou transição para a modernidade, apesar do seu grande alcance, tendeu a evoluir no sentido de outro tipo de padrões não-revolucionários. Nesta análise é central a ideia de que estas combinações podem irromper em diferentes períodos cronológicos, como resulta evidente da inclusão na categoria de Grandes Revoluções tanto das primeiras revoluções clássicas – a «Guerra Civil» inglesa, as revoluções

---

[3] Eisenstadt, S.N. 1986 (ed.). *The Origins and Diversity of Axial Age Civilizations*. Albany, N.Y.: State University of New York Press; Arnason, J.P., S.N. Eisenstadt, e B. Witrock, 2005 (eds.). *Axial Civilizations and World History*. Leiden, Boston: Brill.

OS ENQUADRAMENTOS HISTÓRICOS E CIVILIZACIONAIS DAS GRANDES REVOLUÇÕES

francesa e americana, como das mais tardias – as revoluções russa, chinesa, taiwanesa e vietnamita. Um dos mais interessantes casos neste contexto é, sem dúvida, a revolução iraniana de Khomeini([4]), a aparente, mas apenas aparente, revolução anti-moderna, que no entanto possui diversas características fundamentais das Grandes Revoluções.

Estas constelações em que se combinam distintas visões cosmológicas e condições estruturais, e o contexto histórico específico da primeira modernidade, desenvolveram-se primeiro na Europa ocidental e nos contextos coloniais da América do Norte. Mas algumas componentes estruturais e ideológicas que existiram noutras civilizações axiais foram receptivas a alguns aspectos da ordem social e cultural da modernidade. De especial importância neste contexto foram, como veremos com mais detalhe noutra secção, a prevalência da concepção de uma ruptura entre a ordem transcendental e mundana, e a um nível institucional, os grupos de intelectuais autónomos. A prevalência destes elementos explica, pelo menos até certo ponto, a relativa capacidade de resposta de diversas civilizações não-europeias a alguns dos temas apresentados pela modernidade ocidental, acima de tudo das visões, temas e actividades revolucionárias, mesmo que esta capacidade de resposta se tenha desenvolvido sob o impacto da expansão e dominação colonial. Ao mesmo tempo, o facto de no âmbito destas civilizações se terem desenvolvido diferentes concepções da cosmologia Axial, as quais se articularam com diferentes constelações e contingências históricas e com o aparecimento de intelectuais autónomos, originaram nestas civilizações diferentes padrões de modernidade. Qualquer que tenha sido o núcleo comum destas Grandes Revoluções – primeiro da europeia e da americana, e depois da chinesa e vietnamita, e ainda da revolu-

---

([4]) Sobre a revolução Khomeini, veja-se: Arjomand, S.A. 1986. Iran's Islamic Revolution in Comparative Perspective. *World Politics,* vol. 38, no. 3, (April), pp. 383--414; Arjomand, S.A. 1989. History. Structure and Revolution in the Shi'ite Tradition in Contemporary Iran. *International Political Science Review.* vol. 10. No. 2. (9 April), pp. 111-21; Chehabi, H.E. 1990. *Iranian politics and religious modernism: the liberation movement of Iran under the Shah and Khomeini.* London: I.B. Tauris & Co., Publishers; Khomeini, R. 1981. *Islam and revolution: writings and declarations of Imam Khomeini.* Berkeley: Mizan Press; Mehdi Paruzi Amine, *Die globale kapitalistische Expansion und Iran – Eine Studie der Iranischen Politischen Okonomie (1550--1980).* Lit-Hanover: Munster, 1999; Taheri. A. 1985. *The spirit of Allah: Khomeini and the Islamic revolution.* London: Hutchinson; Sreberny, A. 1994. *Small media, big revolution: communication, culture, and the Iranian revolution.* Minneapolis: University of Minnesota Press.

AS GRANDES REVOLUÇÕES E AS ORIGENS E CRISTALIZAÇÃO DA MODERNIDADE

ção iraniana –, e da sua relação com a modernidade, as diferenças entre estas revoluções são também importantes na cristalização de diferentes programas de modernidade, ou de múltiplas modernidades.

Assim, a tese fundamental deste livro é a de que estas revoluções devem ser analisadas no contexto das formações civilizacionais, que se desenvolvem em certos contextos civilizacionais específicos, que deram origem a uma nova civilização – a civilização da modernidade –, e que constituíram um elemento central desta civilização. Neste contexto emerge um vasto conjunto de problemas.

III

Isto conduz-nos ao segundo maior foco deste livro, a saber, a relação destas revoluções na cristalização da modernidade, da civilização moderna – i.e., o lugar das visões e modelos revolucionários enquanto componentes centrais da civilização moderna, da civilização da modernidade.

Em primeiro lugar, a estreita relação entre as Grandes Revoluções e a modernidade coloca o problema de explicar as mudanças que ocorreram naquelas sociedades, que eram, na verdade, modernizadas, mas em que uma sociedade marcadamente moderna se cristalizou sem processos revolucionários «internos» – apesar de ter sido, na prática, fortemente influenciada na cristalização das suas modernidades específicas pelas imagens das revoluções tal como estas se cristalizaram nas Grandes Revoluções. De entre os casos mais interessantes destaca-se o Japão, em que a Restauração Meiji, apesar de exibir fortes semelhanças com as Grandes Revoluções, foi – como o atesta o termo conservador «Restauração» – marcadamente diferente destas em alguns dos aspectos cruciais do processo revolucionário, bem como nos programas de modernidade que se cristalizaram no período que se lhe seguiu. Outro caso interessante é o da Índia([5]), onde a ordem moderna se desenvolveu sob a égide de um regime colonial imperial mas, ao contrário de casos como

---

([5]) Sobre o desenvolvimento da Índia moderna veja-se: Bayly, S. 1999. *Caste, Society and Politics in India from the Eighteenth Century to the Modern Age*. Cambridge: Cambridge University Press; Heesterman, J.C. 1985. *The Inner Conflict of Tradition: Essays in Indian Ritual, Kingship, and Society*. Chicago: University of Chicago Press; Kaviraj, S. 1996. India: Dilemmas of Democratic Development, in A. Leftwich (ed.). *Democratic Development*. Cambridge: Polity Press.

o do Vietname, sem recurso a combinações de movimentos nacionalistas e revolucionários. De modo semelhante, na América Latina[6] desenvolveram--se diversos padrões de modernidade nos quais a componente revolucionária clássica não desempenhou um papel central, excepto talvez em Cuba, onde um regime aparentemente revolucionário se desenvolveu posteriormente. O mesmo se passou em muitos países do Médio Oriente e de África[7], onde o caso etíope exibiu algumas semelhanças interessantes com as revoluções clássicas. Em segundo lugar, o próprio facto de existirem múltiplas «entradas» revolucionárias e não-revolucionárias na modernidade, atesta a importância destas diferentes origens históricas na moldagem, embora não com carácter exclusivo, dos distintos e múltiplos padrões de modernidade que se desenvolveram nestas sociedades. Todos estes exemplos indicam que o modo de transformação revolucionário – i.e., a combinação de mudanças de regime e de instituições com a cristalização de novas visões cosmológicas e novas civilizações, não constitui o único modelo de transformação macrossocietal de longo alcance. Não constitui um modelo único no contexto dos modos ou tipos de mudança histórica macrossocietal que se desenvolveram ao longo da história humana – mesmo se nalguns casos, como por exemplo no da «revolução» abássida, muitas das componentes destas revoluções tenham feito a sua aparição. Para mais, como indicámos acima, o modelo revolucionário não é o único modelo de cristalização da modernidade. O terceiro problema neste contexto é o do lugar das visões revolucionárias, do seu imaginário, e dos seus modelos institucionais na institucionalização dos diferentes regimes pós-revolucioná-

---

[6] Sobre a América Latina veja-se: Kumar, K 1976. *Le rivoluzioni del ventesimo secólo in perspettiva storica*, in L. Pellicani (ed.), *Sociologia delle rivoluzioni*. Naples: Guida, pp. 45-94; idem, 1971. *Revolution*, London: Weidenfeld & Nicolson; Puhle, H.J. (ed.), *«Revolution von oben und Revolution von unten in Latein-Amerika: Fragen zum Vergleich politischer Satabilisierunfsprobleme im 20 Jahrhundert»* in *Revolution und Reformen in Lateinamerika: Geschichte und Gesellschaft*. Gottingen: Vandenhoeck & Ruprecht, 1976, 2, pp.143-159; Pollock, D.H. e A.R.M. Ritter, 1973 (eds.). *Latin American Prospects for the 1970's: What Kind of Revolution?* New York: Praeger; Waisman, C.H. 1987. *Reversal of Development in Argentina: Postwar Counterrevolutionary Policies and their Structural Consequences*. Princeton, N.J.: Princeton University Press; Halperin-Donghi, T. 1971. *The Aftermath of Revolution in Latin America*. New York: Harper & Row, Harper Torchbooks; Malloy, J. 1977 (ed.). *Authoritarianism and Corporation in Latin America*. Pittsburgh. Perm.: University of Pittsburgh Press; Wiarda, H.J. 1974. *Politics and Social Change in Latin America: The Distinct Tradition*. Amherst: University of Massachusetts Press.

[7] Sobre o Médio Oriente e países africanos ver: Vatikiotis, P.J. 1972 (ed.). *Revolution in the Middle East*. London: Allen & Unwin.

rios modernos. Estas visões, actividades, e temas revolucionários continuaram a ser componentes do reportório simbólico moderno das sociedades modernas, do «imaginário» de muitos movimentos sociais. Muitos destes movimentos auto-representavam-se como continuadores de revoluções passadas, do seu simbolismo revolucionário, e em muitas ocasiões de transformação social constituíram desafios a diferentes regimes modernos e modernizantes. Estas tendências foram reforçadas pelo facto de muitos destes movimentos se terem desenvolvido contemporaneamente às Grandes Revoluções tardias – como a chinesa, vietnamita ou, posteriormente, a iraniana. Concomitantemente, foi abundante o colapso de regimes que já eram modernos, e a sua substituição por outros novos – muitos deles auto-representando-se como revolucionários.

No entanto, a fenomenologia básica destes movimentos diferia grandemente da das Grandes Revoluções clássicas, sejam elas «precoces» ou «tardias». Nestes movimentos não se desenvolveu a combinação entre mudança de regime e a cristalização de cosmologias e novas civilizações. Os programas revolucionários promulgados por estes movimentos – e mesmo em alguns dos novos regimes, como em Cuba – haviam já sido estabelecidos pelo programa civilizacional «original» da modernidade, mesmo quando se constituíam como interpretações radicais específicas deste programa. De particular interesse neste contexto são as transformações decorrentes da desintegração da União Soviética, que constituiu, como é sabido, um grande modelo das revoluções tardias. Assim, uma vez mais, é a análise dos contextos civilizacionais e históricos do desenvolvimento das Grandes Revoluções Modernas; a sua relação com a modernidade, com as civilizações da modernidade, e com o desenvolvimento de múltiplas modernidades; e o destino do simbolismo revolucionário e da sua dinâmica nos regimes modernos pós-revolucionários que, na civilização da modernidade em contínua transformação, constituem o foco principal deste livro.

Capítulo II

As características distintivas
dos processos e ideologias revolucionários

IV

As revoluções, especialmente as «Grandes Revoluções» denotam, antes de mais, mudanças radicais dos regimes políticos – muito para além da deposição dos governantes, ou mesmo dos grupos dirigentes. Denotam uma circunstância na qual esta deposição e mudança, algumas vezes acompanhada pela execução ou assassinato dos dirigentes, e outras «apenas» pelo seu derrube e afastamento, têm como consequência uma mudança radical nas regras do jogo político e nos símbolos e bases de legitimação do regime. Esta mudança é geralmente violenta – mas a violência que eclode nestas revoluções não é semelhante à que se detecta em muitos tumultos ou revoltas. Pelo contrário, o que caracteriza esta violência é o seu fundamento ideológico, equiparável à quase santificação. Esta justificação encontra-se frequentemente enraizada na tentativa de articular a mudança de símbolos, bases da legitimação, e o enquadramento institucional básico de um regime, com novas visões da ordem política e social. É esta articulação que surge como distintiva nestas revoluções. Por outras palavras, estas revoluções tendem a gerar, com o desenrolar do

AS GRANDES REVOLUÇÕES E AS ORIGENS E CRISTALIZAÇÃO DA MODERNIDADE

processo revolucionário, para usar o conceito de Said Arjomand[8], cosmologias distintivas, e programas culturais e políticos distintos. A articulação da mudança violenta de regime com a criação de distintas visões ontológicas e políticas não é algo específico destas revoluções. A cristalização do califado abássida, frequentemente chamada revolução abássida, é um exemplo muito importante, embora talvez apenas parcial, deste tipo de articulação em períodos históricos recuados. O que é distintivo destas revoluções modernas é a natureza das cosmologias defendidas pelos seus promotores; a natureza das suas visões político-ideológicas e a relação destas visões com o modo de deposição dos dirigentes – e ainda, como veremos adiante, alguns aspectos críticos do processo revolucionário que nelas se desenvolveram. Apesar das grandes diferenças entre estas revoluções, todas elas partilham características comuns. Em todas elas ocorreu uma tentativa de reconstrução do político – de derrube do antigo e de criação de uma nova ordem política baseada numa nova visão que defendia os ideais da igualdade, justiça, liberdade e participação da comunidade no centro político. A defesa de tais tópicos não é exclusiva, naturalmente, destas revoluções, tendo ocorrido em diversos movimentos de protesto no decurso da história da humanidade. A sua novidade residia, em primeiro lugar, na articulação destes tópicos recorrentes de protesto com novos tópicos «modernos» como a crença no progresso, e com a exigência de acesso pleno e de participação nas principais arenas políticas. Em segundo lugar, na combinação de todos estes tópicos com uma visão utópica de reconstrução da sociedade e da ordem política, e não apenas com visões milenaristas de protesto. A sua forte componente utópica, fundada, como veremos, em tradições utópicas das sociedades ou civilizações em que estas revoluções ocorreram, desempenhou aqui um papel central, o mesmo se verificando em relação à transposição de tais visões utópicas para os centros das suas respectivas sociedades. O carácter distintivo das visões utópicas que constituem o núcleo central das cosmologias destas revoluções não reside apenas na transposição dos tópicos recorrentes de protesto como a justiça, liberdade e seus congéneres para a arena política central, e na sua articulação com a reconstrução das principais instituições políticas. A ênfase no transporte do domínio da razão para a arena política, fortemente baseada na filosofia do Iluminismo, está também intrinsecamente relacionada com estas revoluções – entre elas a americana e, de uma forma ainda mais radical, a revolução francesa. Este carácter dis-

---

[8] Arjomand, S.A. 1986. Iran's Islamic Revolution in Comparative Perspective, *World Politics*. vol. 38, no. 3, April, pp. 383-414.

AS CARACTERÍSTICAS DISTINTIVAS DOS PROCESSOS E IDEOLOGIAS...

tintivo fundamenta-se também na concepção da sociedade como um objecto capaz de ser remodelado de acordo com esta visão. É esta nova concepção da sociedade, i.e., desta enquanto objecto de uma activa construção por parte dos seres humanos – acima de tudo através da acção política – que constitui uma das características distintivas das cosmologias destas revoluções. Estas características estão patentes de forma clara na revolução francesa – mas as suas sementes podem já ser identificadas entre os Puritanos –, que proclamou a primazia do político no processo de reconstrução da sociedade[9].

Estreitamente relacionada com estas visões orientadas para o futuro detecta-se uma forte ênfase no afastamento em relação aos fundamentos históricos anteriores das respectivas sociedades, uma recusa do passado, a ênfase num novo começo e a combinação desta descontinuidade com a violência. Esta orientação esteve bastante silenciada na guerra civil inglesa, na qual as referências ao passado inglês (basicamente utópicas) assumiram grande relevância; foi já muito mais evidente – apesar das referências frequentes à tradição inglesa – na Revolução Americana, e tornou-se o tema central na Revolução Francesa e em todas as revoluções subsequentes. Esta nova visão geral relaciona-se com aquilo que tem sido frequentemente designado como o programa cultural da modernidade, que analisaremos com maior detalhe mais à frente neste livro.

V

Uma componente importante destas visões da modernidade residia nas dimensões universalista e missionária das ideologias revolucionárias. Apesar de cada uma delas ter dado origem a um novo regime de país para país – um regime que defendia, especialmente nos estádios mais avançados da sua institucionalização, fortes ideais patrióticos, e que embora transportasse sempre a marca reconhecível do país em que se desenvolvera, apresentava, embora em graus distintos, essas visões revolucionárias como universais, aplicáveis, em princípio, a toda a humanidade.

Os puritanos ingleses faziam parte de uma rede internacional mais vasta de grupos reformistas radicais, e apesar de a sua acção se orientar principal-

---

[9] Haller, W. 1955. *Liberty and reformation in the Puritan Revolution*. New York: Columbia University Press; Walzer, M. 1971. *The Revolution of the Saints: A Study in the Origins of Radical Politics*. New York: Altheneum.

mente, e de forma consciente, para a realidade inglesa, esta era todavia anunciada como tendo uma validade universal. As declarações da revolução americana, quer a Declaração de Independência, o Preâmbulo da Constituição, ou o Declaração de Direitos foram redigidas em termos universais. Apesar de a revolução americana não ter tido tendência para se «exportar», possivelmente devido ao relativo isolamento geopolítico das colónias, a visão revolucionária americana implicava, ainda assim, a validade universal da sua mensagem, daquilo que viria mais tarde a ser definido como o estilo de vida americano. A mensagem universal das revoluções tornou-se mais fortemente conectada com um zelo missionário – fazendo lembrar, como mostrou Maxime Rodinson([10]), a expansão do Islão. Tal como no caso do Islão, a implementação desta visão foi levada a cabo por exércitos revolucionários que estavam preparados para reconstruir não só a sua sociedade como também a de outros. Tal como no caso do Islão, este zelo missionário não deu origem, necessariamente, a maior tolerância ou «liberalismo» – mas revestiu-se, certamente, de uma inconfundível marca universalista. No âmbito da comparação com o Islão, é interessante notar que de entre os diversos movimentos da segunda metade do século xx designados como revoluções, é acima de tudo – como veremos com maior detalhe – a revolução islâmica de Khomeini que, mais uma vez, embora de um modo inteiramente novo, defendeu este tipo de mensagem universal e de zelo missionário.

VI

A importância das dimensões universal e missionária das ideologias destas revoluções pode também ser vista na relativa fraqueza ou secundarização, apesar da sua importância nem sempre negligenciável – no âmbito do seu reportório simbólico – da construção revolucionária de símbolos primordiais da identidade colectiva ou da consciência das sociedades nas quais tiveram lugar estas revoluções. Na verdade, todas estas revoluções ocorreram no contexto das suas respectivas sociedades nacionais, e foram em grande parte influenciadas pelas suas tradições políticas. Verificou-se, nestas revoluções, uma certa ênfase em elementos primordiais, como por exemplo nos direitos dos ingleses na guerra civil inglesa, ou a ênfase na *Patrie*, na revolução

---

([10]) Rodinson, M. 1979. *Marxism and the Muslim World*. London: Lend Press; idem. 1989. *Europe and the Mystique of Islam*. London: I.B. Tauris.

AS CARACTERÍSTICAS DISTINTIVAS DOS PROCESSOS E IDEOLOGIAS...

francesa[11]. Além do mais, estes regimes revolucionários difundiam fortes ideais patrióticos. Em todas estas revoluções estes ideais foram desencadeados pela criação de festivais, pelo estabelecimento de exércitos de cidadãos, e pelas sementes de um sistema escolar moderno. Em todas estas revoluções verificou-se uma extensa mobilização patriótica e a construção cultural do Estado-nação moderno. Mas as temáticas primordiais especificamente «nacionais» encontravam-se a um nível puramente ideológico, mesmo se, na prática, não fossem secundárias em relação àquelas mais gerais e universalistas, que constituíam o cerne da visão revolucionária. As diversas temáticas patrióticas foram frequentemente difundidas em termos universalistas, e as respectivas nações consideradas portadoras de visões universalistas. Esta componente universalista da visão patriótica secular manifestou-se de forma mais fraca na Turquia, embora não se encontrasse totalmente ausente.

VII

Tais visões cosmológicas não se encontravam totalmente cristalizadas no início destas revoluções, em especial no caso das que ocorreram mais precocemente na Europa. Nos primeiros estádios de grande parte destas revoluções, as exigências políticas dos actores revolucionários apresentavam-se em termos mais tradicionais de protesto – rectificação de acções erradas praticadas pelos governantes. Foi apenas com a intensificação do processo revolucionário, com o avolumar da ameaça ou do medo das contra-revoluções, que estas visões e cosmologias se tornaram predominantes. Da mesma forma, estes tópicos e visões não tiveram o mesmo acolhimento por parte de todos os participantes no processo revolucionário. Emergiram, com frequência, extensas disputas e desacordos em relação a diversos aspectos relacionados com estas visões – desacordos intimamente relacionados com os diferentes posicionamentos políticos dos participantes. Mas foram estes temas cosmológicos, com as suas implicações políticas de longo alcance, que forneceram o principal impulso ao programa cultural revolucionário. Neste aspecto, estas revoluções assemelhavam-se à institucionalização das Grandes Religiões e das grandes Civilizações Axiais. Na verdade, estas revoluções ocorreram em sociedades que se desenvolveram em Civilizações Axiais, construindo as componentes

---

[11] Raynaud, P. 1988. Revolution Francaise et Revolution Americaine. in F. Furet (ed.), *L'Heritage de la Revolution Francaise*. Paris: Hachette, pp. 35-55.

AS GRANDES REVOLUÇÕES E AS ORIGENS E CRISTALIZAÇÃO DA MODERNIDADE

escatológicas e utópicas de tais civilizações. Não é pois surpreendente que, à semelhança destas civilizações e religiões, também nestas revoluções e regimes pós-revolucionários as relações entre as diferentes componentes primordiais da identidade colectiva, dos Estados e das nações, e da mensagem revolucionária universalista, constituam um problema contínuo e focos de contestação na constituição dos seus símbolos colectivos e do seu discurso político e ideológico.

VIII

A principal mudança institucional provocada por estas revoluções foi, como assinalou Michael Walzer[12], o facto de, nas primeiras revoluções (a inglesa, a francesa, e a americana, mas esta de forma algo diferente e menos pessoal), os dirigentes terem sido não apenas afastados, exilados ou mortos, mas depostos através de um processo legal. Apesar de os dirigentes não aceitarem a legalidade ou legitimidade deste processo, o facto de este processo legal ter sido posto em prática reveste-se de um enorme significado. Indica uma tentativa séria de encontrar um novo suporte institucional para a ideia de responsabilização dos dirigentes. Esta ideia, em si, não era nova. Fazia parte e constituía uma das premissas básicas das Civilizações Axiais, no âmbito das quais estas revoluções se desenvolveram. No entanto, nestas revoluções tal ideia foi transformada de forma duradoura. Foi transformada ao ser totalmente institucionalizada de um modo quase rotineiro, dando origem aos diversos arranjos constitucionais de responsabilização dos dirigentes (do executivo) face ao poder legislativo. Encontrava-se também fortemente interrelacionada com uma visão da sociedade enquanto objecto passível de ser construído de acordo com um plano ou visão, de acordo com os temas da modernidade, e com a transformação das relações centro-periferia que estes temas implicavam – uma visão ou plano que era obrigação dos dirigentes pôr em prática, e de cuja implementação eles eram responsáveis. Estas «Grandes» revoluções caracterizavam-se também pelos seus resultados distintivos, nomeadamente a simultaneidade das mudanças ocorridas em diversas arenas da vida social – a política, a arena da economia política e da formação de estratos. Articularam a deposição da classe dirigente com mudanças abrangentes na estrutura social

---

[12] Walzer, M. 1974. *Regicide and Revolution*. Cambridge: Cambridge University Press.

AS CARACTERÍSTICAS DISTINTIVAS DOS PROCESSOS E IDEOLOGIAS...

das suas sociedades. Enfraqueceram ou aboliram qualquer tipo de critério atributivo, quer através da diminuição (como no caso da revolução inglesa) do poder formal e do estatuto da aristocracia, da abolição dos seus privilégios políticos e sociais, ou mesmo – como aconteceu na Rússia – da sua decapitação. Promoveram a ascensão, pelo menos de forma simbólica, de outras classes – o *tiers-état*, a burguesia na revolução francesa, o proletariado e o campesinato na Rússia e na China – enquanto grupos dominantes, e difundiram o conceito de cidadania e as suas principais derivações institucionais.

IX

As características distintivas destas revoluções não se evidenciam apenas nas suas cosmologias ou nos seus resultados institucionais. Não menos importantes são as características distintas do processo político que se desenvolveram através delas.

Este processo partilha algumas importantes características com outros tipos de processos de luta social e política, detectáveis em muitas sociedades, e alguns em todas elas. Uma componente importante destas revoluções diz respeito aos movimentos de protesto e às rebeliões, os quais são detectáveis em todas as sociedades. Outro aspecto crucial do processo político das Grandes Revoluções passa pela luta política entre diferentes grupos do centro. No caso das revoluções, esta luta no centro tende a ser, como Charles Tilly[13] assinalou, uma luta entre soberanias concorrentes, i.e., uma luta entre diferentes grupos que pretendem afastar os «soberanos» existentes (aqueles grupos que monopolizam a soberania e o exercício do poder numa dada sociedade num determinado período histórico) e transferir a soberania para si próprios. Mas estas componentes universais da luta política adquiriram características distintivas no âmbito das revoluções. A primeira foi a grande intensidade e continuidade de tais rebeliões, movimentos de protesto e lutas no centro durante períodos de tempo relativamente longos. Mas a distinção reside não apenas na intensidade e continuidade destes processos. A segunda característica é o facto de estes diferentes tipos de processos de mudança e movimentos de luta política se terem vindo a constituir, ainda que de forma hesitante,

---

[13] Tilly, C. 1993. *European Revolutions 1492-1992*. Oxford: Blackwell.

47

AS GRANDES REVOLUÇÕES E AS ORIGENS E CRISTALIZAÇÃO DA MODERNIDADE

em enquadramentos organizacionais relativamente contínuos e comuns. Em diversas sociedades podem ser encontradas alianças temporárias entre senhores revoltosos e rebeliões ou movimentos de protesto periféricos; as lutas no centro podem enfraquecê-las e facilitar, assim, a eclosão de uma rebelião e vice-versa. As rebeliões que se vão continuamente arrastando podem também favorecer, com frequência, as lutas no centro. Na verdade, todas as relações entre estes diferentes processos políticos ocorreram nas revoluções, e embora a sua configuração varie necessariamente de uma revolução para outra, constituíram uma característica fulcral do processo revolucionário. Mas o que distinguiu estas revoluções foi, em primeiro lugar, como mostrou Eric Hobsbawm[14], a importância crucial do impacto directo exercido na luta política do centro pelos levantamentos populares – o movimento dos levantamentos populares em direcção ao centro. A segunda característica distintiva do processo que se desenvolveu nestas revoluções foi o permanente entrelaçar destes processos políticos em enquadramentos de acção política comuns, embora frágeis e intermitentes. Por outras palavras, nestas revoluções, surgiram algumas formas novas de organização política e ideológica, que juntaram sectores de cada um destes tipos de actividade e processos políticos em enquadramentos comuns, mesmo se, especialmente nas primeiras revoluções, de modo intermitente. O exército modelo na revolução inglesa, os vários clubes e agrupamentos políticos na revolução americana, os diversos clubes e cliques na revolução francesa, contam-se entre os exemplos mais importantes destes novos enquadramentos ou organizações.

As várias organizações que se desenvolveram com as primeiras revoluções podem ser vistas como precursoras dos modernos partidos políticos. Embora não exista uma continuidade directa entre estes grupos e os partidos modernos, alguns aspectos essenciais destes partidos podem já ser identificados nas organizações políticas das eras revolucionárias. Estes aspectos manifestam-se na existência de distintas organizações políticas, independentes de uma configuração social atributiva mais alargada, na existência de líderes políticos sem filiação a qualquer grupo corporativo, e cuja tentativa para mobilizar apoiantes de diferentes grupos sociais pressupõe a existência potencial de algumas forças livres e flutuantes.

Mesmo quando não se desenvolveram novas organizações políticas permanentes, o impacto da actividade revolucionária transformou, como demons-

---

[14] Hobsbawm, E. 1964. *The Age of Revolution*. London: Weidenfeld & Nicholson.

trou Marc Klishanski([15]), a natureza do processo eleitoral no parlamento inglês, o qual passou de uma espécie de competição de *status* entre diferentes sectores do escalão social mais elevado, para uma competição política radical. O desenvolvimento destes novos tipos de organização aconteceu, naturalmente, em paralelo com um novo tipo de liderança que fazia apelo a diferentes sectores da população e que não se apoiava nem se via como representante de nenhum deles em particular.

Nas revoluções russa, chinesa e vietnamita, grupos organizados que existiam já como partidos, ou pelo menos como proto-partidos, antes destas revoluções, e que pretendiam enquadrar diversos grupos sociais, formaram as vanguardas destes movimentos.

X

O desenvolvimento de laços entre diferentes actores sociais e políticos não foi contínuo ao longo do processo revolucionário, da mesma forma que as organizações que emergiram no seu âmbito não tiveram uma existência estável e homogénea. Estes laços e organizações desenvolveram-se frequentemente de forma hesitante, sendo bastante fracos nas primeiras fases do processo revolucionário, quando os antigos tipos de rebeliões eram ainda predominantes. A composição de muitos grupos revolucionários que influenciaram, em grande medida, o curso e o desfecho destas revoluções esteve em mudança contínua, e muitos deles desapareceram. Estes laços tornaram-se mais fortes quando vários grupos revoltosos ou reformistas defrontaram forças contra-revolucionárias, agrupando-se no momento seguinte.

Para mais, durante cada uma das fases dos processos revolucionários desenvolveram-se diversos enquadramentos da actividade política e, em simultâneo, numerosos conflitos e clivagens entre diferentes grupos políticos e sociais que neles participaram. Duas dessas clivagens foram especialmente importantes na configuração e desfecho das revoluções. A primeira incidiu sobre a composição de «classe» destes grupos, fossem eles a aristocracia, a pequena nobreza, os grupos urbanos ou de camponeses, e sobre as relações entre estas classes, que forneciam a base social destes grupos, e o predomí-

---

([15]) Klishlansky, M. 1996. *A Monarchy Transformed: Britain, 1603-1714*. Allen Lane, London; Klishansky, M. 1980. *Rise of the New Model Army*. Cambridge University Press.

nio relativo de cada um destes diferentes elementos. A segunda clivagem situava-se ao nível dos diferentes grupos de intelectuais e de seitas religiosas – distintas clivagens sectoriais, cada uma delas representando distintas visões revolucionárias. Foi a combinação destes dois tipos de clivagens – classe e sectarismo político – que forneceu as dinâmicas específicas e influenciou, a um nível não inferior, os resultados das várias revoluções. Foi a relação entre estas clivagens, entre diferentes classes políticas e grupos ideológicos, que moldou as coligações mais activas nas diferentes fases do processo revolucionário e que em grande medida influenciou a natureza dos diferentes regimes pós-revolucionários.

XI

Estreitamente ligado ao desenrolar dos diferentes tipos de processo político, ao desenvolvimento de novas organizações políticas independentes e lideranças, esteve a transformação no processo revolucionário dos aspectos liminares e dos símbolos com frequência relacionados com os diversos movimentos de protesto (especialmente periféricos), no sentido dos centros das suas respectivas sociedades. Não se tratou apenas de um fenómeno através dos qual estes levantamentos populares se orientaram em direcção ao centro, acabando por se transpor nele (como se assistiu de forma exemplar na tomada da Bastilha). Mais importante é o facto de, em muitos destes processos revolucionários, a arena política central ter adquirido uma configuração liminar durante períodos de tempo relativamente longos. O próprio centro tornou-se – pelo menos em alguns períodos – uma situação ou arena liminar, ou a arena em que se representava a liminaridade.

As dimensões liminares do processo revolucionário estão intimamente ligadas com a centralidade da violência aí presente. Não se trata apenas da propagação da violência e de esta se tornar uma componente da luta política central – em si mesmo, um desenvolvimento distinto e muito importante. O que tem uma importância crucial é que, ao contrário de outras lutas e de diversas situações liminares, esta centralidade da violência – e em alguns casos a sua santificação ideológica, a sua sacralização – se torna, como escreveu Merleau-Ponty[16], a própria essência do processo revolucionário. Esta centralidade da violência transformou-se e tornou-se visível nos próprios cen-

---

[16] Merleau-Ponty, M. 1969. *Humanism and Terror.* Boston, MA: Beacon Press.

AS CARACTERÍSTICAS DISTINTIVAS DOS PROCESSOS E IDEOLOGIAS...

tros destas sociedades. Esta centralidade da violência assinalou a combinação da dissolução das regras existentes do poder político, a perda da legitimidade dos enquadramentos institucionais existentes, a deslegitimação da ordem existente, e a tentativa de imposição de outras regras e símbolos de legitimidade.

Um dos aspectos mais importantes desta centralidade da violência tem sido o desenvolvimento e santificação do terror enquanto componente ou tema recorrente da experiência revolucionária. Foi talvez apenas na Ordem Islâmica dos Assassinos e noutros movimentos sectários islâmicos que algo semelhante a esta santificação da violência e do terror pôde ser encontrada em larga escala([17]).

A combinação destes elementos de ideologia de protesto com a liminaridade e santificação da violência explica o desenvolvimento em todas estas revoluções de uma articulação entre violência, descontinuidade e ideologia da totalidade da mudança enquanto componentes principais da visão revolucionária. Na verdade, esta ênfase na ruptura com o passado pode evoluir no sentido daquilo a que Bernard Yack([18]) chamou a busca da revolução total. Enquanto as raízes desta busca podem ser encontradas na procura do «*Endzeit*», tal como se desenvolveu em muitas visões milenaristas nas Grandes Religiões([19]), no entanto, nas Grandes Revoluções, nas visões revolucionárias nelas defendidas, esta busca evoluiu no sentido de uma denúncia total mais radical de qualquer tipo de ordem existente, e de uma procura contínua visando a promulgação de uma ordem totalmente nova.

Esta combinação da violência e liminaridade, do desmoronamento das fronteiras simbólicas existentes e da tentativa de reconstrução de outras novas, expressa, talvez da forma mais sucinta, a combinação da dimensão construtiva e destrutiva do carisma, da dimensão carismática do esforço humano.

A procura de uma nova ordem em nome de uma visão utópica constitui o exemplo máximo da busca carismática de contacto com a ordem cósmica e com as situações revolucionárias «clássicas», com a sua liminaridade e violência, com a sua recusa da ordem existente e destruição dos seus símbolos, tornando muito visíveis as potencialidades destrutivas do carisma.

([17]) Sobre a ordem islâmica dos Assassinos ver: Lewis, B. 1973/1993. *Islam in History: Ideas, Men and Events in the Middle East*. London: Alcove Press.

([18]) Yack, B. 1986. *The Longing for Total Revolution: philosophic Sources of Social Discontent from Rousseau to Marx and Nietzsche*. Princeton: Princeton University Press.

([19]) Van der Lieuw, G. 1957. Primordial Time and Final Time, in: Campbell, J. (ed.). *Man and Time: Papers for the Eranos Yearbook*. New York: Bollinger Foundation, pp. 324-353.

XII

A análise precedente não esgota todas as características fundamentais do processo revolucionário, em especial as que tocam aos principais actores que nele participaram. Outro aspecto central do processo revolucionário – que provavelmente constituiu a sua característica mais distintiva – é o lugar dos grupos culturais, religiosos ou seculares específicos, dos intelectuais religiosos ou seculares e das heterodoxias.

Os puritanos ingleses e, até certo ponto, os americanos, os membros dos clubes franceses, tão brilhantemente descritos por Albert Cochin[20] e, mais tarde, por Furet, e os vários grupos da *intelligentsia* russa[21], são os melhores e mais conhecidos exemplos deste tipo social. Eram geralmente estes grupos que forneciam os elementos que transformaram as rebeliões em revoluções, como mostrou Marc Klishanski em relação ao exército modelo, ou como indicaram as análises da revolução francesa feitas por Albert Cochin e François Furet[22]. Estes grupos não se limitaram a promulgar e a articular as distintas cosmologias ou ideologias destas revoluções. Acima de tudo, foi entre os seus membros que se recrutaram as novas lideranças e competências organizativas, centrais na cristalização das novas actividades políticas acima referidas. Foram também estes grupos que forneceram as visões e articularam as ideologias e a propaganda, essencial para unir as diversas forças sociais que se juntaram ao processo revolucionário.

Foram estes grupos que estabeleceram o elo entre as distintas cosmologias revolucionárias e o processo revolucionário. E será de grande relevância para a nossa análise, como veremos com mais detalhe, que estes grupos se encontrem apenas em *algumas* sociedades ou civilizações.

---

[20] Cochin, A. 1924. *La Révolution et la libre pensée*. Paris: Plon-Nourrit; idem. 1979. *L'esprit du Jacobinisms*. Paris: Presses Universitaires de France.

[21] Walzer, M. 1998. Intellectuals, Social Classes, and Revolutions, in Skocpol, Theda (ed.). *Democracy, Revolution and History*. Ithaca/London: Cornell University Press, pp. 127-145; Furet, F. 1970. *French Revolution*. New York: Macmillan; idem. 1981. *Interpreting the French Revolution*. Cambridge: Cambridge University Press; Haller, W. *Liberty and reformation in the Puritan Revolution*. op. cit.; Nahirny, V. C. 1983. *The Russian Intelligentsia: from Torment to Silence*. New Brunswick, Transaction Books; Klishansky, M. *Rise of the New Model Army*. op. cit.

[22] Furet, F. *French Révolution*. op.cit.; idem. *Interpreting the French Révolution*. op. cit.; Cochin, A. 1924. *La Révolution et la libre pensée*. Paris: Plon-Nourrit; idem. 1979. *L'esprit du Jacobinisms*. Paris: Presses Universitaires de France.

AS CARACTERÍSTICAS DISTINTIVAS DOS PROCESSOS E IDEOLOGIAS...

Em todas estas sociedades, muito antes das revoluções, existiram actividades sectárias e heterodoxas, embora, ao contrário das rebeliões e da luta política central, essas actividades não sejam detectáveis em todas as sociedades. Em muitos casos, como por exemplo na Europa medieval, alguns grupos sectários aliar-se-iam com as rebeliões tanto de camponeses como de classes urbanas inferiores, e noutros casos com alguns dos actores das lutas políticas centrais. Na verdade, tudo isto forneceu, como veremos com mais detalhe, um fundamento crucial para o desenvolvimento das revoluções.

Mas foi apenas nestas revoluções que estas actividades se encontraram ligadas de forma permanente às rebeliões, aos movimentos populares, aos movimentos de protesto e às lutas políticas no centro. Constituíram o elemento mais relevante na modelação do todo o processo político que se desenvolveu no âmbito destas revoluções. Na verdade, é impossível compreender estas revoluções sem as competências ideológicas, propagandísticas e organizativas destes intelectuais e elites culturais. Sem eles, todo o processo revolucionário tal como se veio a cristalizar, não teria, provavelmente, ocorrido.

Este tipo de envolvimento dos intelectuais no processo político e no poder político configura uma transformação radical das relações entre os intelectuais e os poderes, e do seu envolvimento nas actividades políticas. Aqui, alguns sectores dos intelectuais mais institucionalizados, detentores de diversos cargos universitários e em instituições de direito, e as heterodoxias mais marginais, estiveram juntos no centro, ainda que durante curtos períodos, unindo-se pela sua reconstrução[23].

XIII

Digressão comparativa:
a mudança radical não-revolucionária – a Meiji Ishin

Todas as Grandes Revoluções se caracterizam não apenas por cada uma destas distintas características individualmente – a promoção de cosmologias revolucionárias, novos programas culturais e políticos, o desenvolvimento de

---

[23] Eisenstadt, S.N. 1988. Transcendal Vision, Center Formation, and the Role of Intellectuals. in I. Greenfeld & M. Michel (eds.). *Center: Ideas and Institutions*. Chicago / / London: The University of Chicago Press, pp. 96-112; Walzer, M. 1998. Intellectuals, Social Classes and Revolution in Democracy, in Skocpol T. (ed.). *Revolutions and History*. Ithaca / London: Cornell University Press, pp. 127-143.

AS GRANDES REVOLUÇÕES E AS ORIGENS E CRISTALIZAÇÃO DA MODERNIDADE

processos políticos distintos e os seus resultados abrangentes – mas, acima de tudo, pelas suas combinações. Escusado será dizer que a importância relativa assumida pelas diferentes componentes destas combinações variaram grandemente de revolução para revolução. Algumas destas componentes – como, por exemplo, a elaboração completa de cosmologias modernas distintas, ou a ênfase no corte com o passado – foram menos fortes no caso da revolução inglesa. Foi na revolução francesa que todas estas componentes confluíram de forma mais dramática – e, como tal, é a revolução francesa que tem sido considerada como o primeiro modelo original das revoluções modernas. Mas, qualquer que seja a diferença entre as Grandes Revoluções, estas caracterizaram-se pela existência de algumas combinações das diversas componentes enumeradas acima.

Estas combinações não fazem parte, mesmo se de uma forma incipiente, de todos os processos de mudança, nem mesmo de todos os processos de transformação social conducentes à cristalização das sociedades modernas.

Talvez possamos ilustrar esta ideia através de uma breve comparação com situações e processos que têm sido frequentemente comparados com estas revoluções. Destes, o mais importante – um a que recorreremos frequentemente, e que é também de importância fulcral para a compreensão dos diferentes programas da modernidade e das múltiplas modernidades – é a chamada Restauração Meiji, a Meiji Ishin de 1868, no Japão[24]. A Restauração

---

[24] Sobre a Restauração Meiji e os seus antecedentes veja-se, entre outros: Eisenstadt, S.N. 1996. *Japanese Civilization: A Comparative View*. Chicago: University of Chicago Press; Craig. A.M. 1961. *Chos/ni in the Meiji Restoration*. Cambridge: Harvard University Press; Arnasson, J. 1988. Paths to Modernity – The Peculiarities of Japanese Feudalism, in G. McCormack e Y. Sugimoto (eds.). *The Japanese Trajectory: Modernization and Beyond*. Cambridge: Cambridge University Press; Haroutounian, H.D. 1989. Late Tokugawa Culture and Thought, in M. Jansen. *Cambridge History of Japan*. Vol. 5, The Nineteenth Century. Cambridge: Cambridge University Press, pp. 168-258; White, J.W. 1988. State Growth and Popular Protest in Tokugawa Japan. *Journal of Japanese Studies*. vol. 14. no. 1, pp. 1-27; Huber, T. M. 1981. *The Revolutionary Origin of Modern Japan*. Stanford: Stanford University Press; Jansen, M.B. e G. Rozman. (eds.) 1986. *Japan in Transition from Tokugawa to Meiji*. New York: Princeton University Press; Jansen, M.B. 1989. The Meiji Restoration. in *The Cambridge History of Japan*. Vol. V., The Nineteenth Century. Cambridge, pp. 308-67; Dims, P. 1976. *The Rise of Modern Japan*. Boston: Moughton Mifflin; Cluck, C. 1985. *Japan's Modern Myths – Ideology in the Late Meiji Period*. Princeton: Princeton University Press.

Meiji tem sido muitas vezes comparada com as Grandes Revoluções. Tal como estas, gerou uma radical mudança de regime e deu origem a amplos processos de transformação social, económica e política.

Tem também sido comparada com estas revoluções porque desencadeou um novo programa cultural e político que, com todas as suas componentes restauradoras e «tradicionalistas», representou uma ruptura radical com o anterior regime dos shogun Tokugawa[25].

No entanto, no que diz respeito a algumas características cruciais, em particular à ideologia revolucionária e à natureza do processo político, a Restauração Meiji divergiu grandemente destas revoluções.

Tal como nas Grandes Revoluções, o momento que antecedeu a restauração e o processo que conduziu a ela, assim como as primeiras duas décadas do novo regime, foram férteis em movimentos políticos, coexistindo rebeliões, movimentos de protesto e lutas políticas no centro.

O período Tokugawa tardio, desde o início do século XIX (por altura das chamadas reformas Tempo de 1841-1843) conheceu inúmeras revoltas campesinas e diversos movimentos rurais e urbanos de protesto, assim como contínuas querelas na corte e domínio do shogun, no bakufu, e ainda entre o bakufu e os grandes senhores, os daimyos. Eclodiram também acessas lutas nos domínios senhoriais, assistindo-se a uma insatisfação crescente por parte dos escalões mais baixos dos samurai. Foi a cooperação entre diferentes domínios, especialmente entre os escalões mais elevados e os grupos inferiores de samurai, que, com a conivência da corte imperial, provocou o derrube do regime Tokugawa.

O fermento intelectual foi também determinante. Novas formas de discurso político e ideológico foram sendo desenvolvidas, em parte sob a influência das escolas e da educação neo-confucionistas, e de diversas escolas e movimentos locais. A grande expansão da educação e da literacia, das escolas e academias confucionistas, que provavelmente fizeram do Japão, no período final do regime Tokugawa, a sociedade pré-industrial mais literata, contribuíram em grande medida para o desenvolvimento deste discurso. Novos grupos escolarizados de samurai, shishi, e, em menor número, de grupos urbanos e de camponeses, deambulavam pelo país anunciando os diversos programas revolucionários a concretizar.

---

[25] Sobre o regime shogunal Tokugawa, veja-se: Webb, H. 1968. *The Japanese Imperial Institution in the Tokugawa Period*. New York: Columbia University Press.

AS GRANDES REVOLUÇÕES E AS ORIGENS E CRISTALIZAÇÃO DA MODERNIDADE

Naturalmente que se estabeleceram diversos contactos *ad-hoc* entre os diferentes grupos, e entre estes e alguns grupos urbanos e de camponeses revoltosos, mas não se desenvolveram, significativamente, quaisquer organizações ou enquadramentos em que estes e as mais populares rebeliões ou movimentos de protesto se interrelacionassem.

Estes últimos constituíram um fundamento muito importante no derrube no regime Tokugawa, mas não foram uma componente básica do processo político da Restauração.

Nos processos pré-revolucionários e revolucionários que derrubaram o regime Tokugawa, não se desenvolveram novos tipos de organizações políticas que estruturassem uma actuação política comum destes diferentes grupos. Da mesma forma, não emergiram novos tipos de liderança política que procurassem mobilizar as diversas forças sociais, os diferentes movimentos de protesto e os participantes na luta política mais central. Os novos tipos de organização política que surgiram, tais como os vários encontros semi-conciliares, destinavam-se, em grande medida, a grupos de samurai e requeriam exclusividade para certas classes ou regiões. Ocorreram algumas tendências incipientes no sentido da diversificação de contactos, em especial entre os sectores mais populares e os samurai inferiores, mas estes não terão sido certamente encorajados pela maioria dos actores mais centrais destas revoluções. Em paralelo, muitos dos temas da cultura popular que floresceram durante o final do período Tokugawa e o início do período Meiji, tais como uma forte ênfase na igualdade e autonomia comunais, nas relações directas e não mediadas com a natureza, não foram aceites na sua totalidade pelos grupos mais centrais. Alguns grupos de samurai, especialmente os que defendiam uma visão milenarista semi-utópica, nativista e comunal e de «utopia invertida», estabeleceram contactos estreitos com alguns destes grupos mais populares, e abraçaram alguns dos temas da cultura popular, mas não foram muito centrais no processo revolucionário nem da institucionalização do novo regime.

O que talvez distinga melhor a Restauração Meiji das Grandes Revoluções é a total ausência de grupos autónomos de intelectuais religiosos ou seculares, actuando como elementos activos no processo política da restauração. Os desenvolvimentos culturais, como referimos acima, constituíram um fundamento determinante na restauração. Entre estes assumia lugar cimeiro a elevada difusão da educação, especialmente confucionista, entre os grupos de samurai, de mercadores, e mesmo de alguns sectores dos camponeses, o que fazia provavelmente do Japão o país pré-industrial com maior índice de literacia. Desde finais do século XVIII que numerosas academias confucionis-

AS CARACTERÍSTICAS DISTINTIVAS DOS PROCESSOS E IDEOLOGIAS...

tas contribuíam para o desenvolvimento deste tipo de consciência política, e para minar a legitimidade da autoridade Tokugawa. Muitos dos movimentos de protesto, tanto os da periferia como os do centro, estavam imbuídos de ideologias recentemente adquiridas, fossem elas de tipo confucionista ou «nativista». Da mesma forma, muitos samurai de média ou baixa extracção social, que desempenharam um papel importante no processo político da restauração, envolveram-se num intenso discurso político, plasmado de termos confucionistas ou nativistas. Foi parcialmente nestes termos – e através de uma argumentação de tipo pragmático em torno da ineficiência face à iminência de ataques estrangeiros – que se construiu o discurso de deslegitimação do shogunato e de restauração da centralidade do imperador. Para mais, muitos grupos religiosos novos, as «novas religiões», por exemplo, desempenharam um papel muito importante neste processo de deposição do regime Tokugawa.

No entanto, foram escassos os intelectuais confucionistas independentes ou os monges budistas com um papel autónomo neste processo, ou que tentaram construir os enquadramentos básicos do discurso revolucionário.

Coube aos samurai, alguns deles instruídos nos conhecimentos confucionistas, e aos shishi, o papel mais activo na restauração, apesar de não actuarem como intelectuais confucionistas, portadores de uma nova visão confucionista, nem como membros de grupos religiosos autónomos. Agiam, antes, enquanto membros dos seus respectivos grupos sociais e políticos, eram portadores de uma distinta visão política, e apresentavam diferentes discursos políticos.

Boa parte do discurso que emergiu durante o processo revolucionário conducente à restauração oscilou entre duas vertentes: uma mais milenarista ou representante da «utopia invertida», que pretendia restaurar a comunidade nacional nativa «original» ou «primordial», e outra mais pragmática, focada na reconstrução das organizações políticas e nas novas configurações constitucionais – acima de tudo, num tipo de governo concilar que não estivesse excessivamente ligado a uma visão político-social utópica. Ambos os discursos, na medida em que moldaram o processo de restauração, foram defendidos preferencialmente por diferentes sectores de samurai – e não por intelectuais independentes e autónomos ou por sectários heterodoxos.

A discussão precedente não significa, como tem sido muitas vezes sugerido, que a Restauração Meiji tenha sido um acontecimento puramente político. Na verdade, o termo «restauração» não traduz de forma apropriada a palavra «Ishin». «Renovação» seria uma tradução mais fiel, porquanto implica um novo programa cultural, e a designação de restauração «revolucionária» seria provavelmente mais adequada para a Meiji Ishin.

AS GRANDES REVOLUÇÕES E AS ORIGENS E CRISTALIZAÇÃO DA MODERNIDADE

Mas esta visão, este programa cultural, diferia significativamente daqueles propostos pelas Grandes Revoluções. Constituía, na linha do discurso revolucionário acima mencionado, uma mistura de orientações pragmáticas preocupadas com a adaptação ao novo contexto internacional, imbuídas de uma forte ideologia milenarista e, acima de tudo, de fortes elementos restauracionistas.

O novo programa cultural ou cosmologia adoptados neste processo eram, de alguma forma, imagens invertidas dos programas e cosmologias das grandes revoluções. Este programa foi promulgado como uma renovação de um sistema arcaico, que na verdade nunca existiu, e não como uma revolução destinada a mudar a ordem social e política numa rumo inteiramente novo. Os elementos utópicos encontravam-se praticamente ausentes desta visão. De facto, a viragem total para o imperador pode ser vista como uma «utopia invertida», como há foi muito já assinalado por Hershel Webb[26]. A mensagem da restauração Meiji orientava-se para a renovação da nação japonesa – não apresentando qualquer tipo de dimensão universalista ou missionária. Depois da restauração, numerosos académicos envolveram-se na busca de conhecimentos no estrangeiro e na difusão de ideias novas no país, mas em última análise foram os oligarcas Meiji, compostos por líderes de diferentes facções rebeldes da restauração, que moldaram o novo regime.

A combinação destas características justifica que a expressão restauração revolucionária seja a mais apropriada para descrever a Meiji Ishin. Na verdade, esta tinha em vista um novo tipo de sociedade e um novo programa cultural moderno, uma transformação revolucionária, mais do que uma «simples» mudança de regime ou mesmo das classes dirigentes. Ao mesmo tempo, contudo, este programa cultural diferia, como indicámos, em aspectos cruciais daquele introduzido pelas Grandes Revoluções.

[26] Idem.

Segunda Parte

As «causas» e enquadramentos históricos e civilizacionais das revoluções

Capítulo III

Causas estruturais e sociopsicológicas

XIV

As Grandes Revoluções constituíram alguns dos maiores e mais dramáticos acontecimentos da história da humanidade, simbolizando, para muitos, a própria essência dos tempos modernos. Mas as revoluções ocorreram em circunstâncias e períodos muito específicos. Quais as condições ou causas que lhes deram origem?

É vastíssima a literatura que se debruça sobre esta matéria, variando entre estudos de caso sobre cada uma das revoluções, estudos comparativos entre elas, ou estudos mais gerais.

Podemos encontrar nesta literatura três tipos genéricos de explicação para as revoluções. O primeiro remete para diferentes tipos de condições estruturais, o segundo para as pré-condições sociopsicológicas das revoluções, e o terceiro para causas históricas específicas.

Têm sido identificados diversos tipos de condições estruturais. A primeira prende-se com os diversos aspectos das lutas internas que conduzem às revoluções. De entre os aspectos mais importantes que têm vindo a ser destacados, com ênfases diversas consoante os trabalhos, podemos destacar a luta de classes entre os grupos predominantes nas sociedades pré-revolucionárias – sejam

AS «CAUSAS» E ENQUADRAMENTOS HISTÓRICOS E CIVILIZACIONAIS

elas entre as classes aristocráticas e urbanas, ou entre senhores e camponeses – e, obviamente, sobretudo no que diz respeito às primeiras revoluções, entre o «antigo regime» e a burguesia em ascensão. A segunda enfatiza de forma marcada as lutas inter-elites – conflitos entre diferentes sectores das classes dominantes – sejam elas entre diferentes escalões da aristocracia, entre esta e os elementos mais profissionais da burocracia, ou entre cada um destes e a monarquia.

Um subtipo particular deste tipo de análise pode ser encontrado no trabalho de Theda Skocpol[27] e de outros académicos que se basearam em estudos anteriores de Barrington Moore[28], e tem colocado a ênfase nas relações entre o Estado e os principais estratos sociais, particularmente a aristocracia e o campesinato, no que diz respeito à sua força antagónica relativa.

Estas explicações são avançadas por aqueles que enfatizam o enfraquecimento ou decadência dos regimes políticos pré-revolucionários, seja através de causas internas, tais como diversas tendências económicas ou demográficas, ou pelo impacto de causas externas – tais como tendências económicas internacionais –, guerras ou uma qualquer combinação entre estes factores[29]. Esta atenção aos factores internacionais tornou-se especialmente pronunciada na bibliografia das últimas duas décadas, com o crescimento da sensibilidade em relação ao estudo dos sistemas internacionais.

A correcta e salutar ênfase na importância das condições internacionais na génese das revoluções não nos deverá desviar a atenção do facto de que a importância destas influências internacionais reside sobretudo na forma como se fizeram reflectir nas forças e constelações internas. As forças internacionais não impuseram, contrariamente aos diversos movimentos revolucionários «esquerdistas» da segunda metade do século XX, uma visão ou modelo revolucionário distinto.

Trabalhos anteriores dedicaram-se igualmente à análise de factores ou tendências económicas latas, flutuações económicas e escaladas inflacionárias com o resultante empobrecimento de largos sectores da sociedade – não apenas dos estratos mais baixos, mas também de grandes sectores das classes

---

[27] Skocpol, T. 1979. *States and Social Revolutions: A Comparative Analysis of France, Russia, and China*. Cambridge: Cambridge University Press.

[28] Moore, B. 1960. *The Social Origins of Dictatorship and Democracy*. Boston: Beacon; Skocpol, T., G. Ross, T. Smith and J.E. Vichniac, 1998 (eds.). *Democracy, Revolution, and History*. Ithaca e London: Cornell University Press.

[29] Skocpol, T. *States and Social Revolutions*. op. cit.

médias e altas –, e à análise da sua influência no desenvolvimento da situação revolucionária. Em alguma da bibliografia marxista, estas explicações económicas, em conjunto com a luta de classes, transformaram-se nas inelutáveis contradições entre os modos antigos de produção e a emergência das novas forças de produção.

Tais estudos relacionavam-se frequentemente com o segundo tipo de explicação: a explicação sociopsicológica. Seguindo frequentemente a brilhante análise de Tocqueville[30], estes trabalhos destacam a importância dos processos de relativa privação e frustração que ocorrem nas épocas de crise que se seguem a tempos de prosperidade – quando as aspirações de vastos sectores da população se encontravam satisfeitas –, ao gerarem insatisfação generalizada, podendo dar origem a rebeliões ou predisposições revolucionárias.

Assim, foram as lutas entre classes e entre elites, a expansão demográfica, a fragilidade interna e internacional do Estado, frequentemente provocada pelas suas crises fiscais, os desequilíbrios económicos e as frustrações sociopsicológicas provocadas pela degradação das condições económicas, que constituíram os factores mais importantes das causas das revoluções.

A bibliografia sobre as revoluções tem também avançado algumas explicações sobre os aspectos psicológicos e comportamentais mais importantes do processo revolucionário, especialmente a insatisfação generalizada com o regime, a cristalização de uma situação na qual os sectores insatisfeitos da sociedade se encontram dispostos não apenas a participar em protestos ou explosões isoladas, mas também a mobilizar-se em estruturas contínuas, e a existência de líderes com a capacidade organizacional para agregar esta mobilização, detentores de ideologias que os ajudam neste processo[31].

XV

A literatura sobre este fenómeno está repleta de controvérsias quanto à importância relativa de cada um destes factores, isoladamente ou em conjunto, enquanto causas das revoluções. O estudo crítico desta literatura indica

---

[30] De Tocqueville, A. 1955. *The Old Regime and the French Revolution*. Garden City, NY: Anchor, Doubleday.

[31] Para a análise destes aspectos das revoluções ver: Foran, J. 1997. *Theorizing Revolutions*. op. cit.

AS «CAUSAS» E ENQUADRAMENTOS HISTÓRICOS E CIVILIZACIONAIS

que o derrube efectivo de um regime pré-revolucionário só é possível através de uma combinação das frustrações geradoras de atitudes de rebelião, com a efectiva mobilização e organização política com o fim de produzir uma contestação de soberania – para usar a expressão de Charles Tilly[32].

Esta bibliografia indica, igualmente, que a chave para a cristalização de tais movimentos parece ser o aparecimento de novas forças económicas e sociais relativamente autónomas, que vêem bloqueado o seu acesso ao centro.

Simultaneamente, uma análise cuidada desta mesma bibliografia indica muito claramente que a constelação exacta destes factores varia de caso para caso, e que não é possível nenhuma generalização acerca do peso relativo destas componentes.

A conjugação concreta destas diferentes causas, a sua importância relativa em cada uma destas revoluções, constituía – e continua a constituir – um foco de investigação para as ciências históricas e sociais. Ainda assim, alguns padrões gerais podem ser, de facto, identificados, como tem sido feito recentemente de forma muito sucinta por Jack A. Goldstone[33]. Na sua investigação, Goldstone analisa as crises de quatro Estados nos séculos XVII e XVIII: Inglaterra, França, a China da dinastia Ming e o Império Otomano, identificando um conjunto de percursos e de processos básicos comuns nos seus respectivos declínios:

«Os periódicos colapsos de Estados na Europa, China, e Médio Oriente entre 1500 e 1850, resultaram de um único processo fundamental. Este processo desenvolveu-se como uma fuga, com uma tendência principal dando origem a quatro tendências críticas interrelacionadas, que se conjugaram para um desfecho tumultuoso. O principal factor foi um crescimento populacional que, num contexto de relativa inflexibilidade das estruturas económicas e sociais, conduziu a uma alteração de preços, a alterações de recursos, e a crescentes exigências sociais com as quais os Estados agrário-burocráticos não conseguiram lidar eficazmente.»

«As quatro tendências críticas relacionadas foram as seguintes: (1) Aumento da pressão sobre as finanças do Estado à medida que a inflação erodia a receita estatal e o aumento populacional fazia aumentar a despesa real. Os Estados tentavam auto-sustentar-se através de diversas formas de aumento de receita, mas tais tentativas alienavam as elites, os camponeses, e os consumidores urbanos, ao mesmo tempo que não conseguiam evitar o endividamento cres-

---

[32] Tilly, C. 1993. *European Revolutions, 1492-1992*. Oxford: Blackwell.

[33] Goldstone, J. 1991. *Revolution and Rebellion*. op. cit.

cente e, por fim, a bancarrota. (2) Uma maior prevalência da conflitualidade no interior das elites à medida que a inflação e uma maior dimensão das famílias tornavam difícil a manutenção do seu estatuto social, ao mesmo tempo que a expansão demográfica e o aumento de preços faziam ascender outras famílias, criando novos aspirantes a posições de elite. A fragilidade fiscal do Estado limitava a sua capacidade de sustentar todos aqueles que procuravam alcançar posições de predominância, provocando uma considerável mutação e deslocação hierárquica no seio das elites. Este facto deu origem ao surgimento de facções, à medida que diferentes grupos procuravam defender ou melhorar a sua posição no interior da classe dominante. Quando a autoridade central entrava em colapso devido à bancarrota ou à guerra, as divisões das elites emergiam em lutas pelo poder. (3) A agitação popular crescia à medida que a competição pela terra disponível, as migrações urbanas, a saturação do mercado de trabalho, o declínio do salário real, e uma população cada vez mais jovem estimulavam o potencial de mobilização das massas populares. As zonas rurais e urbanas eram palco de perturbações que tomavam a forma de motins causados pela escassez de alimentos, ataques a senhorios e agentes do Estado, ocupações de terras e confiscação de cereais, dependendo da autonomia dos grupos populares e dos recursos das elites. Um potencial de mobilização crescente tornava mais fácil às elites em disputa a manipulação da acção popular para os seus conflitos, muito embora a acção popular, possuindo as suas próprias motivações e dinâmica, demonstrasse ser mais fácil de encorajar do que de controlar. (4) As ideologias de rectificação e transformação ganhavam relevo crescente.»

A exploração dos modos pelos quais estas diversas causas se conjugam em padrões específicos e a sua importância relativa constituem e continuarão a constituir focos permanentes de investigação e pesquisa. Mas estas análises por si só, apesar da sua relevância, não produzirão uma resposta adequada sobre as «causas» da revolução.

Não é que as respostas às questões colocadas nesta literatura sejam, por vezes, insatisfatórias ou controversas. Isto é, obviamente, uma condição decorrente da natureza de qualquer empreendimento académico. O factor mais importante é que elas não são suficientes para a análise de alguns dos aspectos mais importantes do problema.

A razão para tal é muito simples: a maioria destas causas não são específicas das revoluções. As mesmas causas, sob diferentes conjugações, têm sido identificadas na vasta literatura sobre o declínio dos impérios – Romano, Bizantino, Otomano, Chinês e outros – ou, tal como demonstrou

AS «CAUSAS» E ENQUADRAMENTOS HISTÓRICOS E CIVILIZACIONAIS

Jack Goldstone, nas crises dos Impérios Otomano e Ming nos séculos XVII e XVIII[34].

Isto não deverá surpreender-nos. As revoluções são, no fim de contas, sinónimo de declínio e colapso dos regimes e das suas consequências. Deste modo, em especial as causas do declínio e colapso dos regimes, como veremos com maior detalhe mais adiante, dos regimes imperiais ou imperiais-feudais, são necessariamente também causas ou pré-condições para as revoluções. Mas elas não explicam o resultado revolucionário específico do colapso dos regimes. Estas causas não nos dizem o que acontece «na manhã seguinte», após a queda do regime. As mesmas causas ou conjugações diferentes destas causas, necessariamente diversas nos seus pormenores, explicam a queda dos Impérios Abássida, Romano ou Bizantino, e o declínio da dinastia Ming na China. Assim, por si só, elas não podem explicar os diferentes resultados revolucionários. Constituem, sem dúvida, condições necessárias para a existência de revoluções, mas não são por si só condições suficientes para tal fim, se quisermos usar estes termos algo problemáticos. Para encontrarmos causas suficientes teremos de olhar para além delas.

---

[34] Ibid.; Eisenstadt, S.N. 1993 (1963). *The Political Systems of Empires*. New Brunswick: Transaction Publishers.

Capítulo IV

O enquadramento histórico:
as contradições da «primeira modernidade»

XVI

Onde procurar, então, algumas destas possíveis condições suficientes? Poderemos talvez encontrar uma resposta no momento ou contexto histórico específicos destas revoluções, ou, por outras palavras, teremos talvez de começar pelo facto de todas elas terem tido lugar nos primórdios do período moderno das suas respectivas sociedades. A expressão «primórdios do período moderno» não tem uma conotação cronológica. Como tal, não implica que as diferentes sociedades pré-revolucionárias dos diferentes antigos regimes e as suas revoluções se tenham desenvolvido no mesmo período cronológico. Ao invés, esta expressão denomina um certo conjunto específico de características e tendências sociais e culturais que podem ocorrer em diferentes sociedades, ao longo de diferentes períodos cronológicos.

A característica mais importante da primeira modernidade com especial relevo para a nossa análise é, como tão bem analisou R. Kosellek[35], a con-

---

[35] Koselleck, R. 1988. *Critique and Crisis: Enlightenment and the Pathogenesis of Modern Society*. Oxford: Berg; Brunschwig, H. 1947. *La crise de l'état Prussien: à la*

AS «CAUSAS» E ENQUADRAMENTOS HISTÓRICOS E CIVILIZACIONAIS

frontação entre um regime político (geralmente absolutista ou semi-absolutista) e a sua auto-legitimação e as novas forças sociais.

Estes regimes legitimavam-se através de uma combinação de termos semi-tradicionais e de uma certa visão «iluminista», e promulgavam um grande número de ordens administrativas «racionais» modernas, levando a cabo inovações e modernizações económicas. Ao mesmo tempo, confrontavam-se com novas forças sociais, económicas e culturais, que chamavam a atenção para as contradições internas dos padrões de legitimação e das políticas do regime, e que buscavam para si próprias um âmbito mais alargado para as suas actividades sociais e culturais e, posteriormente, um acesso autónomo aos centros.

As relações entre os primeiros estádios da modernidade e os processos e resultados revolucionários aparentam ser, sem dúvida, muito fortes. Estas revoluções não eram os iniciadores da modernidade, qualquer que seja a sua definição. Todas elas se desenvolveram num contexto de autocracias em fase de modernização, no âmbito dos diferentes regimes absolutistas modernos que deram origem aos primeiros estados territoriais e, frequentemente, burocráticos[36], modernos, e que propiciaram grandes impulsos na modernização económica, no desenvolvimento das primeiras economias mercantis (até no início das economias industriais capitalistas), e no desenvolvimento de uma economia política baseada no mercado.

É nesta situação histórica que um grande número de novos grupos sociais e económicos – alguns dos quais gerados pelas próprias políticas de modernização dos regimes absolutistas – se desenvolveram e encontraram vedado o seu acesso aos centros de poder, o mesmo acontecendo em relação a outros grupos tradicionais mais antigos, que em tempos haviam usufruído desse mesmo acesso.

As contradições internas dos sistemas políticos absolutistas, entre a legitimação monárquica semi-tradicional e os modernos valores «iluministas», e os novos desenvolvimentos económicos, culturais e ideológicos que desafiavam a sua legitimação, bem como entre estes novos grupos e os que os precederam, forneciam as forças motrizes para o colapso desses regimes. As componentes ideológicas e simbólicas específicas das revoluções eram, em grande medida, alimentadas por estas contradições nas bases ideológicas de legitimação dos

---

fin du XVIII *siècle et la genèse de la mentalité romantique*. Paris: Presses Universitaires de France; Gillis, J.R. 1970. Political Decay and the European Revolutions, 1789-1848, *World Politics*, vol. 22, no. 3, pp. 344-370.

[36] Koselleck, R. *Critique and Crisis*. op. cit.

O ENQUADRAMENTO HISTÓRICO: AS CONTRADIÇÕES DA «PRIMEIRA MODERNIDADE»

Estados absolutistas, particularmente entre a legitimação tradicional ou semi--tradicional, e os diferentes aspectos do Iluminismo que transportavam consigo as sementes de um novo programa cultural.

Neste contexto, a maior diferença encontra-se, claramente, entre as primeiras revoluções «ocidentais» – a inglesa, a americana e a francesa – por um lado, e as revoluções posteriores – a russa, a turca, a chinesa e, possivelmente, a vietnamita – por outro. As primeiras revoluções desenvolveram-se contra um pano de fundo em que estavam presentes as mais importantes tendências culturais e ideológicas que abriram caminho ao programa cultural da modernidade ocidental. As revoluções posteriores (russa, turca, chinesa e vietnamita) desenvolveram-se com a expansão da modernidade para lá das suas fronteiras ocidentais originais. Em todos estes aspectos, estas revoluções, tanto as «primeiras» como as «tardias», apresentaram características distintas dos colapsos de outros regimes imperiais ou semi-imperiais, sejam eles o romano, o bizantino, o abássida fatimida ou o sassânida, bem como das diversas mudanças dinásticas na China.

O desenvolvimento da comunicação, especialmente da comunicação política, assumiu particular importância na cristalização dos processos revolucionários específicos da modernidade. Os novos modos de organização, mobilização e liderança política, característicos das revoluções modernas, seriam inconcebíveis sem a invenção da imprensa, da concomitante e imensa expansão da circulação de panfletos políticos, e do crescimento dos meios de transporte que facilitavam a distribuição de literatura política impressa. Todos estes factores se tornaram ainda mais visíveis nas revoluções posteriores.

Em termos mais gerais: a combinação de formações sociais e económicas específicas, características das primeiras fases da modernidade, com as revoluções nas tecnologias da comunicação, fizeram surgir o potencial para a existência de uma sociedade civil relativamente autónoma – autónoma não apenas do Estado, mas também na sua exigência de participação nos Estados –, a qual forneceu um forte impulso para o desfecho revolucionário do colapso dos Estados absolutistas.

XVII

Talvez se possa, então, afirmar que quando as causas mais gerais do colapso dos regimes – tais como as lutas de classes e entre elites; tendências económicas e psico-sociais; enfraquecimento do estatuto internacional dos

AS «CAUSAS» E ENQUADRAMENTOS HISTÓRICOS E CIVILIZACIONAIS

regimes – ocorrem no contexto histórico da primeira modernidade, estas dão origem a um desfecho revolucionário. É, portanto, a combinação destes dois conjuntos de condições que se constitui como a causa necessária e suficiente para a ocorrência de revoluções.

E, no entanto, esta combinação não constitui ainda o fim da nossa exploração das causas das revoluções. O motivo para tal é muito simples: nem todas estas combinações de causas para o declínio dos regimes no contexto histórico da primeira modernidade produziram revoluções e desenlaces revolucionários. A Índia, e de um modo algo diferente a Tailândia, bem como muitas das províncias do Império Otomano – com a possível excepção da própria Turquia, onde o estabelecimento do novo regime Kemalista foi por vezes designado revolução (ainda que uma revolução de cima para baixo) –, são exemplos de resultados não-revolucionários no contexto da primeira modernidade[37]. No entanto, pode ser alegado que nestas sociedades, que se encontravam sob o jugo de regimes coloniais-imperiais, se desenvolveram sobretudo guerras de independência que desviaram a maior parte das energias revolucionárias para uma direcção «nacionalista». Isto pode ser em parte verdade, mas apenas em parte. O caso do Vietname, no qual uma guerra de independência colonial exibia quase desde a sua génese as características distintivas de uma revolução, e onde posteriormente um regime revolucionário foi instituído, indica que em alguns casos, sob determinadas condições, as guerras de independência e os regimes delas decorrentes podem, de facto, ser revolucionários[38].

Os países da América Latina, onde as guerras de independência não foram revolucionárias, no sentido em que não deram origem a uma ordem sociopolítica inteiramente nova, e onde muitos dos aspectos cruciais do processo revolucionário, especialmente o entrelace contínuo entre os diferentes actores

---

[37] Mardin, S. 1971. Ideology and Religion in the Turkish Revolution. *International Journal of Middle East Studies*. vol. 2 no. 3, pp. 197-211; Humbaraci, A. 1958. *Algeria: A Revolution that Failed*. London: Pall Mall.

[38] McLane, J.R. 1971. Archaic Movements and Revolution in Southern Vietnam. in N. Miller e R. Aya (eds.), *National Liberation: Revolution in the Third World*. New York: Free Press, pp. 68-101; Popkin, S.L. 1976. Corporatism and Colonialism: Political Economy of Rural Change in Vietnam. *Comparative Politics*. vol. 8, no. 3, pp. 431-464; Woodside, A. 1976. *Community and Revolution in Modern Vietnam*. Boston: Houghton Mifflin. op. cit.; ver também a nota 1 do primeiro capítulo.

O ENQUADRAMENTO HISTÓRICO: AS CONTRADIÇÕES DA «PRIMEIRA MODERNIDADE»

políticos e as características liminares da luta revolucionária do centro, foram muito ténues, constituem mais um destes casos «negativos»[39].

Mas talvez o caso mais notável de mudanças de longo alcance sem características revolucionárias no contexto da «primeira modernidade» seja, de facto, e uma vez mais, o Japão, com a queda do regime Tokugawa e o surgimento da Meiji Ishin, a chamada Restauração Meiji[40].

Como vimos antes, todas as causas principais do declínio dos regimes mencionados acima – insurreição, lutas – podem ser identificadas nas últimas décadas do regime Tokugawa, quase sob forma laboratorial, reforçadas pelo impacto directo e pela marca de forças internacionais. O regime Tokugawa também se distinguia por evidenciar algumas das mais importantes características estruturais da primeira modernidade, através do desenvolvimento de novas e vibrantes forças económicas (mercantes e rurais), pelo enfraquecimento das velhas forças aristocráticas «tradicionais»; pelo colapso das políticas de regulação económica do antigo regime. Caracterizava-se, igualmente, pela extensão do alcance da educação, fazendo do Japão, como já vimos, a mais letrada das sociedades pré-industriais do mundo, e pelo desenvolvimento de um discurso político muito intenso.

O regime Tokugawa enfrentava igualmente uma crise de legitimação, mas esta crise não se manifestava nos termos ideológicos característicos dos *ancien régimes* das revoluções da Europa e da China. E, de facto, a Meiji Ishin desenvolveu-se, como vimos, no que respeita ao seu simbolismo e formato ideológico de base, e no que diz respeito ao seu programa cultural genérico, numa direcção diferente da que seguiram as Grandes Revoluções.

Assim, todos estes casos – e talvez o japonês de forma particular – atestam o facto de a explicação das causas das revoluções nos termos de uma combinação das causas do colapso dos regimes com o contexto histórico da primeira modernidade não ser suficiente. Embora seja verdade que estas combinações fornecem os contextos nos quais todas estas revoluções tiveram lugar, noutros casos, como os referidos acima (Japão, Índia e América Latina), desenvolve-

---

[39] Sobre os países da América Latina veja-se: Halperin-Donghi, T. 1971. *The Aftermath of Revolution in Latin America*. New York: Harper & Row, Harper Torchbooks; Malloy, J. 1977 (ed.). *Authoritarianism and Corporation in Latin America*. Pittsburgh. Perm.: University of Pittsburgh Press; Wiarda, H.J. 1974. *Politics and Social Change in Latin America: The Distinct Tradition*. Amherst: University of Massachusetts Press.

[40] Ver nota 22 no primeiro capítulo; Eisenstadt, S.N. 1996. *Japanese Civilization: A Comparative View*. Chicago: University of Chicago Press.

AS «CAUSAS» E ENQUADRAMENTOS HISTÓRICOS E CIVILIZACIONAIS

ram-se, no mesmo contexto, tipos «modernos» de mudança política e social não-revolucionários.

É certo que em todas estas situações se cristalizaram novos programas culturais de modernidade. Mas não só estes programas de modernidade diferem do «original» ocidental, embora se tenham desenvolvido em resposta a este, mas também se cristalizaram em conjunto com processos sociopolíticos que divergem grandemente dos processos revolucionários.

Desta forma, a combinação das causas do colapso dos regimes com a conjuntura histórica da primeira modernidade não é senão mais uma causa ou condição necessária, mas não suficiente, para explicar as revoluções. O que significa que temos de olhar mais além para encontrar as causas «suficientes» das revoluções.

Capítulo V

Os contextos civilizacionais das grandes revoluções. As Civilizações Axiais

XVIII

Na nossa pesquisa das causas «suficientes» das revoluções (um termo que, por si só, não nos ajuda muito), é importante assinalar que as explicações referidas acima não tratam daquilo que é provavelmente o elemento mais distintivo dos processos revolucionários, nomeadamente da cristalização de novas e distintas visões ontológicas ou cosmologias, e do aparecimento de um tipo distinto de portadores dessas visões – os grupos culturais ou intelectuais autónomos, e da sua ligação com os outros componentes do processo revolucionário.

Mesmo quando a literatura sobre este assunto não enfatizava o facto de as revoluções promulgarem novas visões ideológicas e cosmológicas, é ainda assim reconhecido que as revoluções arrastam consigo importantes alterações ideológicas no que respeita à legitimação dos regimes. No entanto, é prestada pouca atenção à análise sistemática das forças culturais ou ideológicas fundamentais para a moldagem do processo e dos desfechos revolucionários, e que fornecem os motivos ou a justificação para tais mudanças de

AS «CAUSAS» E ENQUADRAMENTOS HISTÓRICOS E CIVILIZACIONAIS

legitimação. Numa grande parte desta bibliografia, os factores ideológicos, o desenvolvimento de novas ideologias, ou crenças religiosas, não têm sido analisados com frequência enquanto causas maiores das revoluções. São frequentemente tidos, mesmo entre os historiadores não-marxistas, como epifenómenos de processos sociais mais «profundos», ou como uma espécie de pano de fundo geral do desenvolvimento dos processos revolucionários[41]. Isto talvez esteja relacionado com o facto de na literatura sobre as revoluções se ter vindo a desenvolver uma forte ênfase no tratamento de forças sociais de primeira grandeza, particularmente no que diz respeito às relações de classe. Inversamente, o enfoque sobre os grupos culturais ou intelectuais particulares tem sido muito menor.

Mas estes grupos fornecem, como temos visto, um dos mais importantes repositórios do novo tipo de liderança e organização política que constitui um dos traços distintivos mais importantes destas revoluções.

Já referimos acima, se bem que de forma breve (especialmente quando discutimos o caso «negativo» do Japão), que as heterodoxias que fornecem o contexto para o aparecimento de tais grupos não se desenvolveram em todas as sociedades – ao contrário de outros tipos de luta política como as rebeliões e os combates políticos no centro.

Deste modo, talvez valha a pena examinar primeiro sob que condições, ou em que tipo de sociedades, estes grupos e as ideologias que os sustentam ganham centralidade e importância. De seguida, consideraremos os contextos culturais ou civilizacionais distintivos, bem como os contextos políticos nos quais as revoluções ocorreram.

Olhemos primeiro para os contextos civilizacionais ou culturais alargados. As primeiras revoluções ocorreram no contexto da cristandade – em civilizações europeias, nas suas manifestações protestantes e católicas; na Rússia, no domínio da cristandade oriental, e na China e Vietname, no domínio da civilização confucionista. Se considerarmos a revolução turca como uma revolução teremos também de incluir aqui o domínio do Islão, e tal é seguramente o caso, no que diz respeito à revolução iraniana (Khomeini).

A característica comum a todas estas sociedades, a estes regimes imperiais, é que todas elas se desenvolveram no contexto das chamadas Civilizações Axiais. Por Civilizações Axiais devemos entender aquelas civilizações que se cristalizaram durante o milénio que vai de 500 a.C. até ao primeiro século da era cristã. A cristalização destas civilizações pode ser considerada como

---

[41] Goldstone, J. 1991. *Revolution and Rebellion*. op. cit.

OS CONTEXTOS CIVILIZACIONAIS DAS GRANDES REVOLUÇÕES

uma das maiores conquistas revolucionárias da história da humanidade, tendo mudado o curso da história humana. Durante este período, emergiram novos tipos de visões cosmológicas, uma das quais foi o desenvolvimento e a institucionalização de uma nova concepção da tensão básica entre as ordens da transcendência e do mundano. Estes novos tipos de visões cosmológicas institucionalizaram-se em muitas partes do mundo – no antigo Israel, posteriormente no judaísmo do Segundo Templo, e no cristianismo, na Grécia antiga, muito parcialmente no zoroastrismo iraniano, no dealbar da China imperial, no hinduísmo e no budismo e, para lá da Era Axial propriamente dita, no Islão([42]).

Estas ideias, desenvolvidas em primeiro lugar por pequenos grupos autónomos de «intelectuais» (um novo elemento social à data), particularmente no seio dos portadores de novos modelos de ordem social e cultural, foram por fim institucionalizadas. Ou seja, passaram a constituir-se como as orientações predominantes tanto das classes dirigentes como de muitas elites secundárias, incorporando-se nos centros ou sub-centros das suas respectivas sociedades, e transformando-se nas premissas «hegemónicas» básicas das suas respectivas civilizações.

O núcleo destes desenvolvimentos «Axiais» particulares concretizou-se na combinação de duas fortes tendências. A primeira delas foi, de acordo com a formulação de Johann Arnason, entre, por um lado, uma «distinção radical entre a realidade final e a realidade derivada (ou entre a dimensão transcendental e a dimensão mundana, para utilizar uma formulação mais controversa) [...]

«Isto prende-se com uma crescente orientação na direcção de uma realidade que existe para além de uma realidade dada([43]); com a problematização radical das concepções da ordem social e cosmológica, e com uma forte reflexividade e conceptualização de segunda ordem, com novos problemas gerados pelos novos modelos de ordem (a tarefa de colmatar o desnível criado entre os níveis de realidade assim postulados).» A segunda tendência foi o desenvolvimento, em termos estruturais, de uma desagregação profunda de

---

([42]) Eisenstadt, S.N. 1986. *The Origins and Diversity*. op. cit.; Arnason, J.P., S.N. Eisenstadt e B. Witrock, 2005. *Axial Civilizations*. op. cit.

([43]) Arnason, P. 2005. The Axial Age and its Interpreters: Reopening a Debate. in J. P. Arnason, S.N. Eisenstadt e Bjorn Wittrock (eds.). *Axial Civilizations and World History*. Leiden, Boston: Brill, pp. 38; Eisenstadt, S.N. 2005. Axial Civilizations and the Axial Age Reconsidered. in idem, pp. 531-565; Witrock, B. 2005. The Meaning of the Axial Age. in idem, pp. 51-87.

AS «CAUSAS» E ENQUADRAMENTOS HISTÓRICOS E CIVILIZACIONAIS

muitos aspectos da estrutura social, e a sua desencrostação de relações de parentesco relativamente próximas, ou de unidades territoriais, e o concomitante desenvolvimento de múltiplos recursos livres que podem ser mobilizados e organizados de diferentes formas, constituindo desafios para as formações institucionais até então existentes.

O desenvolvimento e institucionalização deste conceito de cisma entre o transcendental e o mundano deu origem a tentativas de reconstrução da mundo-humanidade e da ordem sociopolítica e económica, em função da ideia apropriada de transcendentalidade, dos princípios de elevação ontológica formulados em termos religiosos, metafísicos e/ou éticos, ou, por outras palavras, da tentativa de implementar aspectos desta visão no mundo terreno.

Essa visão mundana era tida por estas civilizações como incompleta, inferior, ou até, pelo menos em algumas delas, como perniciosa ou maculada, e carecendo de reconstrução ou reconstituição. Esta reconstituição seria efectivada através da implementação dos conceitos transcendentais ontológicos básicos prevalentes nestas sociedades; especialmente em concordância com o conceito de colmatar a fissura entre as ordens mundana e transcendental, segundo preceitos éticos e metafísicos de ordem superior. A implementação desta ordem estava intimamente relacionada com a «salvação», para usar um termo weberiano[44] – basicamente, um termo cristão, mas de que se podem encontrar alguns equivalentes em todas as Civilizações Axiais.

O desenvolvimento, por um lado, destas concepções cosmológicas e, por outro, da desagregação de muitos aspectos da estrutura social e do concomitante desenvolvimento de recursos livres, ocorreram até certo ponto de modo independente através da dinâmica interna destas dimensões de ordem social – se bem que reforçando-se mutuamente de forma contínua e variada. Do mesmo modo, desenvolveram-se, no seio destas sociedades, múltiplas constelações de poder, de identidades colectivas e de formações económicas, cada uma delas com a sua dinâmica própria. Todas estas visões implicavam fortes inclinações para a reconstrução da vida mundana – da ordem social, da personalidade e da actividade cultural, desenvolvendo a ideia de um mundo para além das fronteiras imediatas das suas respectivas sociedades – um mundo, por assim dizer, aberto a essa reconstrução.

---

[44] Weber, M. [1915] 1970. *Gesammelte Aufsaetze zur Religionssoziologie*. Tuebingen: Mohr; Weber, M [1904/05] 2004. *Die protestantische Ethik und der Geist des Kapitalismus*. ed. por D. Kaesler. Bern: Munde.

OS CONTEXTOS CIVILIZACIONAIS DAS GRANDES REVOLUÇÕES

Deste modo, a institucionalização nestas civilizações das referidas ideias estava intimamente relacionada com as tentativas de reconstrução das suas formações institucionais mais importantes, de acordo com novas visões institucionais, cujo núcleo comum era a amplificação e abertura do âmbito e das possibilidades institucionais – quer se tratasse dos conceitos e padrões da ordem política, das identidades colectivas, e logo do enfraquecimento da noção de que eram uma «dádiva natural» –, e o concomitante crescimento da possibilidade de as contestar fundamentadamente.

A mais importante das tendências institucionais desenvolvida no seio de todas as Civilizações Axiais foi a tendência para a constituição de um centro, ou centros sociais. Estes centros sociais funcionavam como as mais autónomas e simbolicamente distintas corporizações da implementação das visões transcendentais, como os maiores *loci* da dimensão carismática da existência humana, tentando permear a periferia para a reestruturar de acordo com as suas próprias concepções, visões e regras autónomas.

A distinção simbólica do centro relativamente à periferia e a sua tendência para a permear e impor-lhe as suas visões, concepções e regras autónomas era por vezes acompanhada por uma paralela imposição da periferia sobre o centro. O processo de formação do centro encontrava-se interligado com a construção das Grandes Tradições[45] enquanto estruturas simbólicas distintas e autónomas, e com a transformação das relações entre as Pequenas e as Grandes Tradições. Deste modo, os portadores das Grandes Tradições tentavam permear a periferia e absorver as Pequenas Tradições para o interior da sua órbita. Simetricamente, os portadores das Pequenas Tradições tentavam profanar as Grandes, dissociarem-se delas e gerar uma ideologia distinta associada às Pequenas Tradições e à periferia.

Assim, o centro ou centros emergiam como arenas simbólicas e institucionais diferenciadas, mas a sua «naturalidade» nem sempre podia ser tida como garantida. A própria constituição e as características destes centros tendiam a tornar-se um foco da reflexividade e das constelações concomitantes que se desenvolviam nestas civilizações[46].

---

[45] O conceito de Grande Tradição radica em Redfield, R. 1962. *Human Nature and the Study of Society*. Chicago: University of Chicago Press.

[46] Kedar, B.Z. e Z.R.J. Werblowsky, 1998 (eds.). *Sacred Space: Shrine, City, Land*. Tel Aviv/Jerusalem. Macmillan e The Israel Academy of Sciences and Humanities: Jerusalem.

AS «CAUSAS» E ENQUADRAMENTOS HISTÓRICOS E CIVILIZACIONAIS

Em estreita relação com a institucionalização dos diversos programas culturais Axiais veio a desenvolver-se uma forte tendência para definir certas colectividades e arenas institucionais como as mais apropriadas para servirem como portadoras de visões transcendentais amplas e distintas e de novas colectividades «civilizacionais» – muitas vezes «religiosas». Estas eram, de facto, distintas das colectividades políticas e das diversas comunidades locais «primordiais», «étnicas» ou religiosas, mas no entanto estas impunham-se-lhes continuamente, interagindo com elas, desafiando-as, provocando uma reconstrução contínua das suas respectivas identidades. Estes processos eram levados a cabo através da contínua interacção entre as diversas elites culturais autónomas, os portadores de solidariedade e as elites políticas das diversas comunidades «locais» em reconstrução contínua. Concomitantemente, a formação de Civilizações Axiais, com os seus programas culturais distintos, e a confrontação contínua entre as colectividades civilizacionais e outras, e as diferentes constelações de poder, relacionava-se igualmente com novos padrões de criatividade cultural e com os padrões de reflexividade que nelas se desenvolviam.

A um nível puramente «intelectual», eram acima de tudo os discursos teológicos ou filosóficos que floresciam e que se articulavam em formas muito mais elaboradas e formalizadas, organizando-se em diferentes esferas de conhecimento e em múltiplas disciplinas, e gerando contínuos desenvolvimentos nesse âmbito. No interior desses discursos muitos problemas decorrentes das relações entre os desenvolvimentos autónomos nas diferentes arenas de criatividade cultural e alguns aspectos centrais da constituição das colectividades e das relações entre elas tornaram-se fulcrais, dando origem à criação de novos tipos de memória colectiva e respectivas narrativas. Exemplos disto eram a preocupação com uma concepção cósmica do tempo e da sua relação com a realidade política mundana, diferentes concepções de história sacra em relação ao fluxo terreno do tempo, do espaço sagrado em relação com o espaço mundano[47]. Numa relação próxima com estes desenvolvimentos

---

[47] Witrock, B. 2002. Modernity: One, None, or Many? European Origins and Modernity as a Global Condition. in S.N. Eisenstadt. *Multiple Modernities*. New Brunswick e London: Transaction Publishers; Eisenstadt, S.N. 1988. Explorations in the Sociology of Knowledge: The Soteriological Axis in the Construction of Domains of Knowledge in Eisenstadt, S.N. e Silber, I.F. 1988 (eds.) *Cultural Traditions and Worlds of Knowledge: Explorations in the Sociology of Knowledge; Knowledge and Society: Studies in the Sociology of Culture Past and Present: A research Annual*. Greenwich, Ct.: Philadelphia, JAI Press, pp. 1-73.

OS CONTEXTOS CIVILIZACIONAIS DAS GRANDES REVOLUÇÕES

emergiu ainda um novo tipo ou nível de reflexividade, focado no exame crítico da ordem política e social existente e, em certa medida, também dos seus pressupostos.

XIX

Estas visões eram promulgadas por portadores autónomos, seculares e religiosos, de modelos de ordem social e cultural («Kulturträger»)[48], como os antigos profetas e sacerdotes israelitas e, posteriormente, os sábios judeus, os filósofos e sofistas gregos, os literatos chineses, os brâmanes hindus, os sangha budistas e os ulemas islâmicos. Estes grupos constituíam um novo elemento social, um novo tipo de elite, que era marcadamente diferente dos especialistas rituais, mágicos e sagrados das Civilizações pré-Axiais. As novas elites – os intelectuais e os clérigos – eram recrutadas e legitimadas segundo critérios autónomos e distintos, frequentemente promulgados por elas próprias, e organizavam-se de acordo com enquadramentos autónomos diferenciados dos que vigoravam para as unidades políticas básicas da sociedade, adquirindo uma auto-consciência do seu estatuto potencial ao nível do conjunto territorial em que se inscreviam. Tendiam, igualmente, a tornar-se potencialmente independentes das restantes elites, grupos e sectores sociais, muito embora estas mudanças afectassem também outras elites político-económicas, e os portadores das solidariedades das diferentes colectividades. Com a institucionalização destas novas elites, uma transformação paralela tomara lugar na estrutura de outras elites e na constituição de papéis autónomos e diferenciados de largos sectores da sociedade. Todas as elites procuravam reivindicar um posicionamento autónomo na constituição da ordem cultural e social. Viam-se a si próprias não só como executoras de funções técnicas e funcionais específicas – fossem elas iniciáticas, de registo como no caso dos escribas, ou outras – mas também como potenciais portadores autónomos de uma ordem cultural e social diferenciada, em obediência à visão transcendental prevalente nas suas respectivas sociedades. Todas as elites – as elites culturais, políticas, mas também os portadores de solidariedades entre as diferentes

---

[48] Eisenstadt, S.N. 1986. *The Origins and Diversity of Axial Age Civilizations*. Albany: State University of New York Press; Arnason, Eisenstadt, Witrock. *Axial Civilizations*. op. cit.

79

AS «CAUSAS» E ENQUADRAMENTOS HISTÓRICOS E CIVILIZACIONAIS

comunidades – se consideravam a si próprias como elementos articuladores autónomos da nova ordem, considerando as restantes elites como potencialmente inferiores e suas subalternas.

Ao conseguirem obter grande influência junto das suas respectivas sociedades, estas elites estabeleciam alianças com outras elites. Foram estas alianças que permitiram a institucionalização, em todas as sociedades Axiais, das suas respectivas visões e da cristalização dos seus distintos padrões institucionais. A possibilidade de institucionalização destas visões dependia do desenvolvimento de uma certa abertura na estrutura social, do desenvolvimento de uma combinação de recursos livres com a existência de uma opinião pública, que tornava possível uma certa aceitação das visões promulgadas pelas elites junto de estratos mais alargados da sociedade.

Eram, antes de mais, as elites culturais ou os intelectuais quem promulgava as novas cosmologias, as novas visões e conceitos transcendentais que foram de extrema importância para a transformação destas sociedades em novas formações «civilizacionais» com concomitantes padrões novos de identidade colectiva e novas visões do mundo.

Assim que se dava a institucionalização destas novas concepções ontológicas e cosmológicas estes novos grupos culturais passavam a ser parceiros relativamente independentes nas principais coligações governantes. Transformaram-se igualmente – e isto foi crucial para a dinâmica destas civilizações – em elementos liderantes dos movimentos de protesto que nelas se vieram a desenvolver.

Estes grupos de elites não eram homogéneos. Em todas estas civilizações desenvolveram-se uma multiplicidade de elites e papéis secundários de carácter cultural, político e educativo, cada uma delas veiculando frequentemente uma ideia diferente da ordem social e cultural. Estas elites eram também os elementos mais activos na reestruturação do mundo e da criatividade institucional que se desenvolvia nestas sociedades.

XX

A reconstrução da ordem social e civilizacional e a mudança cultural fizeram surgir tensões contínuas no seio destas civilizações e nos seus processos de institucionalização, que nunca haviam sido simples ou pacíficos. Eram frequentemente associados a lutas e a competições entre vários grupos e as suas respectivas visões.

OS CONTEXTOS CIVILIZACIONAIS DAS GRANDES REVOLUÇÕES

Esta multiplicidade de visões alternativas deu origem a uma tomada de consciência da incerteza em relação às diferentes vias para a salvação, dos conceitos alternativos de ordem social e cultural, e da aparente arbitrariedade de qualquer uma das soluções. Esta consciência passou a ser um elemento constituinte destas civilizações, particularmente entre os portadores das suas Grandes Tradições, relacionando-se intimamente com o desenvolvimento de um grau elevado de pensamento de «segunda ordem», ou seja, de reflexividade relativa às premissas fundamentais da ordem social e cultural.

Associado ao desenvolvimento de vias alternativas para a implementação de visões de transcendência, de ordens sociais e culturais alternativas, surgiu outro elemento comum a todas estas civilizações. O elemento da visão utópica, de uma ordem social e cultural diferente situada para lá de um determinado espaço e tempo. Tais visões continham muitos dos elementos milenaristas e revivalistas que podem ser encontrados também nas religiões pré-Axiais ou não-Axiais «pagãs». Mas vão para além destas, ao combinar esses elementos com as ideias baseadas na necessidade de construir a ordem mundana de acordo com os preceitos de uma ordem mais elevada, com a busca de uma ordem «melhor» alternativa, para lá de um determinado espaço e tempo.

XXI

Os diferentes modos de reflexividade que se desenvolveram nestas civilizações centravam-se, em grande medida, na constituição de uma ordem política – originando uma transformação no conceito de responsabilização dos governantes.

A ordem política enquanto um dos focos centrais da ordem mundana era frequentemente tida como inferior à das visões transcendentais, e era reconstituída de acordo com os seus preceitos. Tinha de ser reconstruída, acima de tudo, de acordo com a percepção do modo adequado de implementação da visão transcendental na ordem mundana ou, para usar o termo weberiano, com a «salvação». Os governantes eram normalmente responsabilizados pela organização da ordem mundana em consonância com tais preceitos.

A natureza dos próprios dirigentes sofreu, igualmente, uma profunda transformação. O rei-deus, a corporização de uma ordem cósmica e terrena, desapareceu sendo substituído por um governante secular – possuindo mesmo fortes atributos sociais – que, em princípio, era representante de uma ordem superior. Deste modo, surgiu o conceito da responsabilização dos governan-

AS «CAUSAS» E ENQUADRAMENTOS HISTÓRICOS E CIVILIZACIONAIS

tes e da comunidade perante uma autoridade superior: Deus e a Lei Divina. Surgiu a possibilidade de julgar um governante. Um destes eventos dramáticos materializou-se nas pronunciações clericais e proféticas do antigo Israel. Uma concepção «secular» diferente desta responsabilização perante a comunidade e as suas leis materializou-se na costa norte do Mediterrâneo oriental, na Grécia antiga, e também no conceito chinês de Mandato Celestial.

Em simultâneo com a emergência de tais concepções de responsabilidade dos governantes começaram a desenvolver-se esferas legais autónomas distintas da lei costumeira e das convenções tradicionais. Estes desenvolvimentos deram origem, também, ao início de uma concepção do direito. O âmbito destas esferas da lei e do direito variava grandemente de sociedade para sociedade, mas todas elas foram estabelecidas de acordo com critérios autónomos distintos.

XXII

A institucionalização destas concepções políticas e da responsabilização dos governantes face a uma lei superior relacionava-se de forma estreita com a ascensão de novos grupos e funções distintos que se consideravam a si próprios como representantes e promulgadores destas leis, e, na medida em que podiam chamar os governantes à responsabilidade, eram estes os grupos portadores das novas visões cosmológicas Axiais e que desempenharam um papel central na institucionalização destas civilizações. São estes grupos – portadores de modelos de ordem social e cultural, intelectuais autónomos, como os antigos profetas e sacerdotes de Israel e, posteriormente, os sábios judeus, os filósofos e sofistas gregos, os literatos chineses, os brâmanes hindus, os *sangha* budistas e os *ulemas* islâmicos – que, com a institucionalização destas civilizações, se apresentavam a si próprios como os portadores da lei superior à qual os governantes tinham de prestar contas.

Mas, no entanto, como vimos, estes grupos estavam em contínua concorrência com outras elites. Na verdade estas diferentes elites, em geral, e os intelectuais, em particular, constituíam também, e isto é crucial para a nossa análise, os proponentes mais activos das diversas concepções alternativas da ordem social e cultural e, entre elas, dos diferentes tipos de visões utópicas. Juntamente com esta multiplicidade de visões e de elites desenvolveram-se também, nestas civilizações, movimentos sectários de tendências heterodoxas e a consequente confrontação entre ortodoxia e heterodoxia.

OS CONTEXTOS CIVILIZACIONAIS DAS GRANDES REVOLUÇÕES

Esta confrontação, independentemente da forma como a definirmos, não se limitava apenas a assuntos de doutrina, ritual, observância religiosa, ou de padrões de culto. Tinha igualmente, como acima indicámos, vastas implicações no que diz respeito à própria estruturação da sociedade. As implicações institucionais radicavam em dois factos fortemente inter-relacionados. Primeiro, no facto de estas concepções «ortodoxas» e «heterodoxas» possuírem frequentemente conotações muito fortes no que diz respeito à construção do mundo secular. Em segundo lugar, estas concepções relacionavam-se estreitamente com as lutas entre as diversas elites, tornando-as a todas, segundo a forma como Weber se referiu aos antigos profetas israelitas[49], em «demagogos políticos», que tentavam muitas vezes mobilizar um apoio popular alargado, associando estas visões sectárias ou heterodoxas a rebeliões com motivações mais amplas. Estas actividades relacionavam-se de perto com a concepção de responsabilidade dos governantes face a uma Lei Superior, e com fortes orientações e visões utópicas.

Esta contínua reconstituição potencial das diferentes combinações entre visões cosmológicas e as diferentes estruturas de poder e de identidade colectiva era reforçada, nas Civilizações Axiais, pelo facto de nelas se ter desenvolvido um novo tipo de revolução inter-social e inter-civilizacional, com a institucionalização destas civilizações. Um grande número de interconexões culturais e algumas concepções de um reino ou mundo universais emergiram em Civilizações pré-Axiais, como na de Genghis Khan, mas só com a institucionalização das Civilizações Axiais surgiu um modo de expansão mais distintamente ideológico e reflexivo.

Todas estas civilizações desenvolveram, juntamente com as tendências de reconstrução do mundo, uma certa propensão para a expansão, em que impulsos ideológicos e religiosos se combinavam com impulsos políticos e, até certo ponto, económicos. Embora muitas vezes radicalmente divergentes quanto à sua institucionalização concreta, as formações políticas que se desenvolveram nestas civilizações – que podem ser consideradas «ecuménicas» – continham representações e ideologias de um império quase global e alguns, em certos momentos da sua história, até dos factos de tal império. Este modo de expansão potenciou também a consciencialização da possibilidade de construir «histórias do mundo» que abrangessem um grande número de sociedades diferentes. O impacto das «histórias do mundo», das diferentes concepções de

---

[49] Weber, M. 1952. *Ancient Judaism*. Traduzido e editado por H.H. Gerth e D. Martindale. New York: Free Press.

AS «CAUSAS» E ENQUADRAMENTOS HISTÓRICOS E CIVILIZACIONAIS

história mundial, sobre a constituição e a formação institucional das identidades e consciências colectivas das diferentes sociedades passou a ser visível mais claramente.

XXIII

No quadro das Civilizações Axiais desenvolveram-se, de facto, uma grande variedade de formações políticas – sejam elas impérios poderosos – como o chinês, bizantino ou otomano; ou os anteriores *Abbyonde*, reinos ou federações tribais algo frágeis (como no antigo Israel); combinações de federações tribais e de cidades-estado (p.ex. na Grécia antiga); os complexos padrões políticos descentralizados que se desenvolveram na civilização hindu; ou as configurações imperial-feudais da Europa. Cada um destes tipos denotavam diferentes combinações de diferenciação estrutural e de visões cosmológicas veiculadas pelas diferentes elites e pelas coligações por elas constituídas.

Os contornos concretos destas sociedades, os seus centros e as suas dinâmicas, variavam consideravelmente de acordo com a estrutura das elites predominantes e das suas coligações, das orientações culturais que elas promulgavam, e dos modos de controlo que exerciam. Assim, por exemplo, na Índia surgiu um elevado grau de autonomia das elites religiosas por oposição àquela que possuíam as elites políticas. Por contraste, havia um grau de diferenciação relativamente pequeno entre os papéis políticos dos estratos mais alargados, enquanto na Europa se desenvolveu um grau de autonomia e diferenciação muito maior entre todas as elites. De modo similar, surgiram, no seio dos regimes imperiais agrários, como indica a comparação entre os impérios chinês e bizantino, por exemplo, diferenças profundas na estrutura dos seus centros. Apesar do facto de partilharem graus bastante semelhantes (e relativamente elevados para sociedades históricas) de diferenciação organizacional e estrutural na arena económica e social. Estes centros variavam também, é claro, em função das diferentes condições organizacionais, económicas, tecnológicas e geopolíticas das respectivas sociedades.

Mas independentemente das diferenças entre estes quadros políticos distintos que se desenvolveram nas diferentes Civilizações Axiais, as características ideológicas e estruturais que lhes eram comuns possuíram um impacto alargado nos processos políticos dos diferentes regimes que se desenvolveram no seu âmbito. Geraram distintas dinâmicas políticas que as separavam das, aparentemente similares, sociedades tribais, patrimoniais semi-imperiais, ou de cidades-estado que se desenvolveram no contexto das Civilizações não-Axiais.

Escusado será dizer que os processos políticos de rotina que se desenvolveram no âmbito desses regimes não diferiam substancialmente dos das outras sociedades não-Axiais. Mas para lá destes processos rotineiros, surgiram repetidamente fortes tendências de coalescência entre os diferentes processos de mudança, movimentos de protesto e heterodoxias, que davam origem a processos semi-revolucionários. Na verdade, estas características antecederam, em grande medida, alguns dos traços distintivos das revoluções, embora só em algumas destas civilizações estas tendências tenham evoluído para verdadeiras revoluções.

XXIV

As afinidades electivas existentes entre os processos políticos que se desenvolveram em muitas das Civilizações Axiais e as características centrais das revoluções não significam que se tenham efectivamente desenvolvido revoluções com o dealbar da modernidade em *todas* as Civilizações Axiais, como o ilustram claramente a Índia, a o Sul da Ásia, e a maioria das sociedades islâmicas. Só em algumas Civilizações Axiais é que o colapso dos regimes da «primeira modernidade» deu origem a revoluções.

Deste modo, alguns factores adicionais terão, obviamente, de ser tidos em conta. Dois deles parecem possuir especial importância. Um destes factores, que pode ser visto mais claramente na Índia e nas sociedades budistas do sul da Ásia, passa pelas características particulares das visões cosmológicas e transcendentais fundamentais que se desenvolveram nestas Civilizações Axiais. O segundo factor que se aplica a diferentes Civilizações Axiais – talvez mais visível na maioria dos estados islâmicos (e mesmo nalguns estados europeus), mas também relevante na Índia e nas sociedades budistas theravada – é a natureza dos regimes políticos, dos seus contextos de ecologia política, bem como dos factores económicos que se desenvolveram nesse âmbito.

Entre os aspectos das visões cosmológicas que assumem a este respeito uma importância central, está a forma como estas civilizações concebiam a arena política enquanto uma das áreas mais importantes para a implementação da visão transcendental da salvação e da reconstrução utópica. Aqui, a principal distinção reside, usando com grande cautela a terminologia de Weber, nas concepções de salvação deste mundo e do outro mundo.

AS «CAUSAS» E ENQUADRAMENTOS HISTÓRICOS E CIVILIZACIONAIS

Estas diferenças influenciaram grandemente as concepções de responsabilização dos governantes nestas civilizações, bem como as suas derivações institucionais. O impacto de tais concepções no dinamismo político destas civilizações pode ser apreciado mais claramente através das formas pelas quais as heterodoxias mais significativas, e as visões cosmológicas e utópicas por elas promulgadas, se imbricaram com os movimentos sociopolíticos nos quais os actores políticos foram beber aos reservatórios culturais das suas respectivas civilizações. As implicações políticas do sectarismo e das heterodoxias variaram grandemente, de facto, entre as diferentes Civilizações Axiais.

Terceira Parte

A variabilidade das Civilizações Axiais e das dinâmicas políticas: o carácter distintivo do processo revolucionário

Capítulo VI

Civilizações transcendentes.
A civilização hindu

XXV

Na secção seguinte vamos analisar mais pormenorizadamente as relações entre as diferentes visões cosmológicas e as suas orientações utópicas, as características dos seus portadores – as seitas e heterodoxias –, e as características mais importantes da dinâmica política e dos processos de transformação destas sociedades.

Começaremos pela análise das mais importantes civilizações transcendentes – sobretudo da Índia –, tratando o impacto dos modos específicos das concepções cosmológicas prevalecentes e dos movimentos de protesto que aí se desenvolveram durante a constituição e reconstituição dos centros e colectividades[50].

---

[50] Bayly, S. 1999. *Caste, Society and Politics in India from the Eighteenth Century to the Modern Age.* Cambridge: Cambridge University Press; Heesterman, J.C. 1985. *The Inner Conflict of Tradition: Essays in Indian Ritual, Kingship, and Society.* Chicago: University of Chicago Press; Kaviraj, S. 1996. *India:* Dilemmas of Democratic Development. in Leftwich, A. (ed.). *Democratic Development.* Cambridge: Polity Press.

A VARIABILIDADE DAS CIVILIZAÇÕES AXIAIS E DAS DINÂMICAS POLÍTICAS

Os conceitos ontológicos fundamentais no hinduísmo eram provavelmente dos mais complicados de todas as Civilizações Axiais. Ao nível da ideologia e do simbolismo bramânicos, o hinduísmo baseava-se no que podia ser considerada, entre as Civilizações da Era Axial, a concepção mais radical da tensão existente entre a ordem transcendental e a ordem mundana. Derivava da percepção de que a ordem mundana se encontrava manchada em termos cósmicos, porque a sua própria criação constituía uma ruptura da harmonia cósmica original. Esta poluição podia ser ultrapassada de duas formas diferentes, que eram ao mesmo tempo complementares e contraditórias. Uma destas vias consistia na execução rigorosa do ritual e do mundano, acima de tudo de actividades ocupacionais atribuídas a diferentes grupos, particularmente castas e sub-castas. Estas actividades significavam diferentes graus de pureza ou de poluição social e ritual. Isto implicava um arranjo das actividades e dos nexos sociais e rituais numa ordem hierárquica que reflectia o posicionamento do indivíduo na ordem cósmica, e o desempenho das obrigações que a ela correspondiam. Aqui encontramos outro nível ou dimensão das concepções ontológicas dominantes no hinduísmo, nomeadamente o de que, de diversas formas, às actividades mundanas são, talvez paradoxalmente do ponto de vista da concepção imaculada de pureza e poluição, atribuídos alguns elementos de sacralidade e de orientação transcendental.

As duas abordagens às arenas mundanas baseavam-se em duas distintas orientações de valor, em dois «eixos de valor sagrado», valores de auspício e de pureza. Estas duas orientações de valor distintas encontravam-se sempre em inter-relação próxima. Muito embora a pureza fosse hierarquicamente superior, nunca poderia ser concretamente realizada sem a dimensão auspiciosa predominante noutras castas não-bramânicas – particularmente dos *chatrias*, de onde provinha habitualmente o governante.

A resolução concreta da tensão entre os dois eixos de orientação das actividades mundanas, e da aceitação da vida mundana em termos sagrados, e da ênfase na renúncia, constituía uma das principais forças motrizes da dinâmica das ideologias, instituições e história indianas. Eram de importância crucial na constituição de inter-relações de casta, de formações e dinâmicas políticas e de actividades sectárias.

A forma mais distintiva – embora seguramente não a única – pela qual a concepção cosmológica que viria a ser hegemónica influenciou as formações sociais que se desenvolveram na Índia foi aquilo que foi designado, sem grande precisão, como sistema de castas, o qual se estendia presumivelmente a toda a nação, embora na realidade tivesse incidências mais locais ou regionais.

90

CIVILIZAÇÕES TRANSCENDENTES. A CIVILIZAÇÃO HINDU

Estas castas e as redes de castas não eram apenas unidades primordiais ou territoriais simples semelhantes às existentes em muitas sociedades tribais ou não-literatas, definidas em termos de relações relativamente restritas de parentesco ou de critérios de «naturalidade» territorial. Elas eram, de facto, construções ideológicas altamente elaboradas, em permanente recomposição, imbuindo estes atributos primordiais com níveis simbólicos e ideológicos mais sofisticados, dando origem a sectores e comunidades alargadas e, especialmente, às redes convencionais de castas locais e regionais que se encontravam por sua vez em permanente interacção com as arenas e formações políticas. As redes de castas caracterizavam-se através de um conjunto de traços específicos. Em termos organizacionais, as castas eram unidades locais reguladas e interconectadas numa combinação de modos rituais, económicos e políticos, através, principalmente, de uma série de dádivas inter-casta. Simultaneamente, as premissas ou esquemas culturais de base que determinavam as relações de casta ou inter-casta eram, em princípio, de natureza nacional mas possuíam um grande número de variações locais. Eram estes esquemas e figurações, e as várias redes que os suportavam, que constituíam o principal foco de uma ampla identidade civilizacional, potencialmente de dimensão continental, com múltiplas variações locais.

De grande importância neste contexto é a distinção entre as castas da direita, as de economia baseada na terra, e as castas da esquerda, de mercadores e artesãos com maior mobilidade. Significativamente, os brâmanes pertenciam a ambos os lados, funcionando, deste modo, como os principais mediadores ou pontos de interconexão entre as diferentes organizações *jati* locais, frequentemente em estreita relação com os reis.

Estas relações inter-casta eram construídas quer sobre princípios hierárquicos, quer em termos de relação centro-periferia. Estas relações eram normalmente efectivadas através de múltiplas ofertas e apresentações, frequentemente em cerimónias públicas, nas quais eram simbolizados o poder ritual e as relações económicas entre as diferentes castas. As inter-relações entre castas construíam-se de acordo com diferentes esquemas ou princípios radicados nas visões cosmológicas fundamentais prevalecentes na civilização hindu.

Na medida em que era a orientação mais transcendental de pureza que prevalecia, eram de facto os brâmanes e os ascetas renunciadores que encabeçavam esta orientação. Outras castas, em especial – mas não apenas – os *chatrias* eram também investidos de dimensões sagradas, mais fundadas na cosmologia do auspício, que era muito poderosa no seu domínio próprio. Mas estas não constituíam um desafio à predominância dos brâmanes no seu

A VARIABILIDADE DAS CIVILIZAÇÕES AXIAIS E DAS DINÂMICAS POLÍTICAS

contexto específico, muito embora as orientações bramânicas não fossem o único factor efectivo nas relações inter-casta. No entanto elas podiam, através de actividades colectivas eficazes, muitas vezes em colaboração com os governantes, modificar o seu posicionamento relativo nas hierarquias de casta locais ou regionais, moldando para si próprias amplas arenas de actividade económica e ritual autónomas.

Ao mesmo tempo, no entanto, a ênfase na poluição do mundo propiciou também tentativas de a ultrapassar, de a ela renunciar: a instituição do renunciador (*Sannyasa*) tem sido um pólo complementar da tradição bramânica pelo menos desde o período pós-clássico.

Esta renúncia poderia ser a última fase do ciclo de vida de um indivíduo, mas poderia também implicar a sua libertação deste ciclo de vida. Tal libertação manifestava-se habitualmente não apenas em actos puramente individuais, mas também no desenvolvimento de diversos processos de grupo centrados na figura do renunciador, podendo constituir-se como pontos de partida para formações sectárias.

XXVI

Estreitamente relacionada com estas concepções cosmológicas básicas e com a constituição das redes de castas, desenvolveu-se na Índia um quadro bastante complexo, do ponto de vista comparativo, no que diz respeito à definição da arena política – já que na Índia quase não existia um conceito de arena política enquanto entidade autónoma da instância governativa.

Ao contrário do que acontecia nas civilizações monoteístas ou no confucionismo, a arena política não constituía uma arena importante da implementação da visão transcendental predominante. O centro mais importante da civilização indiana não era político mas sim ritual-religioso. Encontrando-se em estreita relação com a ênfase transcendental prevalecente, o seu vasto alcance ecológico, e a sua forte incrustação em diversas unidades de atribuição convencional, este centro não se organizava de acordo com um padrão organizacional homogéneo e unificado. Consistia antes numa série de redes e sub-centros organizacionais rituais, redes e templos de peregrinação, seitas e escolas espalhadas por todo o subcontinente, atravessando frequentemente fronteiras políticas.

Na Índia «histórica» «pré-moderna» as arenas mais importantes da implementação dos conceitos e visões civilizacionais básicos não eram políticas,

CIVILIZAÇÕES TRANSCENDENTES. A CIVILIZAÇÃO HINDU

mas sim rituais e religiosas – mesmo quando consideramos os grupos militares *chatrias*. Concomitantemente, embora a componente política não fosse seguramente de importância negligenciável na constituição das múltiplas e multifacetadas identidades das diversas colectividades – locais, nacionais ou religiosas, e mesmo das identidades de casta – que se iam cristalizando na Índia, esta não desempenhou um papel central, e muito menos exclusivo, nesta construção.

No entanto, o rei desempenhava um papel central, complexo e invulgar no meio deste contexto. Segundo a perspectiva de Dumont[51] e, em menor medida, de Heesterman[52], a autoridade simbólica do rei derivava em princípio da visão cultural e religiosa bramânica e era simbolizada através de rituais religiosos. Algum grau de autoridade parecia mesmo ser-lhe atribuído independentemente da legitimação religiosa. De acordo com estes pontos de vista, a arena política na Índia era caracterizada por um nível relativamente elevado de distinção simbólica e organizacional, e encontrava-se imbuída de fortes orientações universais, embora não universalistas, mas, no entanto, a sua «santidade» era derivativa.

Têm surgido recentemente, no entanto, importantes abordagens revisionistas desta concepção. Foi cada vez mais sublinhado que o governante político adquiria um elevado estatuto sacral ou semi-sacral, juntamente com a honra e as distinções. O rei era frequentemente representado como «rei do universo», o seu domínio estendendo-se aos quatro cantos da terra, e a sua cerimónia de coroação, com o sacrifício de cavalos que a acompanhava, renovava os seus poderes anualmente. A pretensão do rei à soberania universal, como «senhor de todos os senhores», e a manifestação da sua grandeza através de templos e monumentos, atestavam o poder e a distinção da autoridade política. A sua representação simbólica como rei do universo reflectia igualmente o desejo sempre presente de alargar a dominação política e as tentativas constantes de aumentar o poder mundano, antes de mais através da expansão territorial ou, mais ainda, através da cativação da lealdade dos povos dessas regiões.

---

[51] Dumont, L. 1970. *Homo Hierachicus*. Chicago: University of Chicago Press.

[52] Heesterman, J.C. 1957. *The Ancient Indian Royal Consecration*. The Hague: Brill; Heesterman, *The Inner Conflict*. op. cit.; Heesterman, J.C. 1992. Die Gebrochene Ordunung: Indiens 'nachachesenzentliche' Erfahrung, in Eisenstadt, S.N. (ed.). *Kulturen der Achsenzent 2: Ihre Institutionelle und Kulturelle Dynamik*. Teil 2 (Indien). Frankfurt am Main: Suhrkamp, pp. 80-102.

A VARIABILIDADE DAS CIVILIZAÇÕES AXIAIS E DAS DINÂMICAS POLÍTICAS

Muito embora a autoridade simbólica do rei derivasse, em princípio, da visão cultural e religiosa global, e fosse simbolizada através de rituais religiosos, um certo grau de autoridade parece ter-lhe sido atribuído independentemente da legitimação religiosa.

No entanto, dadas as orientações básicas prevalecentes na civilização hindu relativas aos assuntos mundanos, as arenas políticas mantinham, embora apenas parcialmente, um certo afastamento da arena religiosa mais transcendental. Isto oferecia uma abertura para a aceitação de soberanos estrangeiros e para a tentativa de usurpação do poder por potenciais rivais. Uma manifestação da distância entre os centros políticos e religiosos era o facto de os líderes políticos entrarem em funções sem as apropriadas qualificações *varna*. Chandragupta, por exemplo, provinha de origens obscuras, o que não o impediu de vir a ser um dos imperadores mais poderosos.

Concomitantemente, embora o pensamento religioso clássico indiano tenha muito a dizer acerca da formação de políticas, do comportamento dos príncipes, e dos deveres (embora menos acerca dos direitos) dos súbditos, ainda assim, em muito maior grau do que noutras civilizações, a política era vista em termos não-transcendentais que enfatizavam a sua distância do centro religioso da civilização, mesmo se tal fosse considerado necessário para garantir as ordens mundana e cósmicas, sendo assim investida com atributos sacrais.

«... Análises recentes do significado do parentesco hindu em diversos contextos históricos confirmaram a ideia de Gonda de que separar os aspectos 'seculares' do parentesco dos aspectos 'religiosos' é interpretar mal a natureza da realidade social hindu. Ou, dito de outra forma, o *dharma*, ou código de conduta, do rei é tão pesado e tão culturalmente específico como o *dharma* do *brâmane*...»

«... Tal como Mariott sugeriu anteriormente, não é apenas o *varna* do brâmane a origem dos valores na sociedade de castas. E, nos discursos textuais, estas imagens de senhorio são, segundo Inden, 'as categorias fundamentais do... pensamento social hindu'. Assim, embora o *brâmane* se encontre no topo da hierarquia dos *varnas* a sua 'pureza' ou capacidades renunciatórias não se opõem ao suposto poder 'secular' dos *chatrias*. Ambos exercem senhorio e controlo sobre os seus respectivos domínios ritualmente definidos, e a própria casta aparenta ser organizada, no texto de Inden, de acordo com esta imagem de senhorio essencialmente *chatria*...»

«... Assumir que um *brâmane* não possa ser hierarquicamente preeminente enquanto é, ao mesmo tempo, de alguma maneira equivalente aos barbeiros,

CIVILIZAÇÕES TRANSCENDENTES. A CIVILIZAÇÃO HINDU

aos intocáveis, e a outros recipientes de dádivas do *jajmani* ritualmente central, é ser vítima de uma noção de estrutura social e ordem social desnecessariamente reificada e concretizada. A ordem não reside numa classificação fixa ou internamente consistente, mas num conjunto pragmaticamente constituído de significados móveis e de configurações móveis de castas...».

A grande abertura no topo da hierarquia podia, como demonstrou Pamela Price[53], transformar este sistema em algo muito flexível e aberto. Ao mesmo tempo, no entanto, esta abertura permitia diferentes critérios de acesso ao poder, baseados em critérios mundanos de sucesso – poderio militar, riqueza e articulação da solidariedade de diferentes grupos ou centros locais e regionais ou de alguma tradição prévia de parentesco na região, para se desenvolver na arena política, e desta forma também alterar o posicionamento das diferentes castas (com excepção dos intocáveis) nas hierarquias de casta locais ou regionais.

XXVII

Estas concepções da arena política relacionavam-se estreitamente com o conceito e a prática da soberania que se desenvolveu na Índia. Como demonstraram A. Wink[54], os Rudolph[55], e outros autores, desenvolveu-se na Índia um conceito e uma prática da soberania que valorizava os múltiplos direitos dos diferentes sectores e grupos da sociedade, e não a existência – real ou ideal – de um conceito unitário, quase ontológico, de Estado. Paralelamente, surgiu uma combinação específica entre uma tendência de expansão civilizacional, universal ou «imperial», e esta soberania «fracturada». Esta tendência de expansão não deu, no entanto, origem a centros políticos autónomos, distintos da periferia, com fortes orientações imperiais, como aconteceu na China e nas civilizações monoteístas.

O imaginário político detinha um papel crucial na construção da consciência colectiva indiana, especialmente no encontro com outras civilizações, em

---

[53] Price, P. 1986. *Kingship and Political Practice in Colonial India*. Cambridge: Cambridge University Press.

[54] Wink, A. 1986. *Land and Sovereignty in India*. Cambridge: Cambridge University Press; Wink, A. 1991. *Al-Hind: The Making of the Indo-Islamic World*. Leiden: Brill.

[55] Rudolph, L. e S. Rudolph. 1987. *In Pursuit of Lakshmi: The Political Economy of the Indian State*. Chicago: University of Chicago Press.

A VARIABILIDADE DAS CIVILIZAÇÕES AXIAIS E DAS DINÂMICAS POLÍTICAS

particular com a civilização islâmica. Como Sheldon Pollock([56]) demonstrou recentemente, foi este encontro que deu origem à crescente importância do culto de Rama em várias partes da Índia a partir do século XII, e que fez intensificar a importância das componentes políticas na auto-definição dos indianos e dos novos «outros». No entanto, e de modo significativo, mesmo esta intensificação da componente política não deu origem a tentativas de impor, na civilização indiana, a sua visão axiológica contra a do outro (islâmico). A intensificação da componente política nesta auto-definição não implicou a tentação de confrontar as outras civilizações com uma suposta exclusividade universalista da sua própria civilização.

XXVIII

Algumas das características deste sistema social aberto e relativamente flexível, e da sua organização política, são de grande importância para a compreensão da constituição das esferas públicas, da participação política e das dinâmicas da Índia «histórica».

A primeira destas características é a relativa autonomia das mais importantes redes e sectores sociais, da complexa rede de castas, aldeias, corporações e grupos profissionais como o dos comerciantes. Estes diversos sectores da sociedade «civil» caracterizavam-se por um muito elevado grau de autonomia totalmente incluída em unidades predefinidas, embora amplas e continuamente reconstruídas, cujo posicionamento na ordem social era, em princípio, prescrito pelo seu lugar ritual no esquema de suspeição de pureza. A natureza desta autonomia foi identificada por R. Inden([57]), que define os diversos grupos locais e de casta simultaneamente como súbditos e cidadãos que, embora

---

([56]) Pollock, S. 1993. Ramayana and Political Imagination in India. *Journal of Asian Studies*. vol. 52 no. 2, pp. 261-297; Pollock, S. 1989. Mimamsa and the Problem of History in Traditional India. *Journal of the American Oriental Society*. vol. 109 no. 4, pp. 603-608; Pollock, S. 2000. Indian Knowledge Systems on the Eve of Colonialism. *Intellectual History Newsletter* no. 22, pp. 1-16; Pollock, S. 1985. The Theory of Practice and the Practice of Theory in Indian Intellectual History, *Journal of American Oriental Society*. 105.3, pp. 499-519.

([57]) Inden, R. 1982. Hierarchies of Kings in Medieval India. in T.N. Madan, (ed.). *Way of Life: King, Householder, Renouncer, Essays in Honour of Louis Dumont*. New Delhi: Vikas Publishing, pp. 99-126; Inden, R. 1990. *Imaging India*. Oxford: Blackwell Publishers.

CIVILIZAÇÕES TRANSCENDENTES. A CIVILIZAÇÃO HINDU

taxados e controlados pelos reis, possuíam ainda assim uma grande capacidade de auto-regulação: eles «possuíam uma capacidade inerente, embora limitada e parcial, de se organizarem entre si e de gerirem os seus próprios assuntos».

Mas não era apenas a autonomia relativa destas redes ou grupos face aos seus governantes que era importante. Do ponto de vista da nossa discussão é de grande significado o facto de que esta autonomia se encontrava relacionada com a possibilidade de existir pelo menos algum acesso autónomo aos governantes, um acesso que radicava não numa concepção de «direitos», muito menos de direitos individuais, mas antes no dever do governante atender aos problemas colocados pelos seus súbditos. Para mais, pelo menos alguma da atenção prestada às questões dos súbditos era efectivada não apenas através de petições e negociações de bastidores, mas também em ocasiões públicas abertas como as que descreve Pamela Price[58].

É devido a esta combinação entre a relativa autonomia destes sectores face ao governante, a possibilidade de acederem autonomamente a este, e a natureza pública de pelo menos algumas das negociações entre as duas partes, que estas redes que constituíam as componentes mais importantes das esferas públicas da sociedade indiana podem ser consideradas as sementes de um equivalente da sociedade civil da cena europeia – embora radicando em concepções de dever, e não de direitos, e organizando-se de forma extremamente hierarquizada e colectiva. No contexto destas relações entre diferentes sectores da sociedade, as componentes políticas e as arenas respectivas, nomeadamente a arena do poder, desempenhavam de facto um papel crucial na construção das identidades e características colectivas, incluindo a identidade de casta. Assim, de acordo com Pratep Metha, «em vez de considerarmos a sociedade civil como algo autónomo do Estado, devemos olhá-la como sendo Estado-cêntrica, com a turbulência social seguindo mais ou menos de perto os contornos da turbulência política»[59].

Ao mesmo tempo, dadas as fortes raízes e premissas hierárquicas em que se baseava este modelo, a civilidade e tolerância que se desenvolveram no interior destas esferas públicas eram de tipo limitado e «segregativo». Muitas das castas «inferiores» e os intocáveis encontravam-se basicamente excluídos destas arenas públicas. Para lá destas, as relações entre os diferentes sectores das esferas públicas eram de facto reguladas por um conceito hierárquico de dever. No entanto, e de modo significativo, estas relações encontravam-se

---

[58] Price, P. *Kingship and Political Practice*. op. cit.

[59] Mehta, Pratap – Private Communication.

imbuídas de uma forte ênfase de reciprocidade, a qual – embora formulada em termos de deveres recíprocos e não igualitários – quando combinada com o modo relativamente flexível de constituição de grupos de casta concretos (*jatis*) no terreno, podia servir de base para um discurso comum.

XXIX

Assim a aparente e, obviamente, parcial semelhança com o modelo «europeu» de sociedade civil, baseou-se em premissas radicalmente opostas às que na Europa se encontravam relacionadas com o desenvolvimento, já no período pré-moderno, dos regimes constitucionais e das sementes da sociedade civil, do acesso limitado mas continuamente crescente de sectores da sociedade à arena política, e da sua participação no processo político.

Mas, de uma forma interessante e provavelmente paradoxal, nas esferas públicas que se desenvolveram na sociedade indiana e nas quais os participantes tinham maior acesso à arena política do que, por exemplo como veremos, na maioria das sociedades islâmicas, na Índia desenvolveram-se apenas tendências muito fracas de reconstituição dos regimes políticos, ao contrário dos sectores mais radicais das sociedades muçulmanas, devido ao facto de que uma das mais importantes derivações desta situação era a de que a definição básica da realidade ontológica e da arena política prevalecentes na Índia não deram origem a fortes concepções alternativas da ordem política.

XXX

O fraco desenvolvimento destas tendências radicava no facto de a arena política, pelo menos na história da alta antiguidade e da Idade Média indiana, não ter constituído um foco importante da implementação da visão transcendental prevalecente, apesar de os reis se encontrarem imbuídos de dimensões sagradas muito fortes. Assim, não funcionou como arena principal da reconstrução institucional. As concepções extremamente desenvolvidas de sacralidade régia, dos reis como protagonistas das visões cosmológicas, que eram características de muitos reinos indianos, e a concepção dos grandes reis como reis da Terra, não implicavam fortes concepções transcendentais nem incluíam uma reconstrução abrangente da periferia em nome de tais concepções.

CIVILIZAÇÕES TRANSCENDENTES. A CIVILIZAÇÃO HINDU

A definição básica da realidade ontológica, e as fortes concepções do espiritual, do modo de implementação da visão transcendental, que se desenvolveram nestas civilizações, não geraram – como aconteceu na Europa e, em menor medida, nas sociedades islâmicas – fortes concepções alternativas das ordens sociais e políticas, e a reconstrução ideológica da arena política (ou económica) de acordo com orientações transcendentais de base.

A reconstrução estruturada da arena política (ou económica) não constituiu – ao contrário do que aconteceu na Europa ou na China – um foco importante de movimentos de protesto, ou das numerosas actividades sectárias que se desenvolveram na Índia, os *Bhakti*, o jainismo ou o próprio budismo[60], ou outras seitas e movimentos menores no hinduísmo, mesmo se em muitos casos, segmentos destes movimentos participaram na transformação de regimes políticos e nas guerras entre os diferentes reis e príncipes.

A orientação de muitos destes movimentos sectários era focada frequentemente em tentativas de asserção de definições mais universalistas das comunidades religiosas, e na obtenção no seu seio de uma maior igualdade, radicada numa devoção pura ao Absoluto e não mediada, colocando-os para além de qualquer organização comunal, e acima de toda a organização de castas.

Nestas civilizações transcendentes também se desenvolveram muitas utopias. No entanto estas não se focavam habitualmente na reconstrução da arena política, e o modo de envolvimento político das elites, seitas e heterodoxias religiosas desenvolveu-se, nestas civilizações, numa direcção diferente da das civilizações monoteístas ou confucionistas.

As utopias que se desenvolveram nestas civilizações, e que eram sustentadas pelos seus mais importantes movimentos sectários, orientavam-se contra estes arranjos institucionais que aparentemente comprometiam a negação da dimensão mundana do universo. Eram, para mais, fortemente orientados para a reconstrução da experiência interior do crente.

As mais importantes destas seitas – os *Bhakti*, os jainistas, e originalmente o próprio budismo – possuíam uma forte ligação às tradições e orientações do renunciante – o *Sanyasi*, que defendia uma pura e utópica orientação para o outro mundo. Estas concepções utópicas ou semi-utópicas desenvolve-

---

[60] Kirfel, W. 1959. *Symbolik des Hinduismus und des Jinismus*. Stuttgart: Anton Hiersemann; Reynolds, F. E. e C. Hallisey, 1987. Buddhism: An Overview. In Eliade, Mircea (ed.). *The Encyclopedia of Religion*. New York/London: Macmilan Publishing. vol. 2, pp. 334-351; Carman, J.B. 1987. Bhakti. in idem. pp. 130-134; Caillat, C. 1987. Jainism. In idem. vol. 7, pp. 507-514.

A VARIABILIDADE DAS CIVILIZAÇÕES AXIAIS E DAS DINÂMICAS POLÍTICAS

ram-se não apenas como exercícios intelectuais ou ascéticos, como elaborações de doutrinas esotéricas nas quais se envolviam apenas pequenos grupos, mas como seitas de grande dimensão, cada uma das quais oferecendo a sua própria interpretação do caminho correcto para a salvação, e deram origem a inovações de grande alcance em diversas arenas sociais. Estas várias seitas hindus e o próprio budismo, originariamente um movimento sectário no interior do hinduísmo, tiveram profundos impactos não só na esfera religiosa, mas também na totalidade do contexto institucional desta civilização – mas não implicaram nenhuma reconstrução estruturada da arena política.

Estas dinâmicas focavam-se na reestruturação contínua dos critérios de pertença a comunidades atributivo-primordiais, religiosas e políticas, na redefinição das fronteiras destas comunidades e no seu acesso, com tentativas periódicas de as imbuir de uma forte ênfase na igualdade. Aqui, a inovação mais dramática no interior destas civilizações foi sem dúvida a ascensão do budismo na Índia, e para além dela.

As dinâmicas geradas por estas seitas, em conjunção com outros grupos sociais, muito frequentemente com diferentes grupos de castas locais, conduziu à reestruturação e expansão das redes e colectividades civilizacionais, políticas e religiosas, bem como a mudanças profundas no âmbito das unidades políticas e económicas. Não estavam, no entanto, orientadas para a reconstrução dos centros políticos ou das premissas básicas dos regimes políticos.

Estes movimentos orientavam-se acima de tudo para os símbolos e colectividades religiosas e civilizacionais. Podiam relacionar-se proximamente com a extensão das fronteiras das comunidades políticas ou com a implementação de novas fronteiras, com mudanças de dinastias, mas raramente com a reconstrução das premissas dos centros políticos. O budismo deu origem a novas premissas deste género. Mas estas só se institucionalizaram completamente no exterior da Índia, nas novas comunidades budistas *Theravada* do Sudoeste asiático e no Tibete *Mahayana*.

As exigências sociopolíticas veiculadas por estes movimentos focavam-se em tentativas de alterar a aplicação concreta das regras existentes, e na persuasão dos governantes para a implementação de políticas mais benevolentes. Para mais, ligaram-se frequentemente a tentativas de diferentes grupos de castas para melhorarem o seu estatuto no interior do sistema hierárquico. Estas tentativas não eram normalmente considerados como novos princípios de acção política ou de responsabilização dos governantes face a diferentes sectores da população, mas antes como uma articulação das premissas cos-

CIVILIZAÇÕES TRANSCENDENTES. A CIVILIZAÇÃO HINDU

mológicas morais latentes destas sociedades. Desta forma, estas exigências divergiam radicalmente das que se desenvolveram nas Civilizações Axiais que – em linha com as suas fortes concepções terrestres de salvação (como na civilização confucionista), ou em concepções híbridas, como no caso das civilizações monoteístas – concebiam a arena política como a mais importante, ou uma das mais importantes, arenas da implementação da visão transcendental.

O impacto destas seitas nas dinâmicas das civilizações hindu e budistas relacionava-se intimamente com o facto de que, embora os diversos grupos, organizações ou conglomerados sectários «religiosos» fossem no seu todo autónomos na esfera religioso-cultural, num plano mais «mundano» estes encontravam-se geralmente incrustados em diversos grupos atributivos incluídos nas estruturas políticas dos governantes. Ao mesmo tempo podiam desempenhar um papel de grande importância na ascensão de diferentes castas nas hierarquias gerais, regionais ou locais.

Assim, enquanto os líderes destas seitas podiam formar novas alianças com diferentes grupos e movimentos sociais, estas coligações eram muito semelhantes às que existiam nas arenas principais das suas respectivas sociedades. Raramente geravam princípios marcadamente diferentes de organização social, particularmente na arena política. No seio das diversas elites secundárias e movimentos sectários desenvolveram-se apenas tentativas muito fracas de reconstrução dos centros políticos, dos seus símbolos, e dos seus critérios gerais de acesso, embora muitos destes movimentos participassem efectivamente em lutas políticas com o objectivo de construir um espaço mais amplo para si próprios, e influenciar as políticas dos governantes.

XXXI

Existiram, é claro, excepções muito importantes mas nunca absolutas às relativamente fracas orientações políticas estruturadas dos diversos movimentos sectários. Assim, por um lado, desenvolveram-se, tal como o demonstraram Shulman e Subrahmanjah[61], no Sul da Índia, em particular no Tamilnadu, um tipo de organização política distinto que se caracterizava por uma muito maior autonomia da arena política baseada nas castas da mão esquerda (*edengai*), com fortes tendências sectárias, e aparentemente sem o predomínio do

---

[61] Shulman D. e S. Subrahmanjan. 1992. *Symbols of Substance – Court and State in Navace Period Tamilnadu Delhi*. Oxford: Oxford University Press.

A VARIABILIDADE DAS CIVILIZAÇÕES AXIAIS E DAS DINÂMICAS POLÍTICAS

modo bramânico. Para além disto, como indicou M.L. Reiniche[62], entre alguns destes movimentos sectários surgiram profundos desafios à hegemonia bramânica, muitas vezes em estreita relação com estas acções políticas. E no entanto, significativamente, desenvolveram-se em todos estes casos processos muito fortes de bramanização deste sectarismo, que se relacionava originalmente com um muito significativo transporte das orientações religiosas para além da ordem bramânica, para ainda outra componente desta ordem. Assim, por exemplo, como mostrou David Shulman[63], o movimento *Viraisva* do século XII começou como um protesto contra esta ordem com o seu triplo *pivot* de templo, casta e rei «transformando, em última análise a Revolução».

Paralelamente, e uma vez mais em contraste com a Europa, a reconstrução das colectividades mais importantes e o desenvolvimento de novos tipos de organização social na Índia não estavam, no seu conjunto, relacionados com mudanças radicais nos seus modos de legitimação, ou com lutas estruturadas contra os suportes de tal legitimação. As bases de legitimação das várias actividades mundanas – políticas, económicas e afins – definidas em termos dos seus respectivos *dharmas* e desempenhos auspiciosos, eram relativamente contínuas ao longo do curso da história indiana, mesmo se as suas aplicações concretas eram por vezes algo flexíveis.

Ao longo da sua extensa história, a Índia «tradicional», incluindo a Índia Mogul, assistiu a mudanças profundas da sua organização política e económica, na tecnologia, e em níveis de diferenciação social – redefinição das fronteiras das unidades políticas, alguma reestruturação da esfera económica, e mudanças nas políticas sociais e económicas – todas levadas a cabo por coligações de empreendedores radicados em diferentes redes sectárias e de casta, e em grupos económicos como os comerciantes. Mas à excepção da tentativa mal sucedida de Asoka, a maior parte destes processos e movimentos de mudança não conseguiram – nem provavelmente era esse o seu fim – reestruturar as premissas básicas da arena política, ou as relações básicas entre o centro e a periferia.

---

[62] Reiniche, M.-L. 1998. Des «brahmeins» et des «dieux» en sociologie. Le système indien des castes revisité. *Arch. Europ. Sociol*, vol. 39 no. 2, pp. 283-308.

[63] Shulman, D. 1984. The Enemy Within: Idealism and Dissent in South Indian Hinduism. In S.N. Eisenstadt, R. Kahane e D. Shulman (eds.). *Orthodoxy, Heterodoxy and Dissent in India*. Berlin: Mouton Publishers, pp. 11-57.

Capítulo VII

As dinâmicas políticas de uma civilização «mundana»: a ordem política chinesa confucionista

XXXII

Na China desenvolveu-se uma definição particular da tensão entre a arena transcendental e a arena mundana, bem como uma concepção particular acerca da sua resolução. A civilização chinesa confucionista – ou de base jurídica confucionista –, tal como se cristalizou desde os impérios Han, e sobretudo Tang, configura possivelmente, a par da civilização grega e helenística, um dos exemplos mais perfeitos de uma civilização «mundana»[64].

---

[64] Sobre o império chinês ver: Reischauer, E.O. e J. K. Fairbank, 1960. A *History of East Asian Civilization,* vol. 1, East Asia, the Great Tradition. Boston: Houghton Mifflin, caps. 2-10; Eberhard, W. 1950. A *History of China*. London: Routledge & Kegan Paul; Balazs, E. 1964. *Chinese Civilization and Bureaucracy: Variations on a Theme*. New Haven: Yale University Press; Bodde, D. 1956. Feudalism in China, in R. Coulborn (ed.), *Feudalism in History*. Princeton: Princeton University Press, pp. 49-92; Eberhard, W. 1952. *Conquerors and Rulers: Social Forces in Medieval China*. Leiden: E.J. Brill; Ho, Ping-ti and Tang Tsou (eds.). 1968. *China's Heritage and the Communist Political System in China in Crisis*. Chicago: University of Chicago

A VARIABILIDADE DAS CIVILIZAÇÕES AXIAIS E DAS DINÂMICAS POLÍTICAS

Na cosmologia confucionista chinesa clássica, as tensões entre as arenas transcendental e mundana são definidas em termos relativamente seculares, i.e., em termos de uma distinção metafísica e ética (e não religiosa).

O carácter secular destas tensões ligava-se a uma tendência para o desenvolvimento de uma concepção sobretudo «mundana» na sua resolução. O cerne das orientações civilizacionais confucionistas baseava-se na resolução destas tensões através da promoção das ordens social, política e cultural, enquanto principais instrumentos na manutenção da harmonia cósmica. Assim, focava-se na elaboração daquilo que Herbert Fingarette[65] designou como a defesa do «secular enquanto sagrado», e da «comunidade humana enquanto rito sagrado». A orientação mundana chinesa confucionista defendia como critério fundamental na resolução da tensão entre a ordem mundana e a transcendente, e como elemento fundamental da responsabilidade individual, o correcto cumprimento de deveres e actividades no âmbito dos enquadramentos sociais existentes, i.e., a família, os grupos de parentesco alargado, e o serviço imperial. O impulso fundamental das orientações confucionistas passava pela deslocação consciente destas relações sociais do seu contexto aparentemente natural, e pela sua ideologização em termos de orientações transcendentais mais elevadas, atitude que se alcançava através de um alargado ritual de desmistificação, de recusa do pensamento mágico, e por via da aprendizagem e da contemplação. Paradoxalmente, esta aprendizagem e contemplação não só permitiram, mas geraram também, de forma muito intensa, uma definição não-tradicionalista e reflexiva da natureza da ordem cósmica e da existência humana – como podemos ver em especial no neo-confucionismo, mas cujas raízes se detectam já no confucionismo mais antigo e clássico.

Esta definição continha em si mesma uma forte consciência permanente sobre as tensões entre o ideal cósmico transcendental e qualquer realidade; sobre a legitimidade apenas parcial da ordem política existente, em termos da harmonia cósmica fundamental, e as grandes tensões pessoais envolvidas na tentativa de manter esta harmonia através de uma conduta e atitude apropriadas, o que requeria uma autodisciplina muito estrita e reflexiva; e ainda

---

Press, 1, pp. 1-448. Lattimore, O. 1951. *The Inner Asian Frontiers of China*. New York: Capitol; Elvin, M. 1973. *The Pattern of the Chinese Past*. London: Eyre & Methuen; Willmott, W.E. 1972 (ed.). *Economic Organization in Chinese Society*. Stanford: Stanford University Press.

[65] Fingarette, H. 1975. *Confucius: The Secular as Sacred*. New York: Harper & Row.

o desenvolvimento de uma atitude crítica em relação ao mundo imanente em geral, e à ordem política em particular, aspectos presentes em diversas escolas confucionistas e neo-confucionistas na China.

Esta visão foi promulgada por um tipo específico de elite – os letrados –, que se caracterizavam por uma combinação bastante invulgar de autonomia e de envolvimento na burocracia imperial ao serviço dos dirigentes políticos, a qual, no entanto, se organizava em larga medida de acordo com as premissas e critérios confucionistas.

Estas elites detinham, virtualmente, o monopólio do acesso ao centro político. Constituíam, em conjunto com o imperador, e até certo ponto com os senhores da guerra, a elite poderosa do centro, e eram os veículos da hegemonia confucionista que vigorava na China – um dos exemplos mais evidentes na história da humanidade da hegemonia gramsciana[66]. Controlavam o fluxo de recursos na sociedade, a constituição das arenas social e cultural, e a orientação social dos mais importantes grupos sociais. Ao contrário das civilizações cristãs (e até certo ponto das muçulmanas), em geral, e da Europa e do império bizantino, em particular, não se verificou uma separação entre a igreja e o Estado no centro da sociedade chinesa. Apenas seitas secundárias como os taoistas e os budistas se distinguiam do Estado, mas a sua intrusão nele foi limitada.

Foram estas elites que puseram em prática complexos mecanismos de controlo, e asseguraram a sua continuidade institucional até à queda do império no início do século xx.

O primeiro aspecto destes mecanismos de controlo caracterizava-se pela tendência para estruturar o fluxo de recursos entre o centro e a periferia mais no sentido da periferia para o centro do que em sentido contrário, e por um forte controlo deste fluxo pelo centro – e, até certo ponto, dos fluxos na própria periferia. Isto incluía a tendência concomitante para facilitar o estabelecimento por parte dos centros políticos (e culturais) dos níveis de conversão, excepto a um nível local interpessoal entre estas esferas, e a conversão de recursos políticos em recursos económicos, em vez do oposto. Em segundo lugar, verificaram-se na China tentativas permanentes por parte do centro para evitar o desenvolvimento de laços autónomos entre diferentes esferas institucionais ou sectores sociais, ou para reduzir a possibilidade de se reestruturarem mutuamente. Em terceiro lugar, foi o controlo e a parcial monopolização

---

[66] Gramsci, A. e D. Forgacs. 2000. *The Gramsci reader: selected writings, 1916--1935*. New York, New York University Press; Gramsci, A., D. Forgacs, et al. 1985. *Selections from cultural writings*. Cambridge, Mass.: Harvard University Press.

A VARIABILIDADE DAS CIVILIZAÇÕES AXIAIS E DAS DINÂMICAS POLÍTICAS

dos principais canais de comunicação pelas elites centrais, que permitiram a transmissão das premissas e formações da ordem social do centro, os seus símbolos-chave e orientações de base.

À semelhança da Europa e da Índia, também na China se desenvolveu um variado conjunto de grupos sociais, autónomos do Estado. No entanto, ao contrário da Europa, e de modo diverso em relação à Índia, aqui esta autonomia era apenas *de facto*, não sendo totalmente legitimada pela elite hegemónica. Na verdade, apesar de na China existir um vasto conjunto de grupos e espaços sociais autónomos, por princípio a maioria das arenas da vida social eram reguladas pelo Estado, de acordo com os preceitos jurídicos confucionistas. Mas a diferença mais relevante em relação à Índia e à Europa era o facto de nenhum destes grupos deter o acesso autónomo ao Estado, ou ao centro. Este acesso era quase totalmente monopolizado e controlado pelo centro – e o centro constituía a principal referência macro-societal para a maior parte dos sectores da sociedade.

A arena pública do centro limitava-se à corte, à burocracia, e a alguns grupos letrados. O acesso a esta era, de uma forma geral, inteiramente controlado e regulado pelo centro. Outros sectores da sociedade, mesmo aqueles como a pequena nobreza, que constituía a base de recrutamento de grande parte dos letrados, não tinham acesso autónomo nem capacidade de participação na arena pública do centro. Proliferaram diversas arenas públicas «locais». Não obstante, o seu acesso ao centro era controlado pela arena pública central. A extensão e o impacto das suas actividades autónomas no centro e na arena política eram, necessariamente, restritos. As linhagens e os grupos locais podiam funcionar como sustentáculos de actividades autónomas de âmbito local. Mas, excepto nos períodos de tumulto, ou de colapso do império, estes grupos não desenvolveram nunca qualquer espécie de acesso autónomo às arenas centrais.

Concomitantemente, dado que a visão confucionista enfatizava uma forte concepção *ex-toto* da ordem social, e não implicava qualquer conceito de cidadania, não se assistiu na China ao desenvolvimento de princípios gerais de participação na arena política, de acordo com os quais essas diferentes políticas e formações institucionais pudessem ser avaliadas.

Foi a implementação bem-sucedida destes mecanismos de controlo por parte das mais importantes coligações dirigentes que moldou as característi-cas básicas das principais arenas institucionais, tal como se cristalizaram na China. Foi também o sucesso desta implementação que deu origem, na China, a um padrão muito específico, em comparação com as outras civilizações da era Axial, à absorção na mesma estrutural institucional dos principais tipos de processos e movimentos de mudança que aí se desenvolveram. O que significa que este padrão deu origem a um tipo específico de dinâmica civilizacional e política.

XXXIII

Em estreita relação com estas características das elites hegemónicas, e com os modos de controlo por estas exercidos, emergiram algumas características distintas nas dinâmicas culturais e institucionais chinesas. As diversas actividades inovadoras que ocorreram na arena cultural através da intervenção de grupos de letrados, ou em estreita relação com eles, produziram um imenso impacto no ambiente cultural geral da sociedade chinesa, e na constituição do seu enquadramento institucional. Mas o forte envolvimento destes letrados na arena política, o facto de constituírem uma componente permanente das coligações dirigentes e de deterem apenas escassos recursos autónomos fora da arena política central, e a própria natureza da arena pública, tiveram repercussões muito importantes no seu modo de participação nas arenas políticas e no impacto que detiveram nos processos de mudança.

Em boa verdade, tal como noutras civilizações Axiais – como a europeia e a indiana –, as mudanças estruturais e organizacionais de grande alcance que tiveram lugar na China combinavam potencialmente uma considerável dimensão ideológica com mudanças ou rupturas institucionais generalizadas. Mas estes processos, em comparação com os ocorridos noutras civilizações Axiais, em especial nas grandes civilizações monoteístas, tiveram efeitos institucionais relativamente limitados.

Assim, na China, não ocorreram, aparentemente, rupturas significativas no domínio institucional, pelo menos durante o período de total institucionalização do sistema imperial de base jurídica confucionista, sob o domínio dos Tang. Desde esse período, e ao longo de toda a extensa história do império, foram escassas as mudanças duradouras nas formações políticas, ou na economia política, como o desenvolvimento de um padrão económico feudal exuberante, ou a transição de uma formação tribal para outra patrimonial, como sucedeu na Europa, na Índia ou no Japão, apesar das diferenças entre cada uma destas civilizações.

As importantes inovações que se verificaram nas arenas culturais, em especial em termos filosóficos, educacionais e artísticos, foram enquadradas

A VARIABILIDADE DAS CIVILIZAÇÕES AXIAIS E DAS DINÂMICAS POLÍTICAS

pelas elites imperiais confucionistas através de processos de controlo distintivos. Isto aplica-se ainda com maior alcance no caso das inovações económicas e políticas.

Desta maneira, em última análise, os numerosos novos desenvolvimentos ideológicos que emergiram na China, forneciam geralmente apenas interpretações secundárias acerca da estrutura de valores dominante – mesmo se o neo-confucionismo, nos séculos XII e XIII, possa ser visto como uma mudança importante face ao modelo existente. Muitos deles enfatizavam a ideologia e o simbolismo do Mandato dos Céus e não engendraram novas e radicais orientações, ou novos padrões institucionais, em especial acerca da responsabilização dos líderes. As orientações políticas dos governadores militares e dos senhores da guerra não se opunham, também, ao sistema de valores existente e ao enquadramento político. Apesar de terem lutado por maior independência em relação ao governo central, apenas excepcionalmente ambicionaram o estabelecimento de um novo sistema político. Foi apenas com a queda do império que emergiu um «verdadeiro» domínio dos senhores da guerra enquanto forma principal de constituição do enquadramento político central.

A interpretação do neo-confucionismo é aqui muito importante, e deu origem a frequentes controvérsias académicas. Não há dúvida de que os grupos neo-confucionistas estavam intensamente preocupados com a reconstrução da ordem imperial, de acordo com as suas visões metafísicas e morais, e que tiveram um impacto abrangente em algumas políticas como o loteamento de propriedades, a taxação, e até certo ponto, os exames.

Os pensadores confucionistas de diferentes gerações, em especial os neo-confucionistas, preocuparam-se, desde o período Sung, com a imperfeição do sistema político, do imperador, do sistema de exames e da burocracia. Reclamavam permanentemente uma governação baseada na chamada "regra dourada". Em simultâneo, raramente punham em causa as premissas básicas da ordem política. Mesmo quando clamavam que a ordem política devia estar em conformidade com a ordem moral, nunca questionavam os próprios fundamentos da ordem imperial, ou a concepção de que as arenas político-culturais, tal como eram representadas nesta ordem, constituíam as principais arenas institucionais para a implementação da visão transcendental confucionista. Dada a sua adesão a esta concepção do centro político-cultural, em sentido lato, e, em especial, da arena política enquanto arena principal de implementação da visão confucionista, não iam além de sugestões de reforma, e estas acabavam por não se traduzir em tentativas concretas de reconstrução das pre-

AS DINÂMICAS POLÍTICAS DE UMA CIVILIZAÇÃO «MUNDANA»

missas fundamentais do próprio centro. Em consequência, tentavam encontrar alguma realização para lá destas circunstâncias. O principal estímulo das suas orientações transformadoras situava-se no domínio das actividades culturais e, até certo ponto, educacionais, actividades de grande sensibilidade moral e responsabilidade, e na reflexão crítica sobre a arena política, apesar de esta não ter em vista a sua transformação. A forte ênfase na responsabilidade individual e no desenvolvimento moral do indivíduo, que largamente cultivavam, em especial os neo-confucionistas, orientava-se tanto para o aperfeiçoamento das premissas filosóficas dos respectivos sistemas, ou para o desenvolvimento de uma reflexividade privada intelectual, ou de tendências místicas e religiosas. Estes aspectos relacionam-se com tendências transcendentais, mas sobretudo num plano individual.

Em paralelo, as relações entre as religiões secundárias e as heterodoxias, como o budismo e o taoismo, e a luta política do centro, não exerceram (excepto durante o período Tang, quando os budistas foram afastados do centro) qualquer influência transformadora de longo alcance na ordem social e política chinesa, apesar de terem gerado várias mudanças nas diferentes arenas institucionais.

As diversas escolas neo-confucionistas incorporaram algumas preocupações budistas e taoistas no seu sistema intelectual, e pretendiam fornecer regras mais explícitas para definir a ontologia fundamental. O desenvolvimento destas novas escolas neo-confucionistas pode ser visto como uma reacção à atracção que o budismo e o taoismo exerciam sobre muitos estratos sociais, inclusive sobre os letrados, em períodos de crise e dissensão. Mas a incorporação de alguns princípios budistas e taoistas no neo-confucionismo ocorreu sempre no estrito âmbito das orientações «mundanas» do neo-confucionismo. A promoção de orientações transcendentais foi relegada para vários sectores nas suas arenas relativamente segregadas, ou para a esfera da vida privada dos letrados.

Acima de tudo, estes movimentos de protesto – bem como os movimentos religiosos que emergiram nas periferias ou nas arenas institucionais secundárias destas sociedades – demonstraram fracas capacidades de se ligarem à luta política do centro, e de desenvolverem novas tendências ideológicas e enquadramentos da acção política orientados para o centro, não obstante revelarem algumas orientações de âmbito mais alargado, e tendências obviamente incipientes nesse sentido. Desta forma, por muito fortes que tenham sido as atitudes ascéticas e religiosas, e as tensões internas que se desenvolveram no seu interior, estas cingiram-se ao domínio privado. Analogamente,

A VARIABILIDADE DAS CIVILIZAÇÕES AXIAIS E DAS DINÂMICAS POLÍTICAS

estabeleceram-se poucas conexões organizacionais, estruturais e ideológicas entre estes sectores, as diferentes ideologias heterodoxas, as políticas emanadas pelo centro, e os movimentos de cariz mais popular. É certo que muitos letrados (em geral sem emprego) e membros da pequena nobreza participaram em sociedades secretas e em rebeliões. Mas estes tendiam ou a articular a ideologia do Mandato do Céu, ou a propor interpretações alternativas das ideologias dominantes.

Um padrão bastante paralelo a este desenvolveu-se na China em conjunto com o impacto das visões utópicas. Poderosas visões transcendentais, potencialmente utópicas, irromperam na China desde o período Sung, em especial entre os neo-confucionistas. Estas visões opunham-se, como no caso das civilizações Axiais, a muitos aspectos específicos da institucionalização daquilo que era encarado como os principais aspectos metafísicos e éticos das visões confucionistas.

E, no entanto, enquanto estas visões utópicas ou semi-utópicas influenciavam de forma duradoura a cena cultural, em geral, e o discurso político--filosófico, em particular, o seu impacto na organização prática limitava-se a propostas *ad hoc*, não gerando fortes possibilidades de mudança nas principais formações institucionais da arena política. Na China, ao contrário das civilizações monoteístas, as utopias e os movimentos utópicos e sectários não conduziram a reconstituições institucionais significativas dos centros políticos da sociedade. Assim, enquanto diversas tentativas importantes de reforma se encontram enraizadas no confucionismo e no neo-confucionismo, em especial desde o período Sung, em nenhuma destas tentativas são detectáveis as tendências para a reconstrução das premissas e dos centros dos regimes, presentes nas civilizações monoteístas.

Os elos ideológicos e estruturais relativamente fracos entre os vários movimentos e processos de mudança e a luta no centro político, em particular entre as suas próprias actividades e aquelas empreendidas pelas diferentes elites institucionais secundárias, devem ser interpretadas à luz das características básicas dos letrados. Isto ficava a dever-se, em primeiro lugar, ao facto de os letrados constituírem tanto um estrato intelectual autónomo, como uma elite política e administrativa; e ainda à circunstância de possuírem escassos recursos fora da arena política, o que limitava a sua acção independente. Em segundo lugar, este grupo estava estreitamente ligado ao facto de as suas principais orientações culturais acarretarem a assumpção de que as arenas política e cultural constituíam a principal arena de resolução da tensão entre as ordens transcendental e mundana.

AS DINÂMICAS POLÍTICAS DE UMA CIVILIZAÇÃO «MUNDANA»

Deste modo, na China não houve tendência para se desenvolverem orientações fortes em relação à acção e organização política vocacionadas para a superação da ordem política existente, ou pelo menos que não fossem contra as suas premissas basilares, ou qualquer tipo de acção independente, forte e continuada, contactos com grupos mais alargados, ou ainda seitas e movimentos que pudessem servir de base para essa acção.

Assim, o carácter único do caso chinês residiu na capacidade da classe dirigente para regular as numerosas ameaças internas e externas, reais ou potenciais, que pudessem vulnerabilizar a sua premissas simbólicas e o seu enquadramento institucional, sem que estas imposições fossem capazes de alterar as premissas básicas destes enquadramentos, muito embora as diferentes escolas neo-confucionistas tenham produzido reinterpretações duradouras dessas premissas. Foi a combinação destas características das dinâmicas políticas e institucionais que se desenvolveram na China o que explica, como veremos com mais detalhe mais à frente, que os potenciais revolucionários que nela fermentavam, apenas se tenham actualizado como revolução tardiamente.

Capítulo VIII

Civilizações monoteístas.
O Islão

XXXIV

As principais civilizações monoteístas – a judaica, a cristã e a muçulmana – ao desenvolverem-se em diferentes situações políticas e político-
-ecológicas, deram origem a distintos padrões de dinâmicas civilizacionais e
políticas, e caracterizaram-se pela prevalência, no seu âmbito, de diferentes
combinações de tendências seculares e religiosas.

Os padrões de dinâmica política que se desenvolveram no Islão relacionavam-se estreitamente com a ambição de criar uma civilização com as suas
premissas próprias e específicas, constituindo um aspecto crucial da mesma a
fusão das comunidades políticas e religiosas (assumindo as conquistas militares uma componente importante), tal como é manifesto no ideal da *ummah*.
Efectivamente, o ideal da *ummah* – a comunidade de todos os crentes – constituiu a arena principal da implementação da visão transcendental e moral do
Islão; do mesmo modo originou a forte componente universalista existente
na definição da comunidade islâmica, bem como a ênfase, que lhe está intimamente conexa, no princípio da igualdade política de todos os crentes. Esta

113

A VARIABILIDADE DAS CIVILIZAÇÕES AXIAIS E DAS DINÂMICAS POLÍTICAS

visão originária da *ummah*, provavelmente implícita apenas no período inicial do Islão, determinou a completa fusão das colectividades políticas e religiosas, a completa convergência das comunidades sociopolíticas e religiosas. Na verdade, a própria distinção conceptual entre estas duas dimensões, enraizada na experiência histórica do Ocidente, é basicamente inaplicável ao conceito de *ummah*.

O confronto contínuo deste ideal com as realidades políticas inerentes à expansão do Islão constituiu um dos factores mais importantes no desenvolvimento de dinâmicas políticas nas sociedades islâmicas.

Deste modo, logo na fase de formação e expansão do Islão, foi abandonada a possibilidade de atingir uma fusão ideal entre a comunidade política e religiosa, de construção da *ummah* enquanto a doutrina básica do Islão. Em seu lugar, a corrente dominante do pensamento religioso islâmico (sunita) sublinhou a legitimidade da existência da comunidade muçulmana, e de qualquer governante que assegurasse a existência pacífica dessa comunidade.

Assim, desenvolveram-se desde a origem da história do Islão, fortes tensões entre os elementos primordiais especificamente árabes, que parecem naturalmente incorporados nos portadores iniciais da visão islâmica, e a orientação universalista. Estas tensões tornaram-se mais importantes com a expansão contínua da conquista islâmica e com a incorporação de novas entidades territoriais e grupos étnicos[67]. A cristalização final desta ideologia universalista ocorreu com a chamada Revolução Abássida. Paradoxalmente, também neste período – na verdade, em estreita relação com a institucionalização desta visão universalista – desenvolveu-se, particularmente no Islão sunita, uma separação de facto (e em muito menor escala, e em modo diferente no islão xiita, especialmente no Irão), entre a comunidade religiosa e os governantes, uma separação entre o califa e o governante efectivo, o sultão, anunciando uma real separação entre os governantes e os dirigentes religiosos (*ulama*). Esta separação, parcialmente legitimada pela liderança religiosa, foi continuadamente reforçada, sobretudo pela evolução da expansão militar e missionária do Islão, muito para além da capacidade de qualquer regime único para a sustentar. Este processo culminou no século XI, e veio a ser mais tarde reforçado sob o impacto das invasões mongóis.

---

[67] Sharon, M. 1983. *Black Banners from East*. Israel, Jerusalem: Magnes Press; Shaban, M.A. 1990. *The Abbasid Revolution*. Cambridge: Cambridge University Press.

CIVILIZAÇÕES MONOTEÍSTAS. O ISLÃO

Nos vários regimes muçulmanos (especialmente sunitas) que se desenvolveram sob o impacto da expansão continuada do Islão, o califa veio, frequentemente, a ficar destituído do seu poder, embora continuando a servir como uma figura ideal. O califa representava a presumível corporização da originária visão islâmica da *ummah*, e a fonte maior de legitimação do sultão, mesmo se de facto ele e a *ulama* legitimassem qualquer pessoa ou grupo capazes de tomar o poder. Tal separação entre o califa e o sultão foi reforçada pela cristalização (em estreita relação com o modo de expansão do Islão, especialmente do Islão sunita) de um único tipo de grupo dominante, nomeadamente dos dirigentes militar-religiosos, que emergiram de elementos tribais e sectários. Ela produziu também o sistema de escravidão militar, que criou canais especiais de mobilidade, tal como o sistema *ghulam* em geral, e os sistemas Mamelucos e *dervixe* Otomano, através dos quais os grupos dominantes podiam ser recrutados a partir de elementos externos[68]. Mesmo quando se desenvolveram algumas componentes imperiais, como foi o caso no Irão, que se tornou uma fortaleza do Islão xiita, não se verificou uma completa fusão entre o governante político e as elites religiosas[69].

Na verdade, a possibilidade de implementar a visão originária do Islão, de conseguir a fusão ideal entre a comunidade religiosa e política, da construção da *ummah*, havia sido já abandonada num momento relativamente inicial da formação e expansão do Islão. O facto de as matérias políticas constituírem um foco central da teologia muçulmana entroncava, em não pequena monta, nesta disjunção entre o ideal do governante islâmico como o sustentáculo da originária visão transcendente do Islão, e a realidade da governação na religião islâmica[70]. Não obstante nunca ter sido completamente realizada, foi, como mostrou Aziz Al Azmeh, continuamente anunciada por vários estudiosos e líderes religiosos, apresentando orientações utópicas muito fortes nos períodos posteriores[71].

---

[68] Ayalon, D. 1996. *Le Phenomène Mamelouk dans l'orient Islamique*. Paris: Presses Universitaires de France; Crone, P. 1980. *Slaves on Horses*. Cambridge: Cambridge University Press; Pipes, D. 1981. *Slave Soldiers and Islam: The Genesis of a Military System*. New Haven: Yale University Press.

[69] Hodgson, M.G. 1974. *The Venture of Islam*. Chicago: University of Chicago Press.

[70] Rosenthal, E. 1958. *Political Thought in Medieval Islam*. Cambridge: Cambridge University Press; Crone, P. 2004. *Medieval Islamic Political Thought*. Edinburgh: Edinburgh University Press. Ver também P. Crone, *Political Thoughts;* 2004, Edinburgh University Press: Scotland.

[71] Al Azmeh, A. 1996. *Islam and Modernities*. London e New York: Verso.

A VARIABILIDADE DAS CIVILIZAÇÕES AXIAIS E DAS DINÂMICAS POLÍTICAS

O impacto de o ideal da *ummah* nunca ter sido completamente abando-
nado, bem como o de nunca ter sido completamente implementado, torna-se
evidente em características específicas do dinamismo político dos regimes e
seitas islâmicos, e nos fortes elementos milenaristas e utópicos daí decorrentes. Estas dinâmicas encontravam-se frequentemente imbuídas de uma forte
visão religiosa, como se pode ver, em especial, nas actividades sectárias «semi-
-revolucionárias» potencialmente fortes, orientadas para a mudança político-
-religiosa. Tais dinâmicas radicam também nos padrões iniciais de expansão
do Islão e na constituição do seu sistema internacional.

XXXV

Foi no quadro da tensão contínua entre o ideal da *ummah* e as realidades
sociopolíticas, que se desenvolveram as características específicas das esferas
públicas nas sociedades islâmicas e as dos seus principais actores, caracterizadas pela autonomia do *ulama*, a hegemonia da *shari'a*, e as respectivas relações com os governantes. Na maior parte dos países islâmicos desenvolveu-se
uma vibrante esfera pública, na qual as escolas de lei, as múltiplas instituições
da *waqf*, e as diferentes ordens, especialmente a *sufi*, desempenharam uma
função determinante relativamente aos governantes, ao constituírem e defen-
derem a ordem moral do país.

No entanto, apesar de toda a vitalidade destas esferas públicas, assistiu-
-se a um limitado acesso autónomo ao processo decisório dos governantes e
à esfera da governação, por parte dos principais agentes sociais nelas actuando. Esta combinação originou, nas sociedades muçulmanas, uma situação
verdadeiramente paradoxal no que respeita ao impacto destes agentes sobre
as mudanças na arena política. O facto mais importante aqui, e que aparentemente reforça a ideia de que estes regimes eram despóticos, é o de que, apesar
do estatuto autónomo potencial dos membros da *ulama* que não se desenvolveu nestas sociedades, institucionalizaram-se completamente controlos efectivos quanto à tomada de decisões pelos governantes. Não existia qualquer instrumento, para além da rebelião, através do qual se pudesse efectivar qualquer
intenção política radical significativa.

Ainda assim, em contraste com outros regimes patrimoniais, por exemplo
do Sudoeste Asiático ou da América Central, existia nas sociedades muçulmanas um potencial endémico não apenas para a rebelião, mas também para a
revolta fundamentada, e possível mudança de regime. É certo, como Bernard

116

CIVILIZAÇÕES MONOTEÍSTAS. O ISLÃO

Lewis([72]) mostrou, que nunca se desenvolveu no âmbito do Islão um conceito de revolução. Mas ao mesmo tempo, como Ernest Gellner indicou na sua interpretação da obra de Ibn Khaldoun([73]), surgiu um padrão menos directo, ainda que *muito* poderoso, de avaliação indirecta da responsabilização do governante e da possibilidade de mudanças de regime. Este padrão estava intimamente ligado com um segundo tipo de legitimação e responsabilização do governante nas sociedades muçulmanas, que o considerava como garante da visão islâmica originária e transcendente, concepção esta anunciada fundamentalmente pelas diferentes actividades sectárias que constituíam uma componente contínua da cena islâmica. Estas actividades sectárias relacionavam-se com a duradoura visão utópica da era islâmica original, pelo facto de tal visão nunca ter sido nem completamente desenvolvida, nem completamente abandonada. Tais tendências para-sectárias, com fortes elementos de renovação, existiram realmente nos movimentos sociais recorrentes nas sociedades muçulmanas.

Tais orientações de renovação foram corporizadas em diferentes versões da tradição de reforma, a tradição *Mujaddid*([74]). Podiam concentrar-se na pessoa de um *mahdi* e/ou ser divulgadas por uma ordem *sufi* num grupo tribal, tal como os Wahabitas, ou numa escola de direito. Tais orientações políticas e/ou de renovação podiam ser dirigidas para uma participação activa no centro político, visando à sua destruição ou transformação, ou para um consciente afastamento do mesmo. Mas mesmo este afastamento, que se desenvolveu tanto no xiismo como no sufismo, abrigavam tendências de renovação originária, potencialmente conducentes à acção política.

Estas tendências estavam relacionadas com as características básicas das heterodoxias e seitas islâmicas, que desempenharam um papel tão importante na sua história, e com o lugar de tal sectarismo na expansão do Islão. Uma das suas características distintivas foi a importância, no seu âmbito, das dimensões políticas, frequentemente orientadas para a restauração da pristina visão do Islão, que nunca foi abandonada. Esta dimensão podia ser orientada para a participação activa no centro, para a sua destruição ou transformação, ou para um consciente afastamento do mesmo. Um afastamento que, como no caso

---

([72]) Lewis, B. 1973. *Islam in History: Ideas, men and Events in the Middle East*. London: Alcove Press, pp. 253-66.

([73]) Gellner, E. 1981. *Muslim Society*. Cambridge: Cambridge University Press.

([74]) Landau-Tasseron, E. 1989. The 'Cyclical Reform': A Study of the Mujadin Tradition, *Studia Islamica 70*, pp. 79-118.

do Sufismo e do Islão xiita, continha muitas vezes uma reactivação política potencial.

Esta orientação ou dimensão política era potencialmente inerente a qualquer contexto religioso islâmico, e gerou alguns dos maiores movimentos, divisões políticas e problemas no Islão, a começar pela *Shi'a*. Em circunstâncias históricas apropriadas pode ser activada por novos e dinâmicos elementos políticos.

Uma característica muito importante das sociedades islâmicas consistiu no facto de o impacto sectário político interno ter sido frequentemente relacionado com o processo de expansão do Islão, e especialmente com a contínua colisão, nas mesmas sociedades, de elementos tribais que se apresentavam como os portadores da visão islâmica original e ideal e da pristina forma de organização social islâmica.

XXXVI

O mais completo desenvolvimento do potencial político de tais tendências de renovação teve lugar nas sociedades islâmicas onde essas tendências se ligaram com o ressurgimento do revivalismo tribal contra regimes «corruptos» ou fracos. Nestes casos, o impacto político destes movimentos, relacionava-se com processos relativos à expansão do Islão, e especialmente com a contínua colisão no núcleo de políticas islâmicas com elementos tribais de recente conversão, que se apresentavam como portadores da visão islâmica original e ideal, e da pristina forma de organização social islâmica. Muitas tribos (entre as quais algumas das tribos mongóis), depois de convertidas ao Islão, transformaram as suas próprias estruturas tribais «típicas» de modo a ajustarem-se aos pontos de vista políticos-religiosos do Islão, com fortes tendências de renovação orientadas para a restauração do Islão original[75].

Esta tendência tornou-se estreitamente ligada ao famoso ciclo descrito por Ibn Khaldoun[76], nomeadamente, o ciclo da conquista tribal, baseado na solidariedade tribal e na devoção religiosa, originando a conquista de cidades e a sua ocupação, a que se seguia a degeneração da elite dirigente (muitas vezes a antiga elite tribal), e depois a sua subsequente regeneração por novos elementos tribais vindos dos vastos reservatórios tribais (antigos ou novos).

---

[75] Khaldun, I. 1958. *The Muqaddimah*, trad. F. Rosenthal. London: Routledge e Kegan Paul.

[76] *Idem.*

CIVILIZAÇÕES MONOTEÍSTAS. O ISLÃO

A Revolução Abássida pode de vários modos ser vista como um ponto nos ciclos Khaldounianos da dinâmica política do Islão. Ibn Khaldoun enfatizou sobretudo a possibilidade de tal renovação a partir da reserva tribal original, especialmente árabe, e não das reservas obtidas através da expansão do Islão. Mais ainda, sublinhou a lassidão da coesão interna das tribos como um importante factor no declínio das dinastias muçulmanas, e prestou menos atenção às dimensões «dogmáticas» do Islão. Mas a força global da abordagem de Ibn Khaldoun reside no facto de fornecer um importante instrumento de análise para a compreensão da dinâmica das sociedades islâmicas, para além do âmbito geográfico da sua própria visão. Esses novos «convertidos», em conjugação com as tribos aparentemente adormecidas da península arábica, dos quais os Wahabitas constituíam provavelmente a última e mais poderosa ilustração, tornaram-se uma força política dinâmica central na civilização Islâmica.

Em virtude da combinação deste modo da expansão islâmica com estas orientações sectárias renovadoras, o Islão foi provavelmente a única Civilização Axial na qual movimentos para-sectários – em conjunto com lideranças e grupos tribais –, conduziram frequentemente não só à subversão ou queda de regimes existentes, mas também ao estabelecimento de novos regimes políticos orientados, pelo menos no seu início, para a implementação da antiga e primordial utopia islâmica. Mas de modo bastante significativo, tais regimes deram origem, uma vez institucionalizados, a regimes *patrimoniais* ou imperiais no âmbito dos quais o «velho» ciclo de Ibn Khaldoun tende a desenvolver-se novamente. Mas, também no qual, o ideal original do incomum, da sua renovação, constituía uma componente contínua do simbolismo político.

Capítulo IX

Civilizações cristãs: o complexo europeu

XXXVII

O padrão das visões cosmológicas, dos conceitos de salvação e das suas tendências e dinâmicas concomitantes desenvolveu-se de modos diferentes nas civilizações cristãs.

Como acontecia com outras civilizações, estas tendências radicavam na combinação das premissas civilizacionais básicas da civilização cristã e das suas múltiplas raízes históricas – judaicas, helenísticas e tribais – com as experiências históricas específicas das diversas partes desta civilização.

Desenvolveram-se nas civilizações cristãs, desde a sua génese, fortes concepções de ordem transcendental e de salvação, contendo no seu seio alguma combinação de orientações mundanas e transcendentais. As orientações mundanas inerentes à cristandade, i.e., a visão da reconstrução do mundano como uma das formas da salvação, patenteiam um marcado contraste com as visões budistas. Esta visão do mundano como, pelo menos, uma das arenas da actividade humana relevantes para a salvação, para a implementação da sua visão transcendental, radica nas suas origens judaicas, e foi reforçada pelo seu encontro com a herança das antiguidades grega, helenística e romana.

AS GRANDES REVOLUÇÕES E AS CIVILIZAÇÕES DA MODERNIDADE

Esta orientação mundana, em constante tensão com a transcendental, manifestava-se na cristandade tanto no seu dogma e orientações básicas como nos seus enquadramentos institucionais. Esta orientação mundana era já evidente no lugar muito central de Cristo que, por oposição a Buda, era concebido não apenas como o portador de uma visão transcendental, mas como a corporização terrena de Deus ou, pelo menos, um dos seus aspectos. Esta orientação mundana relativamente forte da cristandade era também muito evidente, por exemplo, nas suas polémicas – mesmo nas que diziam respeito os extremos do seu ascetismo – com as escolas platónica e gnóstica a sublinharem em diversos graus uma atitude fortemente negativa relativamente ao sagrado e ao mundo físico[77]. Os problemas da cristandade com o neoplatonismo, apesar da grande atracção dos escritores patrísticos pelo pensamento platónico, constituem também importantes indícios desta tendência. Em estreita relação com este facto encontramos também a forte ênfase na ausência de uma separação completa, ou mesmo oposição, entre corpo e alma, em geral, e na ressurreição, em particular. Este conceito comporta já em si um forte elemento mundano, e era violentamente disputado pelos platonistas. Esta orientação mundana manifesta-se de forma igualmente forte – mesmo se em permanente tensão com as visões transcendentais – na concepção cristã herdada do judaísmo, de Deus como criador do universo, deste mundo, da centralidade da escatologia em geral, e da dimensão histórica da escatologia em particular, i.e., na concepção da salvação como uma futura ocorrência histórica para a totalidade da humanidade.

Esta forte orientação para as actividades mundanas podia ser desde logo encontrada no seio das comunidades cristãs ascéticas e monásticas, as quais desde os primeiros tempos (do século IV em diante) se orientavam para o mundo terreno, ao contrário do renunciante budista ou indiano, e não para a fuga total a este.

XXXVIII

As circunstâncias históricas – o reduzido estatuto político inicial da cristandade e a sua perseguição enquanto seita – fez com que estas orientações mundanas fossem, nos seus primeiros tempos, algo menos saliente mas não

---

[77] Stroumsa, G.G. 1981. Ascèse et Gnose: aux origins de la spiritualité monastique. *Revue Thomiste* 81, pp. 557-573.

CIVILIZAÇÕES CRISTÃS: O COMPLEXO EUROPEU

completamente ausente. Circunstâncias históricas mais favoráveis, sobretudo a conversão de Constantino, fizeram sobressair em toda a sua pujança estas orientações ideológicas mundanas que existiam desde a génese da cristandade. Desde então, a tensão entre estas tendências e as tendências transcendentais passou a constituir uma parte permanente da história do cristianismo.

Estas potencialidades e a tensão entre as orientações mundanas e transcendentais desenvolveram-se de maneiras diferentes nas diferentes partes da civilização cristã (no catolicismo, no cristianismo oriental, no bizantino e, posteriormente, no cristianismo russo), de acordo com as combinações específicas de orientações mundanas e transcendentais que emergiram nos seus respectivos centros; com as circunstâncias geopolíticas, a estrutura do poder político, e com as elites de cada uma delas.

XXXIX

A mais vasta, contínua e dinâmica destas civilizações desenvolveu-se na Europa Ocidental, do Norte, Central e Centro-oriental. Aqui, em conjunção com circunstâncias geopolíticas algo específicas, desenvolveram-se características institucionais e dinâmicas políticas distintivas de grande importância.

Antes de mais, é importante sublinhar uma característica que a Europa partilha com a Índia e, em menor grau, com o mundo islâmico, nomeadamente a existência de uma relativa continuidade das fronteiras das estruturas civilizacionais, juntamente com a multiplicidade e permanente transformação dos limites das margens dos enquadramentos políticos e económicos.

Sobre este pano de fundo, surgiram na Europa características distintivas, sendo destas a mais importante um pluralismo ideológico estrutural e cultural. O tipo de pluralismo estrutural que se desenvolveu no enquadramento institucional europeu diferia grandemente da mera descentralização, bem como do tipo de diferenciação estrutural que se desenvolveu nos sistemas imperiais compactos.

Este tipo de pluralismo diferia grandemente do que se desenvolveu, por exemplo, no império bizantino, que partilhava muitos aspectos dos seus modelos culturais tradicionais com a Europa ocidental. No império bizantino este pluralismo manifestava-se através de um grau relativamente elevado de diferenciação estrutural no interior de uma estrutura sociopolítica bastante unificada, na qual as diferentes funções sociais eram desempenhadas por diferentes grupos e categorias sociais. A diferenciação e pluralismo estruturais que

A VARIABILIDADE DAS CIVILIZAÇÕES AXIAIS E DAS DINÂMICAS POLÍTICAS

se desenvolveram na Europa caracterizavam-se, acima de tudo, por uma forte combinação entre níveis de diferenciação estrutural baixos, mas em permanente incremento, por um lado, e pela constante alteração das fronteiras entre as diferentes colectividades, unidades e estruturas, pelo outro.

Entre estas colectividades e unidades não existia uma divisão de trabalho clara. Ao invés, tendia a desenvolver-se entre elas uma competição permanente acerca do seu respectivo posicionamento em relação aos diferentes atributos da ordem social e cultural; acerca do desempenho das funções sociais mais importantes – fossem elas económicas, políticas ou culturais – bem como acerca da própria definição dos limites das comunidades atributivas existentes.

Paralelamente, desenvolveram-se na Europa uma multiplicidade de orientações culturais prevalecentes, que se relacionavam com uma multiplicidade e complexidade de modos de resolução das tensões entre as ordens mundana e transcendental, quer através de actividades terrenas (políticas e económicas), ou através de actividades transcendentais. Esta multiplicidade de orientações tinha origem no facto de a civilização europeia se ter desenvolvido a partir da contínua interacção entre, por um lado, a erupção secundária de duas grandes civilizações Axiais – a judaica e a grega – e, por outro lado, numerosas tradições e sociedades tribais 'pagãs'.

A combinação destas múltiplas tradições culturais com a pluralidade das condições estruturais e político-ecológicas explica o facto de que se tenha desenvolvido na Europa Central e Ocidental – mais do que noutras civilizações cristãs – uma tensão permanente entre concepções de hierarquia e igualdade enquanto dimensão básica da participação dos diferentes sectores da sociedade na arena política e religiosa; e entre o forte empenho e acesso autónomo de diferentes grupos e estratos às ordens religiosas e políticas, por um lado, e a ênfase na mediação desse acesso pela igreja ou pelos poderes políticos, por outro[78].

A completa cristalização das tendências estruturais combinada com orientações culturais específicas, radicadas no cristianismo, e no seu encontro com a herança germânica e com algumas tradições tribais, deu origem na

---

[78] Daadler, H. 1987. European Political Traditions and Processes of Modernization: Groups, the Individual and the State. in Eisenstadt, S.N. (ed.). *Patterns of Modernity,* Volume I: The West. London: Frances Pinter Publishers, pp. 22-43. Pocock, J.G.A. 1987. Modernity and Anti-modernity in the Anglophone Political Tradition. In Eisenstadt, S.N. (ed.). *Patterns of Modernity,* Volume I: The West. London: Frances Pinter Publishers, pp. 44-59.

CIVILIZAÇÕES CRISTÃS: O COMPLEXO EUROPEU

Europa a *(a)* uma multiplicidade de centros; *(b)* um elevado grau de permeabilidade dos centros relativamente às periferias e a imposição das periferias sobre os centros; *(c)* um grau relativamente reduzido de sobreposição das fronteiras de classe, etnicidade, religião e de identidade política, e a sua permanente restruturação; *(d)* um grau comparativamente elevado de autonomia de grupos e estratos, e do seu acesso aos centros da sociedade; *(e)* um elevado grau de sobreposição entre diferentes unidades de estatuto, combinada com uma extensa consciência de estatuto ('classe') e actividade política; *(f)* multiplicidade de elites culturais e 'funcionais' (económicas ou profissionais) com um grau de autonomia relativamente elevado, um elevado grau de transversalidade e de relacionamento estreito com os estratos mais latos e atributivos da sociedade; *(g)* uma relativa autonomia do sistema legal em relação a outros sistemas integradores, nomeadamente ao político e religioso; e *(h)* um elevado grau de autonomia das cidades e dos centros autónomos de criatividade social e estrutural e de formação de identidade.

Uma das mais importantes repercussões destas tendências foi a forma como se estruturaram os centros e as colectividades que se desenvolveram na Europa. Estes diversos centros e colectividades não coexistiam apenas numa espécie de simbiose adaptativa, antes tendiam a arranjar-se em hierarquias complicadas, mas nunca rígidas ou unificadas. Nestas hierarquias nenhum centro era claramente predominante, embora muitos deles aspirassem não apenas a uma hegemonia factual como também a uma predominância ideológica[79].

A existência de múltiplos centros, tanto de características diferentes – políticos, religiosos e outros – como de presença regional diversa, era caracterizada por diversos aspectos distintos, por exemplo, dos indianos ou, em menor grau, dos islâmicos. Aquilo que distingue a experiência europeia não é apenas a multiplicidade dos centros, mas a sua estrutura e as relações entre eles, em geral, e entre os centros políticos e religiosos, em particular. A mais importante destas características é o facto de que estes não coexistiam – como na Índia, e em menor grau no islão – numa espécie de simbiose adaptativa, i.e.

---

[79] Rutenberg, V. 1973. *Révoltes ou révolutions en Europe aux XIV-XV siècles. Annales E. S. C*, Vol. XXVII; Cam. M.M. 1954. Medieval Representation in Theory and Practice. *Speculum,* Vol. XXIX; Lindsay, J.O. (ed.) 1957. The Social Classes and the Foundation of the State. in J.O. Lindsay (ed.), *New Cambridge Modern History.* Cambridge: Cambridge University Press; Eisenstadt, S.N. 1987. *European Civilization in a Comparative Perspective: A Study in the Relations between Culture and Social Structure.* Norwegian University Press. Le Goff, Jacques. *La Vieille Europe et la notre.* Paris: Editions du Seuil, 1994.

A VARIABILIDADE DAS CIVILIZAÇÕES AXIAIS E DAS DINÂMICAS POLÍTICAS

o religioso legitimando o político, e este fornecendo ao religioso protecção e recursos, entrando em conflito acerca dos termos relativos de tal adaptação.

Para além disto, na Europa, as relações entre os centros políticos e religiosos caracterizavam-se primeiro pelo facto de que cada um destes tipos de centro alegavam alguma autoridade e predominância relativamente às funções «centrais» dos outros, i.e., o religioso face ao político e social e vice-versa. Em segundo lugar, estas relações caracterizavam-se pelo facto de que cada um destes centros podia sustentar esta vontade através do acesso autónomo tanto aos recursos materiais como às bases de poder e prestígio. Em terceiro lugar, temos o facto de que se desenvolveram vários centros graduados – primários, secundários – com algum grau de autonomia, que também pretendiam algum acesso autónomo ao centro mais elevado, tentando por seu turno sobrepor-se a centros mais baixos.

Naturalmente, as actividades dos centros principais ou mais 'elevados' possuíam um âmbito mais alargado do que o dos centros locais, embora não possuíssem o monopólio sobre qualquer componente das actividades 'centrais'. Cada tipo de centro pretendia obter um estatuto e acesso autónomos em relação às funções «centrais» do outro, i.e., o religioso em relação ao político e vice-versa. Desta forma, os diversos centros nunca se encontravam completamente separados uns dos outros. Isto era verdade não apenas para as relações entre Igreja e Estado, mas também para as relações entre os diversos centros ou sub-centros religiosos, políticos e étnicos.

Todas estas colectividades e instituições centrais eram legitimadas de diversas formas – em termos de ligações primordiais e de tradições de critérios transcendentais sagrados, bem como em termos de tradições cívicas. A reestruturação contínua dos centros e das colectividades que ocorria na Europa tinha uma interligação próxima com a contínua oscilação e tensão entre estas diferentes bases de legitimação destes centros e das componentes destas colectividades. Enquanto, por exemplo, muitas colectividades eram principalmente definidas em termos primordiais, e a Igreja era aparentemente definida apenas em termos sagrados, ao mesmo tempo, no entanto, cada colectividade, instituição ou centro também tentava arrogar para si todos os restantes símbolos de legitimação.

Muito semelhante era a estrutura de relações centro-periferia que se desenvolveu na Europa Ocidental e Central. Em comum com as sociedades imperiais, tais como a China ou o império bizantino, as sociedades da Europa Central e Ocidental eram habitualmente caracterizadas por tentativas dos centros para permearem a periferia, de forma a mobilizar o apoio para as suas

CIVILIZAÇÕES CRISTÃS: O COMPLEXO EUROPEU

políticas, e pela imposição da periferia sobre o centro, de modo a influenciar a definição dos seus contornos. Muitos destes centros almejavam uma expansão universal que pudesse englobar outros centros e comunidades. Tal expansão era frequentemente legitimada em termos universais, muito frequentemente religiosos e ideológicos, dando origem por vezes a guerras religiosas ou ideológicas[80]. No entanto, e ao contrário dos regimes puramente imperiais (como por exemplo o chinês, o bizantino e mais tarde o império russo), não só se desenvolveram na Europa uma multiplicidade de centros e colectividades, como também se desenvolveu uma muito mais forte imposição das periferias e de diversos sub-centros sobre os seus respectivos centros.

Uma outra característica que, embora não sendo específica da Europa, nela se desenvolveu de forma mais completa, foi o grau relativamente elevado de imposição da periferia e dos centros secundários sobre os centros mais elevados, uma característica que, com esta intensidade, pode apenas ser encontrada em algumas das antigas cidades-estado.

XL

A combinação das dimensões ideológicas e estruturais também influenciou o modo de mudança que se desenvolveu na Europa Ocidental pelo menos desde a baixa Idade Média. Este modo de mudança caracterizava-se por um grau relativamente alto de articulação simbólica e ideológica da luta política e dos movimentos de protesto; por um elevado grau de coalescência das mudanças nas diferentes arenas institucionais; e por uma relação próxima entre estas mudanças e a reestruturação dos centros políticos e dos regimes.

Concomitantemente, as mudanças no seio das diversas arenas institucionais da Europa Ocidental, como a arena económica ou cultural, impuseram-se muito fortemente umas sobre as outras e, acima de todas, na esfera política. Estas mudanças deram origem a um processo contínuo de reestruturação de fronteiras das diferentes arenas, o que, no entanto, não obliterou as suas respectivas autonomias. Tais mudanças deram origem a uma mútua reestrutura-

---

[80] Troeltsch, E. 1931. *The Social Teaching of the Christian Churches*. New York: Macmillan; Tilly, C.H. 1975. *The Formation of National States in Western Europe*. New Jersey: Princeton University Press; Mcllwain, Ch.H. 1959. *The Growth of Political Thought in the West. From Greeks to the end of the Middle Ages*. New York: Macmillan; Eisenstadt, S.N. 1987. *European Civilization in a Comparative Perspective*, op. cit.

A VARIABILIDADE DAS CIVILIZAÇÕES AXIAIS E DAS DINÂMICAS POLÍTICAS

ção contínua destas esferas, sem necessariamente provocar a coalescência de uma estrutura cultural ou política contínua.

As frequentes tentativas de reconstrução dos centros e das colectividades encontravam-se em estreita relação, primeiro, com fortes lutas ideológicas, focadas na importância simbólica relativa das diversas colectividades e centros; em segundo lugar, com tentativas de combinar a estruturação das fronteiras destes centros com a reconstrução das bases da sua legitimação; e, em terceiro lugar, com uma consciência muito forte da descontinuidade entre os diferentes estágios ou períodos do seu desenvolvimento.

Concomitantemente, e em comparação com os sistemas imperiais puros, a Europa Ocidental era caracterizada por uma estabilidade muito menor dos regimes, por contínuas mudanças das fronteiras dos regimes e das colectividades, e pela reestruturação dos centros. Simultaneamente, patenteava também uma muito maior capacidade de inovação institucional, penetrando transversalmente diferentes centros e fronteiras políticas e «nacionais».

Estes padrões de transformação eram activados por: *(a)* um elevado grau de predisposição das elites secundárias, relativamente próximas do centro, para serem importantes portadoras de heterodoxias religiosas e de inovações políticas; *(b)* um relacionamento relativamente próximo entre estas elites secundárias autónomas no interior de amplos estratos sociais, logo também com movimentos de rebelião; *(c)* uma concomitante predisposição por parte destas elites e de amplos estratos sociais para desenvolverem actividades orientadas para a formação de centros e de os combinar com os centros formadores de instituições nas esferas económicas, culturais e educacionais.

A partir destas tendências desenvolveu-se uma confrontação contínua entre a constituição de centros, movimentos de protesto e o processo de construção de instituições. Primeiro, a construção de instituições era, na maioria das esferas, visto como algo de extrema relevância para a construção de centros e julgado de acordo com a sua capacidade de contribuir para as premissas básicas de tais centros, enquanto ao mesmo tempo os centros eram também julgados de acordo com a sua capacidade para promover estas instituições. Em segundo lugar, a concorrência permanente entre os diferentes grupos ou estratos e as elites no que respeita ao seu acesso à construção destes centros. Em terceiro lugar, existia uma constante pressão dos movimentos de protesto e das heterodoxias sobre a luta política ao centro e sobre a incorporação de muitos dos temas de protesto pelo centro. Foi esta combinação de visões cosmológicas e de enquadramentos político-ecológicos que forneceu a estrutura específica para o desenvolvimento das Grandes Revoluções.

Capítulo X

Uma digressão comparativa:
O Japão – a restauração revolucionária não-Axial
e considerações finais

XLI

Esta estreita afinidade electiva entre os processos políticos que se desenvolveram nas civilizações Axiais e as revoluções, e o facto de que estas revoluções se desenvolveram *apenas* no contexto das civilizações Axiais, é uma vez mais sublinhado pela comparação com o caso japonês, a Meiji Ishin, ao qual já nos referimos anteriormente.

Algumas das características distintivas da Meiji Ishin, aquelas que a distinguem das revoluções, particularmente a forte ênfase nas componentes de «utopia invertida» que nela predominam, a circunscrição da visão *Ishin* à colectividade japonesa, e a ausência de componentes missionárias universalistas, relacionam-se de modo muito próximo com alguns dos aspectos particulares da experiência histórica japonesa, e estes, por sua vez, com as relações do Japão com as civilizações Axiais.

Os aspectos mais distintivos da experiência histórica japonesa, do ponto de vista do nosso discurso, são, primeiramente, uma forte predisposição para

A VARIABILIDADE DAS CIVILIZAÇÕES AXIAIS E DAS DINÂMICAS POLÍTICAS

a mudança e uma abertura às influências exteriores, combinadas com uma grande capacidade de 'japonizar' estas influências tanto em termos institucionais como ideológicos.

Em segundo lugar, existiam fortes predisposições para a mudança e abertura a influências estrangeiras. A japonização destas influências surgia a par com características específicas das premissas culturais e enquadramentos institucionais existentes no Japão, que se caracterizavam por uma combinação de concepções ontológicas e cosmológicas distintamente japonesas com uma história e características institucionais muito semelhantes às da Europa ocidental.

Em terceiro lugar, o processo de 'japonização' das influências estrangeiras relacionava-se estreitamente com o facto de a civilização japonesa, ao contrário da civilização da Europa Central e Ocidental, com a qual partilhava muitas semelhanças estruturais, não fazer parte de uma civilização universal alargada, que partilhava premissas básicas e identitárias com outras sociedades que se haviam desenvolvido no contexto destas civilizações.

Elaboremos um pouco sobre as características básicas da experiência histórica japonesa. A maioria dos períodos da história japonesa caracterizaram-se por numerosas alterações de grande alcance, quer institucionais quer culturais, frequentemente sob o impacto de influências estrangeiras, sujeitas a um processo de japonização[81].

Simultaneamente, e em estreita relação com esta tendência, o Japão nunca fez parte integral de outras civilizações mais alargadas. Ao longo da sua história, embora se mantivesse em contacto permanente com outras civilizações, o Japão constituía uma unidade nacional e civilizacional auto-delimitada. É verdade que a sua identidade colectiva, e as concepções básicas da realidade ontológica e da ordem social que nele eram prevalentes haviam sido forjadas e cristalizadas ao longo de contínuos encontros com outras civilizações durante o curso da sua história – com a China, representada pelo confucianismo e budismo (embora este último também tenha chegado ao Japão mais tarde e, em certa medida, através da Índia) e, nos tempos modernos, com a civilização Ocidental. Mas estes encontros não implicaram a incorporação do Japão – ao contrário do que aconteceu com a Coreia e o Vietname – no contexto mais amplo da civilização chinesa ou confucionista sinizada. Muitos dos discursos confucionistas e das comunidades textuais eram comuns à China e ao Japão. O mesmo se verifica nos tempos modernos quando essas mesmas comunidades textuais se estabeleceram entre o Japão e o Ocidente. O desenvolvimento

---

[81] Sobre a história do Japão ver nota 29, capítulo 2.

UMA DIGRESSÃO COMPARATIVA

destas comunidades, no entanto, não foi além das arenas intelectual e artística, além da discussão dos mesmos textos. As premissas básicas do confucionismo e do budismo, e posteriormente de muitas das modernas ideologias ocidentais, sofreram no Japão uma transformação completa, de uma direcção transcendental e universalista, para uma outra de carácter imanente e particularista que, de forma consciente, esvaziava ideologicamente as premissas básicas do confucionismo e budismo dos seus conteúdos originais, transcendentais e universalistas. Desta forma, o Japão sempre conviveu com estas outras civilizações, mas nunca fez parte delas, mantendo o carácter único da sua consciência colectiva e a distinção das suas premissas civilizacionais.

É também verdade que foi provavelmente este encontro continuado com a China, ou seja, com o confucionismo e o budismo, e mais tarde com o Ocidente, que conduziu ao desenvolvimento dos modos intensos, complexos e sofisticados de discurso ideológico que distinguiram o Japão das restantes civilizações não-Axiais. Ao mesmo tempo, assentava sobre termos derivados destas ideologias. A confrontação entre o Japão e estas civilizações constituiu um foco contínuo da reflexividade que a cultura japonesa desenvolveu.

Esta elevada predisposição para a mudança e a abertura a influências externas, bem como a japonização das mesmas, ocorriam em paralelo com características específicas das premissas culturais e do enquadramento institucional que se desenvolveu no Japão.

As concepções ontológicas de base predominantes no Japão eram definitivamente as de uma civilização não-Axial. Estas eram: um nível de tensão entre as ordens mundana e transcendental relativamente baixo; uma percepção do entrosamento mútuo entre cultura e natureza e da ordem natural e social; uma concepção dualista desta incrustação; combinações especiais de lealdades de grupo verticais e horizontais; um forte empenho na preservação da ordem social (e cósmica), que se estendia da família aos círculos mais alargados do social, em princípio até ao próprio centro da colectividade como um todo, geralmente simbolizado pela figura do imperador; uma forte ênfase na importância de contextos sociais concretos para a definição dos atributos de identidade pessoal e das actividades associadas.

Dadas estas orientações básicas e concepções ontológicas, não é surpreendente que, em termos estruturais e organizacionais, se tenha desenvolvido no Japão pré-moderno um tipo distinto de império feudal com algumas das características dos sistemas patrimoniais, nos quais existiam distinções relativamente pequenas entre centro e periferia, com reduzida permeabilidade entre estes, e pouca pressão da segunda sobre o primeiro. Desenvolveu-se no Japão

131

uma distinção muito fraca entre as ordens social e cultural, representadas pelo centro, e aquelas que eram representadas pelos diversos tipos de colectividades da periferia. Existia uma relação relativamente próxima entre os símbolos do centro e os dos grupos periféricos. A orientação para o centro constituía a componente básica da identidade da maioria destes grupos, e o simbolismo da periferia constituía a componente básica desse mesmo centro. Este simbolismo era corporizado na figura do imperador como representante da ordem cósmica e como principal figura mediadora entre a colectividade – independentemente da sua definição – e as forças naturais.

No entanto, a realidade era muito mais complexa, o que nos leva às semelhanças estruturais entre o Japão e algumas das civilizações Axiais, particularmente da Europa. Ao contrário da maioria dos regimes patrimoniais, no Japão os centros tentavam permanentemente permear a periferia. Esta permeação era, no entanto, menor do que a que se verificava em muitos sistemas imperiais (como o império bizantino cristão), orientados para a reestruturação ideológica e para a transformação estrutural da periferia. Ao invés, centrava-se na mobilização de recursos económicos, políticos e militares, bem como das lealdades e empenho dos diferentes grupos da periferia para os objectivos definidos pelo centro. Estes objectivos eram frequentemente baseados na premissa da identidade simbólica fundamental entre o centro e a periferia.

XLII

As relações especiais entre centro e periferia que se desenvolveram no Japão estavam intimamente relacionadas com algumas das características das suas arenas institucionais, as quais desenvolveram muitos aspectos similares às existentes na Europa Ocidental.

De entre estas, as mais importantes eram os padrões de organização e simbolismo de parentesco, o feudalismo e o Estado absolutista, o grau relativamente elevado de desenvolvimento e organização urbana; revoltas camponesas, especialmente no período medieval e Tokugawa; modernização social e económica; crises do Estado aparentemente liberal durante os anos 30 do século xx; a concomitante emergência de um regime militarista com algumas características fascistas; e, finalmente, um regime democrático capitalista, após a Segunda Guerra Mundial. O Japão possuía em comum com a Europa não só a existência destas arenas, mas também a sequência histórica do seu desenvolvimento.

UMA DIGRESSÃO COMPARATIVA

Outra característica estrutural comum ao Japão e à Europa Ocidental era o pluralismo e a multiplicidade de centros de poder. Tem sido frequentemente alegado que em virtude deste pluralismo, o Japão, tal como a Europa Ocidental, foi sujeito a uma dinâmica contínua de transformação institucional, gerada por fortes forças indígenas, que facilitaram, em última análise, o desenvolvimento do capitalismo.

Mas por muito semelhantes que fossem algumas das características estruturais de muitas das arenas institucionais do Japão e da Europa Ocidental, as suas definições basilares, e as regras fundamentais que regulavam as diversas actividades nestas arenas mantinham uma relação estreita com as concepções ontológicas de base predominantes em cada uma destas sociedades.

No Japão, estas arenas institucionais, bem como a colectividade japonesa, eram definidas em termos contextuais, concebidos em diferentes combinações de termos sagrados e naturais, e não em termos de orientações transcendentais ou universalistas ou de especificação funcional, como acontecia na Europa e, em certa medida, na China.

Consequentemente, surgiram no Japão modos particulares de estruturação das hierarquias sociais, dos conflitos sociais, e da respectiva resolução.

De modo semelhante, estas arenas e os conflitos que nelas surgiam eram principalmente regulados não por associações autónomas, legais, burocráticas ou voluntárias distintas, mas sobretudo através de arranjos e redes informais que se encontravam frequentemente inscritas em vários contextos e conteúdos socialmente definidos.

O contexto fundamental da experiência histórica japonesa foi o desta combinação de estruturas institucionais semelhantes às de algumas civilizações Axiais, mas definidas em termos 'contextuais' com modos de discurso ideológico diferentes dos presentes na maioria destas civilizações, e com premissas características das civilizações não-Axiais, mas continuamente reformulados através do encontro com civilizações Axiais. Foi no seio deste contexto institucional e simbólico que se desenvolveu a grande predisposição para a mudança, a abertura a influências estrangeiras, e a sua japonização.

Por todas estas razões, as características gerais da dinâmica institucional, que foram ao longo da história japonesa tão semelhantes às europeias (ocidentais), evidenciavam marcadas diferenças desta última. A maior diferença que aqui podemos encontrar diz respeito à dimensão simbólica das dinâmicas institucionais de transformação, sobretudo na relativa fraqueza, comparativamente, das componentes ideológicas universalistas e dos seus portadores, tais como as principais elites religiosas e heterodoxias. Estes componentes eram

133

A VARIABILIDADE DAS CIVILIZAÇÕES AXIAIS E DAS DINÂMICAS POLÍTICAS

cruciais para a dinâmica das civilizações Axiais – i.e., as monoteístas, o hinduísmo ou o confucionismo, nas quais se desenvolveu e institucionalizou uma concepção muito forte da divisão básica entre o transcendental e o mundano.

Em estreita relação com estes aspectos da experiência histórica japonesa, desenvolveram-se também aspectos específicos dos diversos «estágios» da sua história institucional. Os mais importantes de entre estes eram a relativa continuidade de uma alta cultura «centralizada»; a tradição da centralização, bem como a permanente ausência de acesso autónomo de grandes sectores da sociedade aos centros de poder.

Nos períodos de descentralização e de intensas guerras internas, muitos destes sectores podiam passar a ser relativamente independentes da autoridade central. No interior de cada um destes sectores, os seus respectivos senhores tentavam controlar o acesso aos centros de poder. Este poder podia ser frequentemente usurpado por outros senhores, mas estas tentativas não atribuíam a nenhum grupo o acesso autónomo ao poder.

Assim, as mudanças no tipo de regime político, ou na relação de forças entre os diferentes grupos, não implicavam necessariamente alterações nos princípios de legitimação nem nas premissas básicas da ordem social e política. Para mais, não se desenvolveu no Japão uma consciência elevada da descontinuidade e das rupturas entre os diversos períodos históricos.

XLIII

Observações finais
concepção das ordens sociais; o acesso à ordem política
e o seu impacto na dinâmica política

Tal como indicou a análise precedente, as diferentes concepções cosmológicas que se desenvolveram nas diversas civilizações Axiais, e especialmente a extensão atribuída à arena política como lugar maior para a implementação das suas visões cosmológicas transcendentais, influenciou enormemente as dinâmicas políticas e, acima de tudo, as diferentes concepções de responsabilização dos governantes que se desenvolveram nestas civilizações, bem como a especificação dos processos institucionais e das arenas, através dos quais esta responsabilização podia ser levada a cabo. Estas arenas e processos institucionais foram de grande importância na definição dos potenciais transformadores e, sobretudo, revolucionários.

UMA DIGRESSÃO COMPARATIVA

Esta especificação está também intimamente relacionada com duas outras dimensões ou componentes das respectivas visões cosmológicas e das visões da ordem social prevalentes nestas civilizações; dimensões estas transversais a diferentes orientações soteriológicas, e que foram também de grande importância na definição das dinâmicas políticas, tal como se desenvolveram nestas civilizações.

A primeira destas dimensões era a concepção de pertença a uma comunidade, e o acesso dos seus membros à arena do sagrado e dos centros políticos – que nem sempre eram coincidentes. Aqui era de particular importância saber se o acesso ao sagrado e/ou ao centro político se encontrava directamente aberto a todos os membros da comunidade – independentemente de como eram definidos – e em que termos, ou se este era mediado por algum grupo ou categoria de indivíduos que possuíam o monopólio desse acesso. A segunda destas dimensões, fortemente interligada com a primeira, era a importância relativa, para seguir a distinção de Rainer Baum, de uma concepção *ex-toto* da ordem social face a uma concepção *ex-parte* da mesma[82].

É a combinação destas dimensões com as concepções soteriológicas que influenciou, em grande medida, as características mais importantes dos centros, as concepções de responsabilização dos governantes e a localização institucional desta responsabilização nas diferentes civilizações Axiais.

A manifestação combinada mais completa, ideológica e institucional, do acesso autónomo ao centro político por todos os membros de uma comunidade cristalizou-se no conceito de cidadania. Este conceito era incipiente ou explícito em muitas tradições tribais. Desenvolveu-se em primeiro lugar na Grécia e na Roma antigas, sendo posteriormente transposto, de uma forma muito alterada, para a Europa. O fulcro desta transformação foi a mudança da participação directa de todos os cidadãos na arena política central para o desenvolvimento de instituições representativas. Estas instituições tinham origem em diversas tradições tribais como, por exemplo, as assembleias tribais representadas nas sagas, tendo-se transformado primeiro na era feudal e, posteriormente, durante o desenvolvimento do Estado territorial moderno.

Foi apenas em algumas cidades-estado da Itália renascentista que se levaram a cabo tentativas de fazer renascer algumas das tradições institucionais das antigas cidades-estado, dando assim origem à tradição republicana no discurso político moderno.

---

[82] Baum, R. 1977. Authority Codes: The Invariance Hypothesis. *Zeitschrift fur Soziologie,* vol. 6, no. 1, pp. 5-28.

A VARIABILIDADE DAS CIVILIZAÇÕES AXIAIS E DAS DINÂMICAS POLÍTICAS

No outro extremo, do ponto de vista da localização institucional da responsabilização dos governantes, encontravam-se as civilizações Axiais, nas quais se haviam desenvolvido potencialmente aquilo a que Thomas Metzger chamou centros «desinibidos», ou parcialmente inibidos[83], que eram concebidos como portadores e corporizações da visão transcendental. Tais centros controlavam frequentemente o acesso da periferia a si próprios, mesmo se, dado o nível de desenvolvimento das tecnologias de comunicação, os centros não fossem capazes de permear a periferia mesmo que essa fosse a sua intenção. Nestes centros desenvolveu-se apenas uma muito fraca especificação dos processos institucionais através dos quais os governantes poderiam ser responsabilizados.

Estes centros podiam ser puramente imperiais como na Rússia czarista ou, como na China, uma combinação de um centro imperial com uma burocracia autónoma, mas relativamente exclusiva, como o eram por exemplo os letrados confucionistas. Tais centros permitiam o acesso autónomo à comunidade cultural geral, mas não ao centro político.

Na civilização indiana desenvolveu-se uma forte ênfase na mediação do acesso aos centros sagrados pelos brâmanes e aos centros políticos pelos *chatrias*. Os centros políticos, no entanto, não eram tidos como arenas soteriológicas importantes, na medida em que não se encontravam relacionados com as arenas religiosas. Deste modo, o seu alcance ideológico não ia muito para além da manutenção da arena ritual, sendo o acesso a esta relativamente flexível.

Existe uma estreita afinidade electiva entre a concepção *ex-toto* da ordem social e o controlo 'monopolista' do acesso ao centro. Mas uma concepção *ex-toto* da ordem social pode existir a par de uma concepção geral e universalista de pertença a uma comunidade e de acesso ao centro. Este era um princípio do islão e, em certa medida, de muitos países latino-americanos contemporâneos. Esta combinação pode frequentemente dar origem a situações políticas extremamente voláteis.

---

[83] Metzger, T. (1980). Selfhood and Authority in Neo-Confucian Political Culture. in A. Kleinman e T. Y. Lin, *Normal and Abnormal Behavior in Chinese Culture*. Boston: Reidel Publishing Company, pp. 7-27.

XLIV

Assim, foi acima de tudo na Europa Ocidental (e nas colónias norte-americanas) que as componentes, de importância central nas ideologias revolucionárias, a ênfase numa forte visão transcendental focada na reconstrução da ordem política, a visão segundo a qual os governantes podem ser responsabilizados, e as concepções de cidadania e de acesso directo à arena política daqueles definidos como cidadãos, se congregaram.

Foi a combinação do imbricamento entre concepções mundanas e transcendentais de salvação, da implementação da ordem transcendental, e da luta contínua pelo acesso tanto ao sagrado como ao centro político, que criou na Europa o potencial para a emergência das Grandes Revoluções e de uma nova ordem social moderna. Esta foi grandemente favorecida pelo pluralismo estrutural que se desenvolveu na Europa Central e Ocidental, e pela concomitante multiplicidade de formações sociais e políticas, de centros de poder, e pela contínua flexibilidade das fronteiras políticas e comunais. Mas foi apenas com a Reforma, o desenvolvimento do sectarismo protestante, e com o Iluminismo, com a formação do Estado moderno e a ascensão do capitalismo, que estas potencialidades deram origem a uma ampla transformação dos processos políticos – fornecendo assim o contexto para a cristalização das Grandes Revoluções e para o desenvolvimento da civilização moderna, da civilização da modernidade.

Quarta Parte

Visões cosmológicas, modos de regulação e potenciais revolucionários: dinâmicas políticas nas Civilizações Axiais

Capítulo XI

Potenciais revolucionários nas Civilizações Axiais

Nas secções precedentes analisámos os padrões de mudança e as dinâmicas políticas que se desenvolveram nas principais civilizações Axiais, com um olhar comparativo continuado em relação ao Japão. Examinámos, acima de tudo, até que ponto se desenvolveram nestas civilizações, em condições históricas apropriadas – i.e., no contexto do dealbar da modernidade –, alguns potenciais de transformação revolucionária, acima de tudo aqueles que viriam a resultar nas Grandes Revoluções. Quais são, pois, as condições civilizacionais conducentes ao desenvolvimento de padrões de mudança revolucionários e não-revolucionários?

A nossa investigação parte do facto, abundantemente ilustrado ao longo desta análise, de que as Grandes Revoluções se cristalizaram no contexto de algumas civilizações Axiais. Esta constatação chama a atenção para a existência de certas afinidades electivas entre algumas das características básicas do processo revolucionário, por um lado, e as premissas culturais e institucionais das civilizações Axiais, por outro.

Como vimos anteriormente, um aspecto indispensável do processo revolucionário é a possibilidade, por parte de pretensos revolucionários, de mobilizar apoios políticos em diferentes sectores sociais. Esta mobilização pressupõe a existência, em primeiro lugar, de vastos recursos materiais e políticos «flutuantes», de obrigações e lealdades, sem ligação aos «tradicionais» enquadramentos atributivos comunais ou corporativos. Em segundo lugar, pressupõe a existência de elites relativamente autónomas, entre as quais elites políticas, em competição pela mobilização desses recursos. Por outras palavras, as condições cruciais para o desenvolvimento de um potencial revolucionário, ou de padrões de mudança revolucionária, implicam o desenvolvimento simultâneo, no âmago das respectivas sociedades, de amplos «recursos flutuantes», e de múltiplas elites em competição, capazes de mobilizar esses recursos numa direcção revolucionária.

Mas esse tipo de recursos «livres» e de dirigentes surgiram, apenas, em certos enquadramentos civilizacionais e em condições estruturais muito específicas, especialmente em alguns regimes políticos e económicos, e enquadramentos ecológicos. Na verdade, essas condições podem ser detectadas no contexto de muitas civilizações Axiais[84].

Contudo, estes dois processos – a produção de recursos livres e desincorporação de orientações culturais, e a problematização crescente da percepção das dimensões da existência humana e da vida social –, geraram-se de forma diferente, ainda que estreitamente relacionada. O desenvolvimento de recursos livres relaciona-se, acima de tudo, com os níveis de desenvolvimento económico, e com processos de diferenciação estrutural, de desacoplagem dos principais aspectos da acção e organização social, tal como se desenvolveram em diferentes sectores de uma sociedade, sob o impacto de processos tecnológicos e ecológicos. O desenvolvimento de líderes autónomos ou de elites encontra-se estreitamente ligado à problematização crescente das visões cosmológicas, da ordem social, e da compreensão da existência humana, tal como são promulgadas por diferentes portadores. Ou, em termos mais gerais, estes dois processos radicam em duas dimensões fundamentais da acção social, da vida social – do que tem sido frequentemente designado por «estrutura social» e «cultura». Estas duas dimensões básicas da vida social e cultural não se desenvolvem em nenhuma situação específica, e de nenhum modo pré-determinado. Isto significa que estes processos não se determinam mutuamente segundo uma forma fixa. As diferentes concepções ou visões cosmológicas não «causam» ou geram naturalmente o desenvolvimento de processos de diferenciação estrutural «apropriados» e de distintos padrões de divisão social do trabalho, de formações económicas e políticas, nem estas últimas são

---

[84] Arnason, J.P. , S.N. Eisenstadt e B. Witrock (eds.) 2005. *Axial Civilizations and World History*. Leiden, Boston: Brill.

POTENCIAIS REVOLUCIONÁRIOS NAS CIVILIZAÇÕES AXIAIS

causa das primeiras. Cada uma destas dimensões da acção social, por um lado a orientação cultural das visões cosmológicas, e por outro a separação dos aspectos mais importantes da estrutura social, com o concomitante desenvolvimento de recursos livres, ocorre, em certa medida, de forma independente, em função da dinâmica interna de cada uma destas dimensões da acção social, embora influenciando-se continuamente uma à outra de múltiplas maneiras.

Os processos de diferenciação estrutural e de desenvolvimento de recursos livres, tal como se desenrolam nos diferentes contextos históricos, influenciam grandemente o espectro de possibilidades institucionais que se desenvolvem em diferentes situações – mas não quais as possibilidades, quais os padrões institucionais que se concretizarão, que se cristalizarão a partir das ligações entre os processos estruturais e culturais.

A ligação entre os processos «estruturais» e «culturais» é tornada efectiva através das actividades de elites distintivas, actividades estas que se orientam para cuidar, por assim dizer, dos problemas organizacionais mais importantes da divisão social do trabalho, mas para problemas que são gerados pela sua própria constituição, i.e., pela constituição da confiança, regulação de poder e atribuição de sentido na sua interacção mútua e com os sectores mais alargados das suas respectivas sociedades. É através da interpenetração dos padrões da divisão social do trabalho e das actividades destas elites que se cristalizam as diferentes formações institucionais. São as constelações concretas destas elites, e acima de tudo algumas das suas características básicas, especialmente as suas respectivas orientações culturais, as visões por elas promovidas, e as contestações entre elas, que são analiticamente distintas dos processos de diferenciação estrutural – e a interacção contínua entre estes processos estruturais e as diferentes constelações das elites – que são de crucial importância na definição dos contornos concretos das formações institucionais. Um dos aspectos mais importante destes processos é a tentativa, por parte das diferentes elites, para exercer hegemonia, i.e., para regular o fluxo de diferentes recursos, a promulgação de orientações culturais, bem como as actividades dos principais actores sociais.

De especial importância na definição destes diferentes padrões institucionais é o grau de autonomia das diferentes elites, se estão ou não incorporadas em diversas unidades atributivas, se actuam como representantes destas unidades ou contextos, bem como a relação entre as diferentes elites e os sectores mais alargados das respectivas sociedades.

Estas diferentes formações institucionais desenvolvem-se no seio de diversos contextos históricos, em diferentes panos de fundo «internos» e «internacionais». De particular importância na definição destes contextos são, primeiro, as respectivas constelações e estruturas concretas ao nível económico e político-ecológico, i.e., se são sociedades pequenas ou grandes, sociedades caracterizadas por fronteiras contínuas e compactas, ou por margens flexíveis e transversais. Em segundo lugar, temos a experiência histórica específica destas civilizações e sociedades, incluindo os encontros com outras sociedades, especialmente em termos de penetração mútua, conquista ou colonização.

Assim, os contornos concretos das sociedades, os seus centros, e as dinâmicas que neles se desenvolvem, são definidos pelas combinações da estrutura das elites e coligações predominantes, as orientações culturais que elas projectam, as relações entre as elites governantes e as elites secundárias, os modos de controlo que elas exercem, e as formações económicas e ecológicas que se desenvolvem no contexto destas sociedades – sendo isto também verificável para as constelações Axiais. A componente Axial distintiva na cristalização das respectivas formações institucionais foi, antes de mais, a emergência no seu interior de novos tipos de visão institucional, cujo núcleo institucional comum foi a abertura do espectro das opções e possibilidades institucionais, das concepções e padrões de ordem política, e das identidades colectivas. Concomitantemente, desenvolveu-se também a tendência para não se ver estas estruturas institucionais como «dados naturais» ou atribuições divinas, e a possibilidade de serem fundamentadamente contestadas. Em segundo lugar, encontramos o desenvolvimento da dissidência, da heterodoxia potencial, e das mudanças geradas pela interligação destas potencialidades com contestações de poder, de recursos e, portanto, também acerca da legitimação dos seus respectivos regimes. É especialmente importante neste contexto que tenham sido estas actividades sectárias a serem frequentemente as portadoras mais importantes das visões Axiais cosmológicas e institucionais mais amplas e universalistas. O confronto continuado entre elites hegemónicas e secundárias, entre ortodoxias e seitas ou heterodoxias foi especialmente importante para o delinear das formações institucionais concretas e para as dinâmicas das diferentes sociedades Axiais, dos seus padrões de transformação – inclusive dos potenciais revolucionários –, que se desenvolveram no seu interior. Esta reconstituição potencial contínua das diferentes combinações entre as visões cosmológicas e as dinâmicas estruturais, diferentes estruturas de poder e identidades colectivas nas civilizações Axiais[85] foi reforçada pelo facto, como

---

[85] *Idem.*

vimos acima, de que com a institucionalização das civilizações Axiais emergiu um novo tipo de história inter-societal e inter-civilizacional.

Assim, segundo Johan Arnason([86]), «a relação entre os horizontes culturais Axiais e as estruturas de poder social é profundamente ambígua. Novos e mais elaborados padrões de legitimação são contrabalançados por novas possibilidades de articulação da dissidência e do protesto efectuadas por diferentes elites e coligações, cuja composição varia de caso para caso e que agem como 'portadores' do paradigma Axial».

Contrariamente aos pressupostos das análises evolucionárias clássicas, que também influenciaram, mesmo que apenas implicitamente, as análises mais importantes das civilizações Axiais e, tal como foi indicado acima, os processos de diferenciação estrutural e separação dos aspectos fundamentais da acção social, o desenvolvimento de recursos livres e a problematização crescente das percepções das origens/dimensões da existência humana, nem sempre esses processos caminham lado a lado, de forma predeterminada. De facto, no que respeita a todas as estruturas institucionais – sejam elas formações políticas de constituição de identidade colectiva ou formações económicas – desenvolveu-se nas civilizações ou sociedades Axiais uma grande autonomia que era, até certo ponto, independente das cosmologias Axiais distintivas, embora com elas se interligasse intimamente. No máximo, desenvolveu-se uma certa afinidade no que respeita ao espectro das escolhas institucionais que foram geradas pela abertura tanto das visões cosmológicas, como dos processos de diferenciação estrutural e do concomitante desenvolvimento de recursos livres.

As lutas e contestações em torno da formação de diferentes colectividades, regimes políticos e formações económicas, constituíram um aspecto contínuo da dinâmica das civilizações Axiais, criando – por assim dizer – diferentes escolhas e padrões institucionais.

Do mesmo modo, as constelações institucionais concretas não só variavam entre as diferentes civilizações Axiais; a cristalização destas constelações constituía frequentemente um foco de contestação e de luta entre diferentes grupos e, assim, estas constituições podiam também variar grandemente entre eles, dando origem a padrões de variabilidade e mutação muito maiores do que nas sociedades não-Axiais.

([86]) Arnason, J.P., The Axial Age and its Interpretations: Reopening a Debate in Arnason, J.P., S.N. Eisenstadt e B. Witrock (eds.) 2005. *Axial Civilizations and World History,* op. cit., pp. 42-77.

A concretização de qualquer destas escolhas, que podia ser de duração extremamente longa, como no caso da China, ou muito mais curta, como noutros casos, dependia de uma variedade de forças históricas que não eram seguramente predeterminadas na sua visão cosmológica, nem no seu contexto ecológico. Uma vez concretizadas essas escolhas desenvolviam-se diferentes padrões de mudança dos sistemas políticos e, com o dealbar da modernidade, diferentes padrões de transformação revolucionária ou não-revolucionária.

Capítulo XII

Visões cosmológicas, modos de regulação, e dinâmicas políticas nas sociedades imperiais e feudo-imperiais

XLVI

Devemos salientar, antes de mais, de acordo com a análise das secções anteriores, algumas tendências institucionais gerais potencialmente inerentes aos diferentes tipos de visão cosmológica Axial, tal como eram consideradas pelas principais elites e contra-elites, as quais eram os actores mais importantes das respectivas arenas institucionais, sobretudo políticas, destas sociedades.

De particular realce foi, como vimos, a importância relativa dada por estas visões à arena política, enquanto arena de 'salvação', ou – para sermos mais exactos – de implementação das suas respectivas visões transcendentais, bem como das concepções de responsabilização dos governantes. Poderemos seguir aqui, embora com muita cautela, a distinção weberiana[87] entre orien-

---

[87] Weber, M. (1915) 1970. *Gesammelte Aufsaetze zur Religionssoziologie*. Tuebingen: Mohr; idem. (1904/05) 2004. *Die protestantische Ethik und der Geist des Kapitalismus*. Editado por Dirk Kaesler. München: Beck Verlag.

VISÕES COSMOLÓGICAS, MODOS DE REGULAÇÃO E POTENCIAIS REVOLUCIONÁRIOS

tações mundanas e transcendentais –, plenamente conscientes da natureza altamente esquemática e simplisticamente arquetípica desta distinção.

A forte ênfase na arena política, como pelo menos uma das arenas de implementação das visões transcendentais promovidas pelos seus respectivos portadores, pode ser encontrada em sociedades nas quais estas visões transcendentais implicam uma forte orientação mundana, ou uma combinação de orientações mundanas e transcendentais. Este era o caso na maioria das civilizações cristãs (particularmente nas europeias e bizantina) e islâmicas, e de um modo diferente no enquadramento jurídico de base confucionista, nas quais as visões transcendentais possuíam apenas uma importância secundária. A predominância destas orientações ligava-se habitualmente com o desenvolvimento de múltiplas elites concorrentes e potencialmente autónomas. Era a prevalência de tais orientações, veiculadas por múltiplos grupos concorrentes de portadores, que geravam as condições favoráveis ao desenvolvimento de orientações e padrões de transformação potencialmente revolucionários.

Mas a efectivação destas potencialidades de transformação radicadas na implicação institucional destas – bem como de outras visões cosmológicas «transcendentais» – encontrava-se grandemente dependente do nível de recursos livres disponíveis para serem mobilizados pelas diferentes elites, e dos modos de controlo efectuados pelas elites governantes. Do ponto de vista da nossa discussão, i.e., das hipóteses de desenvolvimento de potenciais revolucionários no seio destas sociedades, pode valer a pena distinguir, mesmo se de uma forma altamente simplificada e esquematicamente arquetípica, entre regimes imperiais e feudo-imperiais, por um lado, e regimes patrimoniais, por outro.

A completa institucionalização de regimes imperiais ou feudo-imperiais, tais como o europeu, o bizantino, o russo, o abássida e fatimida, o tardo-otomano, o chinês e o vietnamita, dependia em grande medida de um nível relativamente elevado de desenvolvimento económico, um modo relativamente diferenciado de economia política, no qual os governantes tendiam a promover políticas económicas de desenvolvimento, criando as condições para a proliferação de níveis relativamente elevados de recursos livres, e de sectores sociais relativamente abertos. Estes incluíam um campesinato livre e grupos urbanos bastante autónomos, todos eles gerando amplos espaços de recursos e actividades económicas livres, não incrustadas em contextos tribais ou patrimoniais atributivos.

Os regimes imperiais, e especialmente os feudo-imperiais, que se desenvolveram em muitas destas civilizações – particularmente nas mundanas –

caracterizavam-se pela cristalização de centros altamente distintivos, considerados como entidades simbólicas e organizacionais autónomas.

Eram também caracterizados pela interacção contínua entre centro e periferia; pelo concomitante desenvolvimento de múltiplas elites primárias e secundárias relativamente autónomas – especialmente culturais, intelectuais, religiosas e políticas – em contínua luta entre si; e pelos decorrentes desafios às tentativas das respectivas elites hegemónicas para monopolizar a produção, e acima de tudo a distribuição e o fluxo dos diversos recursos livres disponíveis na sociedade[88].

Era particularmente nos regimes imperiais ou feudo-imperiais que se desenvolveram no contexto das civilizações Axiais, em que a visão transcendental predominante era mundana, ou uma combinação de mundana e transcendental, que os recursos livres gerados no seio dos diversos sectores da sociedade podiam ser canalizados pelas diferentes elites concorrentes para as arenas políticas e/ou económicas 'mundanas'. Nos contextos históricos adequados, os da primeira modernidade, e em enquadramentos político-ecológicos relativamente flexíveis, estes recursos podiam ser dirigidos para desfechos revolucionários.

A importância crucial da combinação de um pano de fundo imperial com uma forte predisposição revolucionária, assente em termos ideológicos anti-modernos e anti-iluministas, mas orientada para o programa cultural da modernidade, é manifesta na revolução islâmica iraniana conduzida pelo Ayatollah Khomeini. A revolução islâmica iraniana, como veremos mais tarde, constitui a aproximação contemporânea maior a algumas das revoluções clássicas. Aqui, também o desencanto com um regime modernizador autocrático, as contradições internas do regime, e o ataque que lhe foi feito por uma combinação de elites religiosas, intelectuais e populares portadoras de uma visão universalista semi-utópica e fortemente missionária, foram de crucial importância no despoletar da revolução. Escusado será referir que a «cosmologia básica» desta revolução diferia radicalmente da cosmologia semi-secular do Iluminismo, embora fosse também missionário-universalista, e apesar da sua vertente islâmica.

---

[88] Eisenstadt, S.N. (1963) 1993. *The Political Systems of Empires*. New Brunswick: Transaction Publishers; idem. 1971 (ed.). *Political Sociology: A Reader*. New York/London: Basic Books Publishers. Capítulo VII, pp. 250-312.

XLVII

Mas esboçaram-se diferenças muito importantes entre as formações institucionais e as dinâmicas políticas em diferentes regimes imperiais. Mesmo quando em presença de diferentes contextos, como por exemplo no império chinês e bizantino, se desenvolveram níveis de diferenciação estrutural relativamente similares, surgiram também diferenças profundas nos contornos concretos dos seus respectivos centros e das suas dinâmicas institucionais. Estas diferenças eram influenciadas pelas formas concretas da formulação destas visões cosmológicas; pelas características das suas respectivas elites; pelos modos de controlo por elas exercido, à medida que se cristalizavam em diferentes condições geopolíticas e enquadramentos históricos.

XLVIII

A importância dos modos de regulação exercidos pelos governantes na definição destas dinâmicas pode ser verificada, antes de mais, nas diferentes dinâmicas dos regimes imperiais, por oposição aos feudo-imperiais. Os governantes dos regimes puramente imperiais tendiam a desenvolver modos de controlo altamente concentrados, minimizando o acesso de outras elites e de grupos sociais mais vastos aos centros destes regimes, enquanto nos regimes feudo-imperiais – cuja melhor ilustração foram a Europa Central e Ocidental e a Rússia kieviana inicial – se desenvolvia uma luta contínua em torno desse acesso e dos processos de troca entre os diferentes recursos[89].

A grande importância destes diferentes modos de controlo na definição da combinação dos diferentes níveis de desenvolvimento económico, e das diferentes constelações intensivas das dinâmicas políticas destes tipos de regime, pode ser vista ao compararmos as «primeiras revoluções» com as «revoluções tardias».

A distinção entre a «primeira» revolução europeia (e americana) e as posteriores – especialmente a russa e a chinesa, e até certo ponto a vietnamita – indica a importância da interligação entre as condições económicas e político-ecológicas; e as orientações culturais ou civilizacionais, e os modos de controlo exercidos pelos governantes, na definição dos processos revolu-

---

[89] Eisenstadt, *The Political Systems of Empires*. op. cit.; Eisenstadt, *Political Sociology: A Reader,* op. cit., Capítulo V, pp. 138-178.

VISÕES COSMOLÓGICAS, MODOS DE REGULAÇÃO, E DINÂMICAS POLÍTICAS...

cionários distintos que se desenvolveram nessas sociedades. É, de facto, a combinação das componentes básicas destas visões, e as premissas culturais específicas e as suas implicações institucionais com o mecanismo de controlo distintivo exercido pelos governantes, que pode até certo ponto explicar por que é que se desenvolveu tanto potencial revolucionário nos impérios russo e chinês, mas as revoluções ocorreram apenas sob o impacto muito forte de forças externas, acima de tudo a partir dos enquadramentos relativos à expansão imperialista do capitalismo.

Tanto as revoluções iniciais, como as tardias, ocorreram no seio de sociedades desenvolvidas no âmbito das civilizações Axiais, que combinavam orientações cosmológicas mundanas e transcendentais ou, como no caso chinês, orientações esmagadoramente mundanas. Mas as constelações concretas das condições nas quais se desenvolveram as revoluções tardias diferiam grandemente das primeiras revoluções, tal como diferentes foram as características dos processos revolucionários e os seus desenlaces.

A raiz da diferença reside no facto de que estas revoluções se desenvolveram a partir de sociedades puramente imperiais (ou feudo-imperiais), e em condições económicas relativamente atrasadas – de acordo com os parâmetros modernos. As primeiras revoluções, que não possuíam nenhum modelo revolucionário anterior, desenvolveram-se em regimes absolutistas ou semi--absolutistas, relativamente centralizados, oriundos de um contexto feudo--imperial com uma relativa multiplicidade de elites e sub-elites autónomas, características desses regimes.

As revoluções tardias cristalizaram-se em regimes imperiais altamente centralizados, nos quais as elites secundárias eram fortemente vigiadas e segregadas. Desenvolveram-se também em sociedades cujo nível de desenvolvimento económico era, relativamente aos seus períodos, bastante baixo, e em que os governantes tentavam compensar este facto através de uma modernização acelerada e selectiva. Desta forma, as forças sociais mais importantes neles activas, nomeadamente camponeses, trabalhadores industriais de primeira ou segunda geração, e apenas escassos elementos da classe média, diferiam grandemente das que haviam sido proeminentes nas primeiras revoluções.

Neste sentido, e apenas neste, estas revoluções podem ser intituladas revoluções «proletárias», em contraste com as primeiras revoluções burguesas. Mas, de facto, esta designação talvez seja ainda menos apropriada no caso das revoluções tardias do que no das anteriores. Nas primeiras revoluções, a cultura ou estilos de vida burgueses foram muito importantes na definição do ambiente cultural geral das sociedades pós-revolucionárias. Para mais, os interesses dos diferentes sectores da burguesia, tal como eram formulados pelos seus representantes autónomos, desempenhavam um papel central na vida política destes regimes. As revoluções tardias foram também conduzidas por grupos políticos e intelectuais muito mais bem organizados, geralmente já estabelecidos em estruturas de género partidário, com competências organizacionais e mobilizadoras altamente desenvolvidas. Eram acima de tudo as visões e ideologias dos revolucionários intelectuais que moldavam o que era apresentado por estes como o modo de vida proletário; e era a classe dirigente comunista que representava o que lhes parecia serem os interesses dos diferentes sectores do proletariado. A estes sectores não era permitida nenhuma formulação autónoma como representantes dos seus interesses.

As revoluções tardias ocorreram também, em muito maior grau do que as suas predecessoras, sob o impacto de forças internacionais políticas, económicas e ideológicas – na verdade sob o impacto da expansão dos modos imperialistas e colonialistas do moderno sistema de Estado capitalista. Estas revoluções já possuíam diversos modelos revolucionários e não tiveram que inventar nenhum novo, embora escusado será dizer que os transformaram grandemente.

As primeiras revoluções e as tardias difeririam também no que diz respeito aos conceitos de ordem social e de cidadania nelas prevalentes. As primeiras revoluções ocorreram em sociedades com fortes núcleos de concepção de cidadania, bem como de uma concepção parcial de uma visão *ex-parte* da ordem social[90].

Por oposição, as revoluções tardias tiveram lugar em sociedades nas quais as concepções de cidadania eram muito fracas, ou inteiramente ausentes, e em que prevaleciam concepções *ex-toto* da ordem social. Estas diferenças, bem como as constelações de classe destas sociedades, influenciaram, como veremos com maior detalhe adiante, a forma dos regimes pós-revolucionários que se desenvolveram nestas sociedades.

XLIX

No interior destas estruturas institucionais básicas que se desenvolveram em contextos políticos e ecológicos – quer internos, quer internacionais – específicos, as elites governantes dos países «puramente» imperiais desenvol-

---

[90] Baum, R. 1977. Authority and Identity – The Invariance Hypothesis II. *Zeitschrift fur Soziologie*. vol. 6, no. 4, pp. 349-369.

veram distintos modos de regulação, que também influenciaram os impactos institucionais das visões cosmológicas que predominavam nestas sociedades e as suas respectivas dinâmicas institucionais, incluindo as suas orientações e potencial revolucionário.

No império russo[91], o centro segregava rigorosamente o acesso ao atributo da salvação, que era fornecido a todos os grupos sociais através da mediação comparativamente fraca da igreja, do acesso ao centro político. As heterodoxias religiosas passaram a ter uma orientação transcendental dissociada da esfera política. No entanto, como no caso dos chamados «Verdadeiros Crentes», estas focavam-se até certo ponto na esfera económica. Aos estratos mais alargados, no entanto, era atribuída autonomia noutras actividades mundanas (primariamente económicas), sem que lhes fosse dada autorização para as revestir de sentidos mais latos no que diz respeito a concepções ontológicas fundamentais.

As relações entre o centro e a periferia na Rússia czarista definiam-se, prioritariamente, pela legitimação tradicional que nelas se havia desenvolvido, caracterizada pela tentativa de uma quase completa fusão entre as arenas política e religiosa; em segundo lugar, pela forte orientação coerciva do centro; e em terceiro, pelo nível relativamente baixo de desenvolvimento económico do império, particularmente após a invasão mongol.

Este modo de legitimação encontrava-se relacionado com a forte dimensão patrimonial do Estado russo, temperada pelas orientações e pretensões imperiais. Estes traços patrimoniais podiam ser observados nalgumas das componentes na concepção «paternalista» da autoridade czarista e na organização dos escalões superiores da burocracia, bem como nas relações entre o Czar e a alta aristocracia. Mas, simultaneamente, o império caracterizava-se quer por uma forte legitimação universalista, quer por amplos objectivos mobilizadores que iam muito para além da «simples» organização política patrimonial.

---

[91] Sobre o império Russo ver, entre outros: Summer, B.H. 1947. Peter the Great, *History*. vol. 32, no. 115, pp. 39-50; idem. 1949. *A Short History of Russia*. New York: Harcourt, Brace; Pipes, R. 1974. *Russia under the Old Regime*. London: Weidenfeld & Nicolson; Young, I. 1957. Russia. in J.O. Lindsay (ed.). *The New Cambridge Modern History*. Cambridge: Cambridge University Press, 7, pp. 318-388; Blum, J. 1961. *Lord and Peasant in Russia*. Princeton: Princeton University Press; Seton-Watson, H. 1967. *The Russian Empire, 1801-1917*. New York: Oxford University Press; Tushkarev, S. 1963. *The Emergence of Modern Russia, 1801-1917*. New York: Holt, Rinehart & Winston.

VISÕES COSMOLÓGICAS, MODOS DE REGULAÇÃO E POTENCIAIS REVOLUCIONÁRIOS

Este modo de legitimação, juntamente com as fortes orientações punitivas e restritivas do centro moscovita exercidas após a expulsão dos mongóis, restringia em grande medida o acesso autónomo da periferia ao centro, e a imposição daquela sobre este. Estas restrições eram manifestas no sucesso do centro em minimizar a força das componentes pluralistas da vida social, radicadas na herança feudal da Rússia kievista, e na combinação das orientações cosmológicas mundanas e transcendentais. Esta restrição manifestava-se na castração política da aristocracia, da igreja e dos elementos urbanos, e na quase completa submissão das classes mais baixas, i.e., o campesinato.

No âmbito desta variante moscovita (pós-mongol) da civilização cristã, o centro conseguiu forçar um grau relativamente elevado de subordinação da cultura à ordem política e um grau relativamente baixo de acesso dos estratos mais alargados às arenas principais da ordem social e política. A arena política era monopólio dos governantes; a esfera económica passou a ser menos importante, com as actividades económicas funcionando autonomamente desde que isso não implicasse a sua imposição sobre o centro. Este tentava da mesma forma monopolizar as actividades culturais que se lhe pudessem opor.

Uma das manifestações mais notórias destas restrições era o modo de estratificação e estruturação das hierarquias sociais que se desenvolveu na Rússia czarista. A característica mais geral deste modo de formação de estratos era a ausência, ou falta de vigor, de qualquer autonomia de estatuto e do que se pode chamar consciência social de classe. Isto era, obviamente, mais visível nas classes mais baixas – os camponeses –, a maioria dos quais se encontravam em estado de servidão, retirando assim ao império czarista uma das mais importantes bases de apoio e de recursos livres presentes noutros impérios centralizados. Mas esta fragilidade da autonomia de estatuto não se limitava aos camponeses, sendo também característica de diversos grupos urbanos. O mesmo se aplicava, embora em menor grau, à aristocracia. Esta detinha, como é óbvio, um estatuto muito mais elevado e um maior controlo sobre os recursos do que qualquer outro grupo social, constituindo-se assim como o esteio do império. Adicionalmente, mercê da sua proximidade ao centro e de alguns vestígios das suas próprias tradições semi-feudais (pré-mongóis), a aristocracia detinha ligações territoriais extensas. Ainda assim, não desenvolveu qualquer consciência autónoma alargada de estrato. Toda a autonomia que pudesse ter mantido do período pré-absolutista tinha sido destroçada pela capacidade que os czares tiveram em transformá-la numa pura aristocracia de serviço. Esta situação só se veio a alterar no final do século XVIII e no início do século XIX.

154

VISÕES COSMOLÓGICAS, MODOS DE REGULAÇÃO, E DINÂMICAS POLÍTICAS...

Embora, em princípio, da maioria dos jovens aristocratas fosse esperado que ingressassem nalguma forma de serviço estatal, esta escolha era geralmente – mesmo se muitas vezes tal não se verificasse – não sua, mas do Czar; e o facto de pertencerem a uma família aristocrática não lhes concedia automaticamente – embora seguramente facilitasse – o acesso a tais cargos. No entanto, uma vez obtido esse acesso, o estilo de vida do aristocrata ao serviço do Estado na capital diferia grandemente daquele a que estava habituado nos seus domínios locais – não apenas nos pormenores quotidianos, mas também em termos da força da prescrição simbólica e normativa da definição do estilo de vida adequado à corte. Esta prescrição de estilo de vida tendia a sublinhar uma dissociação da vida familiar a que o aristocrata estava habituado no seu local de origem.

A aristocracia e a burocracia constituíam, como é óbvio, os grupos hegemónicos mais importantes da sociedade. Os seus interesses mesclavam-se e influenciavam grandemente as políticas do centro. No entanto, mesmo estes grupos não possuíam acesso autónomo ao centro, e os seus interesses não encontravam qualquer forma de expressão política autónoma.

Por outras palavras, não se desenvolveram no império russo quaisquer sectores autónomos fortes de sociedade civil. Nas palavras de Ronald Gregor Suny[92]:

[...] a nobreza russa não era seguramente uma classe dominante no sentido de deter uma independência capaz de implementar a sua vontade e interesses directamente através do Estado. Não possuía nem autonomia face ao Estado, nem autoridade independente no seu interior. O governante e os seus servidores escolhidos não se encontravam formalmente limitados pelos direitos corporativos de qualquer estrato ou pelas suas instituições representativas, e não eram obrigados a incluir membros de qualquer grupo social na gestão do governo. As tentativas da aristocracia para limitar os poderes do Czar eram raras e as provas existentes sugerem que o grosso da nobreza preferia a continuidade da autocracia a qualquer introdução de uma oligarquia aristocrática ou de formas representativas europeias, pelo menos até à viragem para o século xx. [...] Em suma, Antonio Gramsci[93] tinha razão quando escre-

---

[92] Suny R.G. 1993. *The Revenge of the Past: Nationalism, Revolution, and the Collapse of the Soviet Union*. Stanford: Stanford University Press.

[93] Gramsci, A. 1971. *Selections from the Prison Notebooks of Antonio Gramsci*. Trad. Q. Hoare e G.N. Smith. New York; Gramsci, A. e D. Forgacs, 2000. *The Gramsci reader: selected writings, 1916-1935*. New York: International Publishers. New York University Press; Gramsci, A., D. Forgacs, et al. 1985. *Selections from cultural writings*. Cambridge, Mass: Harvard University Press.

veu que na Rússia o Estado era tudo, e que a sociedade civil era incipiente e gelatinosa.

Na China a situação era semelhante, embora com importantes diferenças. Assim, como vimos detalhadamente acima, a forte orientação mundana da visão transcendental confucionista, e o desenvolvimento das tendências utópicas e sectárias já analisadas, deram origem na civilização confucionista a um potencial muito forte para predisposições e acções revolucionárias.

Ao mesmo tempo, no entanto, uma vez que a arena política era a única implementação da visão transcendental, sem quaisquer fundações transcendentais, e as elites principais constituíam o estrato político-administrativo fundamental, o sistema imperial tinha a capacidade de conter no seu interior estas tendências proto-revolucionárias, e apenas o colapso destes sistemas sob o impacto de forças internacionais foi capaz de libertar estas potencialidades revolucionárias.

L

Assim, de todos os sistemas imperiais, foi na Rússia (e, de forma diferente, na China) que se desenvolveu um centro tradicional exclusivo e monolítico, com elos muito fracos entre elites secundárias e grupos e movimentos mais alargados. O centro russo era em princípio autónomo e distinto de outros grupos e estratos, não permitindo qualquer acesso a si próprio. Consequentemente, como vimos, a Rússia não experimentou senão uma mínima pressão institucionalizada sobre o centro e pouca participação autónoma no mesmo. As tentativas de grupos mais alargados de obterem acesso ao centro político, bem como as tentativas de formarem unidades de estatuto autónomo foram mal sucedidas. Ao mesmo tempo, o centro permeava em grande medida a periferia de forma a mobilizar recursos e a controlar as actividades gerais da sociedade.

Embora o centro não pudesse, especialmente na Rússia, dada a forte ênfase na tensão entre as ordens transcendental e mundana, eliminar, nos diferentes promotores e colectividades institucionais potenciais, certas orientações autónomas para os atributos essenciais da ordem cósmica e social, i.e., para as visões transcendentais dominantes, tentou abafar as expressões políticas autónomas destas orientações e, acima de tudo, a possibilidade da ocorrência de ligações entre diversos tipos de protesto social e entre estes e as potenciais elites institucionais. Assim, de facto durante muito tempo os centros russo e chineses viram estas suas tentativas coroadas de sucesso. Este sucesso explica que nos impérios russo, chinês (e também otomano), o potencial transformativo revolucionário das tendências de coalescência entre movimentos de rebelião, heterodoxias, a luta política central, e a construção de instituições fossem durante muito tempo minimizadas e controladas pelos seus respectivos centros. Desta forma, foram minimizados os potenciais transformativos das sociedades russa e chinesa. Estes poderiam ter sido provavelmente contidos durante períodos muito mais longos, não fora pelo impacto das forças internacionais políticas, económicas, militares e ideológicas decorrentes da expansão da modernidade.

Em contraste com estas condições presentes nos regimes imperiais puros, a razão pela qual as tendências revolucionárias potenciais, embora não necessariamente a sua emergência, se efectivou na Europa Ocidental reside na mistura especial das componentes imperiais e feudais que aí se desenvolveram e, de forma mais significativa, na multiplicidade de centros e colectividades em contínua transformação que emergiram no seio do relativamente amplo, mas flexível, enquadramento da civilização europeia, e a concomitante multiplicação de elites mais ou menos autónomas.

Significativamente, as primeiras revoluções podem ser de certa forma consideradas como a continuação dos processos de reconstrução dos centros e das fronteiras das colectividades que vinham ocorrendo na Europa desde a Idade Média, embora tenham dado origem às formas mais radicais destas reconstruções. Aqui, os regimes pós-revolucionários exibem uma descontinuidade relativamente pequena em relação aos regimes pré-revolucionários, embora a ruptura com o passado constituísse pelo menos uma importante componente das suas ideologias. As revoluções posteriores estabeleceram rupturas muito mais radicais nas suas respectivas sociedades, e caracterizaram-se por uma descontinuidade simbólica e institucional muito mais acentuada relativamente aos regimes precedentes.

Capítulo XIII

Visões cosmológicas, modos de regulação e dinâmicas políticas nos regimes patrimoniais

LI

As dinâmicas institucionais que se desenvolveram na Era Axial nas civilizações «mundanas», ou que combinavam tendências mundanas e transcendentais, em situações em que existiam níveis relativamente baixos de recursos livres, diferiam largamente daquelas presentes nos enquadramentos imperiais ou feudo-imperiais. Nestes enquadramentos, desenvolveram-se habitualmente regimes patrimoniais, embora de natureza distinta[94]. Foi este o caso daquelas sociedades, tanto no islão como na cristandade, que se desenvolveram num contexto relacionado com o processo de expansão das civilizações mundanas para regiões distantes, e em diferentes sociedades, relativamente isoladas dos principais mercados internacionais. O carácter distintivo destes regimes patrimoniais, de acordo com as suas orientações Axiais, torna-se mais evidente por comparação com outros tipos de regimes patrimoniais.

---

[94] Eisenstadt, S.N. 1973. *Traditional Patrimonialism and Modern Neopatrimonialism*. Beverly Hills / London: Sage Publications; idem. 1971 (ed.). *Political Sociology: A Reader*. New York / London: Basic Books Publishers. Capítulo V, pp. 138-178.

Os regimes patrimoniais emergiram em diferentes contextos institucionais. Desenvolveram-se em diversas civilizações pré-Axiais, tanto nas sociedades da América Central, da Ásia do Sul, ou do Médio Oriente, em muitas civilizações Axiais dominadas por orientações transcendentais, tal como no caso da Índia e outros regimes do sul da Ásia onde se fazia notar uma forte presença do hinduísmo, e – como foi já salientado anteriormente –, também em algumas civilizações Axiais mundanas dependendo da sua expansão.

Nos regimes patrimoniais, em contraste com os regimes imperial e feudo-imperial, a diferenciação entre o centro e a periferia baseava-se principalmente numa distinção de carácter ecológico do centro, numa maior concentração populacional no seu interior, e num nível muito limitado de especialização entre grupos, bem como na autonomia das comunidades urbanas.

As políticas promulgadas pelas regras dos regimes patrimoniais revestiam-se, principalmente, de um carácter expansivo, i.e., tinham em vista a expansão do controlo sobre amplos territórios, em detrimento dos seus territórios próprios (caracterizados pela exploração intensiva de recursos fixos). Estes regimes eram também principalmente redistributivos, para usar uma expressão de K. Polanyi[95], o que diminuía a existência de níveis elevados de recursos livres. Os dirigentes dos regimes patrimoniais pretendiam regular a produção e a possível distribuição de recursos livres disponíveis entre os vários grupos da sociedade, de forma a reduzir a possibilidade da sua utilização por parte de elites autónomas concorrentes.

Em muitas sociedades patrimoniais, em especial nas mais compactas, as elites centrais pretendiam controlar a posse da terra quer através da concentração da propriedade nas suas mãos, transformando grande parte das famílias camponesas numa espécie de tenentes, e/ou supervisionando e controlando a transacção das parcelas que ainda se encontravam na posse de diferentes unidades de parentesco. Na verdade, estas políticas contrastavam acentuadamente com as de muitos sistemas imperiais centralizados, que frequentemente procuravam enfraquecer a posição da aristocracia através da promoção de um campesinato relativamente livre.

Tais políticas distributivas e extractivas – com frequência ligadas a práticas rituais que tinham como objectivo a preservação da harmonia entre as ordens social e cósmica, estavam em sintonia com a «imagem» ideal do rei como o «guardião» do bem-estar do povo. Estas políticas forneciam os recur-

---

[95] Polanyi, K. 1944. *The Great Transformation*. Beacon: Beacon Press.

sos mais importantes para a manutenção do poder dos governantes no jogo político interno.

A predominância destes modos de controlo tendia a limitar o desenvolvimento de actividades diferenciadas mais especializadas. Na maior parte das capitais dos regimes patrimoniais, as actividades comerciais ou manufactureiras tinham um carácter secundário ou não existente. A maior parte das actividades económicas altamente diferenciadas que se desenvolveram nestes regimes encontravam-se confinadas a enclaves especiais, e orientavam-se mais para os mercados externos do que para o mercado interno. As extensas actividades económicas que se desenvolveram nos enclaves de muitas, mas seguramente não de todas estas sociedades, encontravam-se habitualmente limitadas a sectores específicos e segregados, não dando origem a padrões de economia política baseados numa concepção de esfera económica autónoma.

LII

Os diferentes regimes patrimoniais apresentam grandes diferenças entre si no que diz respeito aos níveis de desenvolvimento económico, ao tipo de visões cosmológicas promulgadas pelas suas respectivas elites, e ao modo de controlo por estas exercido. Especialmente interessante do ponto de vista da nossa discussão, é o facto de estes regimes diferirem também entre aqueles que se desenvolveram no âmbito das civilizações não-Axiais e Axiais, e entre diferentes civilizações Axiais, o que pode atravessar diferentes níveis de desenvolvimento económico.

Em relação à primeira distinção, muitas das estruturas institucionais concretas de poder das sociedades patrimoniais que se desenvolveram em diferentes civilizações Axiais, eram frequentemente semelhantes às das civilizações não-Axiais, tal como as do Próximo Oriente antigo, da América Central, ou mesmo as da Ásia do Sul, numa fase anterior ao seu contacto com o hinduísmo, o que atesta a «persistência» de componentes não-Axiais nas civilizações Axiais. Mas os regimes patrimoniais que se desenvolveram nas civilizações Axiais transcendentais eram muito diferentes dos regimes patrimoniais «clássicos», na medida em que entre os primeiros emergiram elites autónomas, especialmente de cariz religioso. A sua componente distintamente Axial, consistia, como vimos, na possibilidade de dissidência, no desenvolvimento de potenciais heterodoxias, endémicas nestas civilizações, e nas mudanças provocadas pela ligação destas potencialidades com a contestação do poder e dos recursos materiais e ideológicos. Neste contexto, é especialmente importante que, com frequência, tenham sido estas actividades sectárias as principais responsáveis pela difusão das mais alargadas, e frequentemente universalistas, visões cosmológicas e institucionais Axiais. Apesar de estas elites tenderem, como vimos, a não canalizar os recursos livres disponíveis para a arena política, ou mesmo os de natureza económica, tiveram um impacto de longo alcance na reconstrução das suas respectivas colectividades.

Em paralelo, detectam-se também diferenças muito importantes entre, por um lado, aquelas civilizações Axiais em que predominavam sistemas políticos mais patrimoniais e sistemas de economia política, e nas quais as suas elites dominantes promulgavam concepções cosmológicas transcendentais, e aquelas em que, por outro lado, predominavam as orientações mundanas, ou um misto de tendências mundanas e transcendentais, acima de tudo nas civilizações muçulmana e cristã. Nos regimes em que as orientações transcendentais eram predominantes, como no caso das civilizações hindus, e também em larga medida no budismo e no catolicismo posterior à Reforma, a arena política não se definia como uma das arenas de implementação da sua visão transcendental. Nestes regimes, as elites, que constituíam os veículos destas orientações transcendentais, tendiam para uma forte autonomia nas arenas cultural e religiosa, mas em muito menor grau na arena política, mas revelavam fortes tendências de incrustação nas estruturas de poder existentes, gerando assim tendências de mudança «não-revolucionárias». Nestes casos, a estrutura básica e as orientações das elites contribuíram para minimizar o desenvolvimento de movimentos sociais orientados para a reconstrução da arena política. Ao mesmo tempo, estas elites caracterizavam-se pela relativa adaptação das elites religiosas às arenas políticas patrimoniais destes regimes. Assim, como já vimos, na Índia, nas sociedades budistas, e até certa medida nas sociedades católicas pós-tridentinas, as elites não eram no seu todo autónomas na arena política, e estavam mais orientadas para a arena comunal, religiosa e cultural, e muito menos no sentido da reconstrução da arena económica e política. Significativamente, nestas sociedades, como por exemplo na Índia dos dirigentes Máuria, a tendência de muitos governantes em expandir os seus impérios foi, com frequência, canalizada por coligações destas elites culturais com alargados contextos atributivos (de parentesco ou territoriais).

A prevalência destas visões ontológicas transcendentais e soteriológicas, e a natureza específica das visões utópicas, nas quais a reconstrução fundamentada da arena política não constitui o principal foco dos movimentos de protesto, explica também por que motivo nestas sociedades hindus e budistas, assim como nas sociedades da América Latina (nas quais as orientações transcendentais do catolicismo são muito enfatizadas), não se desenvolveram actividades nem fortes predisposições revolucionárias no dealbar dos seus períodos modernos. Nestas sociedades, as ideologias radicais, potencialmente revolucionárias, que frequentemente se desenvolveram sob o impacto da expansão colonial e imperialista, estavam em geral confinadas a pequenos grupos de intelectuais segregados. Por muito popular que o ideal revolucionário possa ter sido entre os grupos de intelectuais destas sociedades, não viria a tornar-se predominante. Da mesma forma, o facto de em muitas destas sociedades a modernidade ter sido imposta por forças coloniais, pode ajudar a explicar o predomínio dos movimentos nacionais de libertação em detrimento das revoluções, que nelas se verifica. Não há dúvida de que este foi com toda a probabilidade um factor decisivo no enfraquecimento dos movimentos estritamente revolucionários, por oposição aos movimentos nacionalistas. No entanto, o caso do Vietname lança algumas dúvidas a respeito da centralidade deste factor como explicação para a inexistência de movimentos revolucionários generalizados nesse país. No Vietname, que fez inicialmente parte da civilização confucionista, a guerra de libertação nacional tornou-se muito estreitamente ligada com um movimento revolucionário, no qual, como mostrou Alex Woodside[96], os símbolos, predisposições e tradições de acção política confucionistas, constituíram um recurso cultural muito importante, no qual o grupo revolucionário se podia apoiar.

LIII

A realidade era diferente nas sociedades, como as islâmicas ou as da cristandade da Europa de Leste (ou por outra via na Etiópia), em que o desenvolvimento dos regimes patrimoniais se ficou a dever sobretudo a contingências históricas e às condições político-ecológicas, e em especial aos distintos modos de expansão destas civilizações. Nestas sociedades, a existência de fortes orientações para a reconstrução da arena política, ainda que durante muito tempo apenas latentes, pode ter dado origem a tendências proto-revolucionárias entre as elites culturais e políticas, como no caso do Islão previa-

---

[96] Woodside, A. 1976. *Community and Revolution*. Boston: Houghton Mifflin. op. cit.; idem. 1998. Territorial Order and Collective Identity Tensions in Confucian Asia: China, Vietnam, Korea. *Daedalus* 127, no. 3, pp. 191-220.

VISÕES COSMOLÓGICAS, MODOS DE REGULAÇÃO E POTENCIAIS REVOLUCIONÁRIOS

mente analisado. Tendo em atenção as premissas da tradição islâmica, desenvolveram-se em muitos regimes islâmicos, se não mesmo em todos, depois do estabelecimento dos primeiros califados durante o império Abássida, e mais tarde depois da sua dissolução, elites autónomas, com frequência enraizadas em tradições tribais. Estas elites autónomas desenvolveram, com frequência, uma forte predisposição para tendências e ideologias transformadoras e proto-revolucionárias. No entanto, raramente tiveram oportunidade de conduzir um processo revolucionário ou institucionalizar um regime revolucionário. Foi apenas no cerne do império Otomano – e mesmo então apenas de forma muito limitada – que se desenvolveu o núcleo de uma sociedade civil autónoma, e o seu concomitante potencial revolucionário.

LIV

O caso do Japão ilustra bem a importância crucial das orientações Axiais (da sua ausência) na cristalização de distintas formações e dinâmicas institucionais das sociedades modernas. Como vimos, desenvolveram-se no Japão alguns dos mais importantes aspectos do regime feudo-imperial, nomeadamente a multiplicidade de centros de poder e o desenvolvimento potencial de amplos recursos livres, bem como múltiplos tipos de líderes políticos. Foram estas condições, reforçadas pela expansão da educação, que serviram de sustentáculo à Meiji-Ishin, e que mais tarde geraram as mudanças bem-sucedidas e de longo alcance que conduziram à industrialização e modernização do Japão durante o regime Meiji. E, no entanto, ao contrário dos regimes feudo-imperiais que se desenvolveram nas civilizações Axiais, acima de tudo nos regimes absolutistas do dealbar da Europa moderna, não se desenvolveram no Japão, como vimos, grupos autónomos, religiosos ou intelectuais, responsáveis pela promulgação de uma visão utópica universalista – eis as diferenças cruciais entre a Meiji-Ishin e a Grande Revolução, que analisámos acima.

Capítulo XIV

Observações finais.
As «causas», contextos históricos
e enquadramentos civilizacionais das revoluções

LV

Concluímos assim a nossa análise das «causas», ou condições, das revoluções. A análise precedente permite-nos extrair algumas conclusões a respeito dos enquadramentos ou condições que originam a possibilidade de eclosão de revoluções. As revoluções são, por definição, concomitantes com o colapso de regimes, e são as diversas causas ou condições para esse colapso, as várias constelações de lutas inter-elite e inter-classe, o desenvolvimento de novos grupos sociais e forças económicas sem acesso ao poder, e os processos psicossociais daí decorrentes amplamente analisados na bibliografia, o enfraquecimento dos regimes por via destas lutas e através de turbulências económicas, através do impacto de forças internacionais e da contínua interacção entre estas, que constituem as condições necessárias para o desenvolvimento de revoluções e propiciam o enquadramento para o colapso dos regimes imperiais e feudo-imperiais.

Mas é apenas na medida em que estes processos têm lugar em circunstâncias históricas específicas e definidas, e no âmbito do enquadramento de premissas civilizacionais e regimes políticos específicos, bem como de tipos determinados de economia política, que estes podem desencadear processos e resultantes revolucionários. As circunstâncias históricas específicas são as da primeira modernidade – em termos tipológicos e não cronológicos – quando os regimes autocráticos modernizadores se confrontam com as contradições inerentes às suas próprias políticas de legitimação e com a emergência de novos estratos económicos e novas ideologias «modernas».

Os enquadramentos civilizacionais em causa são os das civilizações Axiais «mundanas», ou de combinação mundana e transcendental, e os regimes políticos são imperiais ou feudo-imperiais. A nossa análise indica que existe, assim, uma afinidade electiva próxima entre as civilizações Axiais mundanas (ou combinadas) e o desenvolvimento de regimes imperiais e feudo-imperiais, e que na medida em que esta afinidade se concretize no contexto histórico e político-ecológico apropriado, surgem aí as condições para o desenvolvimento revolucionário no âmbito da primeira modernidade. Concomitantemente, existe uma afinidade estreita entre as civilizações mundanas e os regimes patrimoniais, dando origem no seu interior a fortes tendências não-revolucionárias de transformação.

No entanto, os resultados concretos destes processos dependem grandemente do equilíbrio de poder entre as forças revolucionárias e contra-revolucionárias, as suas respectivas forças de coesão, particularmente do equilíbrio entre a sociedade civil e o Estado. Estes, por sua vez, são fortemente influenciados pelo equilíbrio de poderes entre as diversas forças sociais.

LVI

As Grandes Revoluções não podem ser analisadas como eventos isolados. Têm de ser estudadas no contexto dos enquadramentos civilizacionais, e dos amplos processos históricos em que ocorrem, e tidas apenas como um dos processos transformadores possíveis que podem ocorrer nas sociedades modernas.

Deste modo, a análise precedente indica claramente que o modo revolucionário de transformação social, perfeitamente simbolizado pelas Grandes Revoluções, se desenvolveu em contextos sócio-históricos muito específicos, que podem ocorrer em diferentes sociedades, e em diferentes períodos cronológicos. Foi efectivamente nestes contextos que a interligação específica entre as revoluções e a modernidade se desenvolveu.

As Grandes Revoluções constituíram o culminar e a concretização das potencialidades heterodoxas sectárias que se desenvolveram nas civilizações Axiais, particularmente naquelas em que a arena política se definia como, pelo menos, uma das arenas de implementação da sua visão transcendental. Estas revoluções constituíram a primeira, ou pelo menos a mais dramática, e possivelmente a mais bem sucedida, tentativa na história da humanidade de implementar numa escala macrossocial as visões heterodoxas com fortes componentes gnósticas, que procuravam trazer o Reino de Deus para a Terra, e que eram frequentemente promovidas por diferentes seitas heterodoxas durante a cristandade europeia medieval e da primeira modernidade. Foi nestas revoluções que estas actividades sectárias saíram dos sectores marginais ou segregados da sociedade e se interligaram não apenas com rebeliões, levantamentos populares e movimentos de protesto, mas também com a luta política ao centro, sendo transpostas para as arenas políticas gerais e seus respectivos centros. Os temas e símbolos dos protestos passaram a ser uma componente básica do simbolismo social e político dos novos regimes. É esta transposição que pode eventualmente ser designada por Segunda Era Axial, na qual um programa cultural, político e institucional distinto se cristalizou e expandiu por todo o mundo, abarcando todas as civilizações Axiais «clássicas», bem como as civilizações pré- e não-Axiais.

As Grandes Revoluções constituem um dos acontecimentos mais dramáticos, conducentes a transformações sociais e políticas que ocorreram na história da humanidade. As características únicas destas revoluções assentam no facto de estas terem congregado, através de um processo muito forte e intensivo de luta potenciado pelo impacto de forças internacionais, diversas dimensões de transformação social – mudanças de regimes, novos princípios de legitimação política, alteração da estrutura de classes, todas elas inter-relacionadas no interior de novos modos de economia política, o que habitualmente não acontece. Foi a combinação de todas estas componentes, em articulação com a promulgação de um novo programa cultural, que constituiu a característica mais distintiva destas revoluções.

Ainda assim, apesar de toda a sua dramática importância, estas revoluções não constituem certamente o único, o mais importante, ou sequer o mais abrangente tipo de transformação – tanto nos tempos pré-modernos como modernos. As revoluções – por grandes e dramáticas que tenham sido – constituem apenas um padrão muito importante de transformação social e cultural, que ocorre apenas em situações históricas muito precisas. Outras combinações de factores institucionais e estruturais, como por exemplo no Japão, na

Índia, no sul da Ásia ou na América Latina, deram origem a outros processos de mudança, e a novos regimes políticos. Estas não são apenas eventuais revoluções «falhadas» nem devem ser medidas pelo padrão das revoluções. Denotam antes diferentes padrões de mudança, de transformação «legítima» e significativa das sociedades, e devem ser analisados por direito próprio, nos seus próprios termos.

Quinta Parte

As consequências das revoluções

Capítulo XV

Consequências das revoluções. A cristalização do programa político e cultural da modernidade

Introdução

LVII

Quaisquer que sejam as condições específicas que expliquem o desenvolvimento das revoluções bem sucedidas – e, até certo ponto, mesmo das mal sucedidas – estas revoluções tiveram um impacto extremamente forte nas suas sociedades e no mundo em geral. Mas qual foi o seu impacto específico?

A resposta a esta pergunta pode parecer algo simples e directa: as revoluções ajudaram as sociedades humanas a entrar na era moderna, transformando, desta forma, o mundo. Mas esta afirmação, mesmo se verdadeira, é demasiado simplista e geral. O que é que elas transformaram e o que é que mudou por causa delas? Esta última questão é a mais difícil. O simples facto de colocarmos a questão indica que, muito provavelmente, muitas das transformações sociais habitualmente relacionadas com a modernização – o desenvolvimento do capitalismo, a ascensão das classes médias, a urbanização, a industrializa-

AS CONSEQUÊNCIAS DAS REVOLUÇÕES

ção, etc. – que surgiram juntamente com as revoluções ou na sua sequência, não foram necessariamente causadas ou geradas pelas revoluções; que teriam surgido de qualquer forma – com revoluções ou sem elas – sendo, no máximo, reforçadas até certo ponto pela revolução. Este foi parcialmente o argumento de Tocqueville em *L'ancien régime et la révolution*[97], que foi mais recentemente recuperado de um modo mais extensivo por G.R. Runciman[98]. De forma algo diferente, mas paralela, esta mesma questão foi colocada por «Z» na reformulação de uma resposta à famosa pergunta de Alex Nove[99]: «Terá sido Estaline necessário?». A resposta de «Z» foi que Estaline foi de facto necessário para a institucionalização do regime comunista, mas não para a modernização ou industrialização da Rússia.

A essência de todos estes argumentos é que a maior parte dos processos organizacionais ou institucionais de modernização, a ascensão das classes médias em França, Inglaterra e nos Estados Unidos; o desenvolvimento da moderna economia de mercado e a industrialização, ter-se-iam desenrolado rapidamente – nalguns casos até com menos sobressaltos – sem estas revoluções.

Estas afirmações são, obviamente, muito difíceis de aceitar ou rejeitar. A história não proporciona casos laboratoriais suficientes para nos fornecer uma resposta decisiva. Mas existem suficientes provas históricas nas sociedades em que todos, ou a maioria destes factores de modernização, *não* se encontram relacionados com revoluções, como no caso do Japão, para que se considere a existência de um forte elemento de verdade nestas afirmações. Existem, de facto, provas abundantes de que muitas das organizações e instituições modernas, especialmente – mas não apenas – na arena económica, se podem desenvolver em várias sociedades sem que estas tenham sido submetidas a uma experiência revolucionária. Em certa medida, o mesmo é verdade para outros aspectos organizacionais ou estruturais da modernização, especialmente no desenvolvimento de sistemas administrativos e educacionais centralizados. Estes podem desenvolver-se, e até florescer, durante longos períodos em regimes relativamente tradicionais.

---

[97] De Tocqueville, A. 1967. *L'ancient régime et la révolution*. Paris, Mayer: Gallimard.

[98] Runciman, W.G. 1989. *Unnecessary Revolution: The Case of France Confessions of a Reluctant Theorist*. Capítulo 7, New York: Harvester Wheatsheaf, pp. 148-172.

[99] Nove, A. 1991. *Feasible Socialism? The Economics of Feasible Socialism Revisited*. London: Harper Collins.

A CRISTALIZAÇÃO DO PROGRAMA POLÍTICO E CULTURAL DA MODERNIDADE

Mas as relações entre os aspectos políticos e administrativos da modernização e a revolução são muito mais complicados do que os que se verificam entre esta última e os aspectos económicos. Isto mesmo pode ser observado, antes de mais, no facto de que estes aspectos «políticos» se podem desenvolver apenas em nichos bastante específicos do sistema internacional. A própria dinâmica deste sistema no seu todo funciona contra a possibilidade de manter estes nichos durante muito tempo. Os dilemas e as contradições inerentes às autocracias modernizadoras foram já extensamente analisados, e os casos do Irão e da Etiópia são duas das suas ilustrações mais significativas.

É verdade que, como atestam os casos do Japão, Índia ou América Latina, até os Estados modernos completamente desenvolvidos não têm forçosamente de surgir a partir de revoluções. Mas o desenvolvimento de instituições políticas e administrativas modernas tem sido intimamente relacionado com a formação do Estado (nação) moderno e com as suas premissas ideológicas básicas, radicadas nas revoluções. Todos estes desenvolvimentos ocorreram já no âmbito de um novo sistema internacional político e ideológico gerado pelas, ou pelo menos relacionado com, as revoluções.

Assim, embora seja de facto possível considerar o desenvolvimento de aspectos da modernização puramente económicos ou político-administrativos sem referência directa com as revoluções, tal já não é tão fácil no que diz respeito a alguns aspectos básicos da arena política – fundados como estavam nos programas culturais básicos da modernidade.

É nas arenas político-ideológicas ou político-culturais que pode ser identificado o maior impacto das revoluções. Runciman afirma, no final do seu ensaio, que o impacto geral fundamental da Revolução Francesa se encontra na legitimação política, na cultura política. Isto é também verdade, efectivamente, no que respeita a outras revoluções. Muito embora as origens das novas ideologias políticas, o novo semi-secular «*Weltanschauung*» do Iluminismo tenha antecedido a maior parte destas revoluções (talvez com a muito parcial excepção da Guerra Civil Inglesa), foi nestas revoluções e nos regimes pós--revolucionários que as implicações políticas e institucionais dos programas culturais da modernidade se cristalizaram completamente.

Ou, por outras palavras, torna-se importante distinguir neste contexto entre, por um lado, as dimensões estruturais da modernidade, as dinâmicas da diferenciação estrutural tal como se manifestaram na urbanização, desenvolvimento da economia de mercado, e, por outro lado, as suas dimensões «culturais», o programa cultural, ideológico e político específico da modernidade.

AS CONSEQUÊNCIAS DAS REVOLUÇÕES

Embora em muitas das teorias clássicas da modernização surgidas depois da Segunda Guerra Mundial se tenha assumido frequentemente, de forma implícita ou explícita, que estas dimensões da modernização – a estrutural e a «cultural» ou ideológica – surgem sempre inter-relacionadas, importa também distinguir entre as duas como indica claramente a análise da sua diferença no que respeita à revolução. Assim, de facto, o núcleo comum destas revoluções e das suas resultantes – independentemente das suas grandes diferenças – assenta antes de mais no desenvolvimento desta dimensão de legitimação política e de cultura política, nos novos programas culturais e políticos da modernidade.

As diferenças entre os padrões de legitimação dos regimes pós-revolucionários desenvolveram-se no contexto das transformações básicas da arena política e do simbolismo relativo à institucionalização dos programas culturais da modernidade, tal como se cristalizaram no Iluminismo e nas revoluções.

O programa cultural e político das modernidades.
A perda dos padrões de certeza e as lutas em torno da sua reconstituição

LVIII

Foi de facto apenas com as revoluções, com a combinação no seu interior das mudanças de regime com a promulgação de novas visões cosmológicas, que as características ideológicas e institucionais básicas da moderna ordem política, os padrões de legitimação dos regimes políticos modernos, e as repercussões institucionais da nova ordem, se concretizaram completamente. Por outras palavras, foi especialmente depois das revoluções, e em estreita relação com estas, que a modernidade se cristalizou como uma civilização distinta, muito à semelhança das civilizações Axiais.

De acordo com esta perspectiva, o cerne desta continuação dos programas da modernidade é a cristalização e desenvolvimento de um modo, ou modos, de interpretação do mundo; ou, para seguir a terminologia de Cornelius Castoriadis[100], de um distinto «imaginário» social, na verdade, da visão

---

[100] Castoriadis, C. 1987. *The Imaginary Institution of Society*. Cambridge: Polity Press.

A CRISTALIZAÇÃO DO PROGRAMA POLÍTICO E CULTURAL DA MODERNIDADE

ontológica básica; ou, para usar a frase de Bjorn Wittrock([101]), pressupostos epistemológicos; ou, por outras palavras, um programa cultural distinto, combinado com o desenvolvimento de um conjunto ou conjuntos de novas formações institucionais, sendo o núcleo central de ambos uma inédita «abertura» e incerteza. Neste programa político e cultural da modernidade, o simbolismo revolucionário, o imaginário revolucionário, passou a ser parte do repertório cultural e político claramente visível na transformação do lugar dos símbolos de protesto no repertório básico dos símbolos políticos, na sua transformação em componente central do repertório das bases de legitimação dos regimes modernos.

Esta civilização, o programa cultural e político moderno, desenvolveu-se primeiro numa das grandes civilizações Axiais – a cristã-europeia – mesmo se algumas das suas sementes pudessem também ser encontradas noutras civilizações. Este programa radicava inicialmente nas premissas distintivas da civilização e da experiência histórica europeias, e essas marcas eram nele patentes. Simultaneamente, era apresentado e concebido como sendo universal em validade e alcance. Por detrás deste programa assomavam diferentes e poderosas, mesmo se por vezes ocultas, meta-narrativas. As mais importantes de entre elas eram – para utilizar a apropriada expressão de E. Tiryakian([102]) – a cristã, no sentido da afirmação deste mundo em termos de uma visão superior, não completamente realizável; a gnóstica, que tenta imbuir o mundo com um sentido profundo e oculto; e a ctónica, que enfatiza a completa aceitação do mundo existente e da vitalidade das suas forças. Estas diferentes meta-narrativas relacionavam-se estreitamente com as diferentes raízes históricas do programa cultural moderno, em particular com a Reforma e Contra-Reforma, com as tradições constitucionais da Europa, e com o Iluminismo. As diferentes componentes deste programa, assentes nas diferentes dimensões da experiência histórica europeia, não se anulavam ao aglomerarem-se no programa cultural e político da modernidade, uma vez que este se cristalizou sobretudo no Iluminismo e nas grandes revoluções. Na verdade, as tensões e antinomias que se desenvolveram no seio deste programa e que se articularam plenamente

---

([101]) Wittrock, B. 2000. Modernity: One, None or Many? European Origins and Modernity as a Global Condition. In S.N. Eisenstadt, (ed.). *Multiple Modernities*. New Brunswick/London: Transaction Publishers, pp. 31-61; idem. 2000. Multiple Modernities. in *idem*. pp. 1-31.

([102]) Tiryakian, E. 1996. Three Metacultures of Modernity: Christian, Gnostic, Chthonic, *Theory, Culture and Society*. vol. 13, no. 1, pp. 99-118.

nas grandes revoluções e nos regimes pós-revolucionários, relacionavam-se de perto com as tensões existentes entre estas diferentes meta-narrativas.

Esta civilização, este distinto programa cultural com as suas radicais implicações institucionais, cristalizou-se primeiro na Europa ocidental, tendo--se depois alastrado a outras partes da Europa, às Américas, e posteriormente pelo resto do mundo, dando origem a padrões culturais e institucionais em permanente mudança, que constituíam, por assim dizer, diferentes respostas aos desafios e possibilidades inerentes às características centrais das distintas premissas civilizacionais e institucionais da modernidade.

LIX

Este programa implicava desvios muito acentuados na concepção de «acção humana (*agency*)», da sua autonomia, e do seu posicionamento no fluir do tempo.

A melhor exposição das características centrais desta civilização é a que foi feita por Weber – segundo a recente formulação de James D. Faubian[103] acerca da concepção weberiana de modernidade: «Weber encontra o patamar existencial da modernidade numa certa desconstrução: à qual se refere como 'o postulado ético de que o mundo é ordenado por Deus, e como tal é um cosmos repleto de significado e eticamente orientado'».

«O que ele afirma – ou o que de qualquer forma pode ser inferido das suas afirmações – é que o limiar da modernidade tem a sua epifania precisamente ao mesmo tempo que a legitimidade do postulado de um cosmos divinamente pré-ordenado e destinado tem o seu declínio; que a modernidade emerge; que uma ou outra modernidade podem emergir apenas à medida que a legitimidade do cosmos postulado deixa de ser tida como certa e de estar para além de qualquer crítica. Os contra-modernos rejeitam essa crítica, crêem apesar dela...»

«... Podem extrair-se duas teses: o que quer que seja que elas possam também ser, as modernidades, em toda a sua variedade, constituem respostas à mesma problemática existencial. A segunda: o que quer que elas possam ser, as modernidades, em toda a sua variedade, são precisamente as respostas que deixam intacta a problemática em questão, que formulam visões da vida e da

---

[103] Faubion, J. D. 1993. *Modern Greek Lessons. A Primer in Historical Constructivism*. Princeton: Princeton University Press, pp. 113-115.

A CRISTALIZAÇÃO DO PROGRAMA POLÍTICO E CULTURAL DA MODERNIDADE

prática que não se encontram nem para lá dela nem a negam, antes existem no seu interior, manifestando-lhe até alguma deferência...».

Assim, o cerne deste programa era, primeiro, que as premissas e a legitimação da ordem social, ontológica e política não eram já tidas por garantidas; segundo, que se desenvolvia concomitantemente no seio deste programa uma intensa reflexividade em torno das premissas ontológicas de base, bem como em torno dos fundamentos da ordem social e política da autoridade social. Esta era uma reflexividade partilhada até pelos críticos mais radicais deste programa, que em princípio negavam a legitimidade destas premissas. O segundo núcleo deste programa consistia na busca da emancipação do homem das grilhetas da autoridade ou tradição «externas», e a correlativa «naturalização» do cosmos, do homem e da sociedade.

É em virtude deste facto que todas as respostas à ruptura da ordem tradicional deixam a problemática intacta. A reflexividade que se desenvolveu no programa da modernidade foi para além da que se cristalizou nas civilizações Axiais. Esta reflexividade focava-se não apenas na possibilidade de diferentes interpretações das visões transcendentais e das concepções ontológicas fundamentais prevalentes numa sociedade ou sociedades, mas passava a questionar a própria essência dessas visões e dos padrões institucionais com elas relacionados. Deu origem a uma tomada de consciência da existência de uma multiplicidade de visões e padrões, e de que tais visões e concepções podiam ser efectivamente contestadas[104].

Esta consciência relacionava-se de perto com duas componentes centrais do projecto moderno, sublinhadas nos primeiros estudos de Dan Lerner[105] sobre a modernização, e posteriormente pelos de Alex Inkeles[106]. A primeira destas componentes é o reconhecimento, por parte daqueles que se modernizam, da possibilidade – ilustrada no livro de Lerner pela famosa história acerca do merceeiro e do pastor – de exercerem uma grande variedade de papéis, para lá das funções fixas ou atributivas, e a concomitante receptividade às mensagens comunicacionais que promovem essa abertura de possibilidades e visões. A segunda, é o reconhecimento da possibilidade de pertença a comunidades mais vastas, trans-locais, e em possível mutação. Esta reflexividade

---

[104] Idem.

[105] Lerner, D. 1958. *The Passing of Traditional Society: Modernizing the Middle East*. Glencoe, Ill.: Free Press.

[106] Inkeles, A. e D.H. Smith 1974. *Becoming Modern. Individual Change in Six Developing Countries*. Cambridge, Mass.: Harvard University Press.

AS CONSEQUÊNCIAS DAS REVOLUÇÕES

implicava também uma visão do futuro na qual diversas possibilidades, passíveis de ser realizadas pela iniciativa humana autónoma, ou pela marcha da história, se encontravam abertas.

Concomitantemente, em estreita relação com esta tomada de consciência, desenvolveu-se no âmbito deste programa cultural uma ênfase na autonomia humana; na emancipação do homem ou da mulher – mas na formulação inicial deste programa, seguramente do «homem» – dos grilhões a autoridade tradicional política e cultural, e da contínua expansão do domínio da liberdade e acção pessoal e institucional. Esta autonomia implicava diversas dimensões: primeiro, exploração da natureza e das suas leis; e, segundo, a construção activa, o domínio da natureza, incluindo possivelmente a natureza humana e social. Paralelamente, este programa implicava uma forte ênfase na participação autónoma dos membros da sociedade na constituição da ordem social e política, e no acesso autónomo por todos os membros da sociedade a estas ordens e aos seus centros.

Da conjunção destas concepções surgiu a crença de que a sociedade podia ser activamente formada pela actividade humana consciente[107]. Desenvolveram-se neste programa duas visões básicas complementares, mas potencialmente contraditórias, sobre a melhor maneira de levar a cabo tal desiderato. Em primeiro lugar, o programa tal como se cristalizou principalmente nas Grandes Revoluções, deu origem, talvez pela primeira vez na história da humanidade, à convicção de que era possível estreitar a distância entre as ordens transcendental e mundana, e concretizar através da acção humana consciente na ordem mundana, na vida social, algumas das visões utópicas, escatológicas; em segundo lugar, surgia uma aceitação crescente da legitimidade dos múltiplos objectivos e interesses individuais e grupais, e de múltiplas interpretações do bem-comum.

---

[107] Cassirer, E. 1960. *The Philosophy of the Enlightenment*. Boston: Beacon Press; Gay, P. 1977. *The Enlightenment: an interpretation*. New York: W.W. Norton; Israel, J.I. 2001. *Radical enlightenment: philosophy and the making of modernity, 1650--1750*. Oxford: Oxford University Press; Salomon, A. 1963. *In praise of Enlightenment*. Cleveland: World Pub. Co; Herf, J. 1984. *Reactionary Modernism: technology, culture, and politics in Weimar and the Third Reich*. Cambridge: Cambridge University Press; Porter, R. 1990. *The Enlightenment*. London, U.K.: Macmillan.

LX

Todas estas características do programa cultural da modernidade implicavam, para usar a apropriada expressão de Claude Leforte([108]), «a perda dos marcadores de certeza» e, para ir para além de Leforte, e em linha com a análise de Weber([109]), a busca da sua restauração. Esta perda e busca manifestavam-se na constituição das principais arenas institucionais das sociedades modernas na arena política, na constituição de colectividades e de identidades colectivas, bem como nas visões da personalidade humana, do indivíduo civilizado – as quais constituíam uma parte integral do projecto moderno.

Assim, pormenorizando, o programa moderno implicava, antes de mais, uma transformação radical dos conceitos e premissas da ordem política, da constituição e definição da arena política, e das características básicas do processo político. O núcleo das novas concepções consistia na alteração da legitimação tradicional da ordem política, na concomitante abertura de diferentes possibilidades de constituição desta ordem, e na consequente contestação acerca de como a ordem política deveria ser constituída, em grande medida por actores humanos([110]). Em virtude de todas estas características, o programa político moderno combinava orientações de rebelião e de antinomismo intelectual, com fortes orientações para a formação de centros e construção de instituições, dando origem a movimentos sociais e de protesto como uma componente central e contínua do processo político. Foi no interior deste enquadramento do programa moderno que este desenvolveu no seu seio a problemática distinta das dimensões carismáticas da actividade humana, que constituiu a componente central da análise geral de Weber, e da que este empreendeu acerca das sociedades modernas, em particular.

O colapso da legitimação tradicional da ordem política relacionava-se de perto com a transformação das características básicas da arena e dos processos

---

([108]) Lefort, *Democracy and Political Theory*. op. cit.; Arnason, J.P. 1990. The Theory of Modernity and the Problematic of Democracy. *Thesis Eleven*, 26, pp. 20-46.

([109]) Weber, M. 1978. *Die Protestantische Ethik: Kritiken und Antikritiken*. Gütersloh Germany: Guetersloher Verlagshaus; Idem. 1968. *Politik als Beruf*. Berlin: Dunker and Humbolt; Idem. 1968. *On Charisma and Institution Building: Selected Papers*. Chicago: University of Chicago Press.

([110]) Eisenstadt, S.N. 1999. *Paradoxes of Democracy*. Baltimore: The Johns Hopkins University Press; Eisenstadt, S.N. 2000. *Multiple Modernities*. New Brunswick/London: Transaction Publishers; Blumenberg, H. 1987. *Die Legitimität der Neuzert*. Frankfurt, Suhrkamp.

políticos nas sociedades modernas. As mais importantes destas características eram, primeiro, o novo carácter carismático do centro, e a tentativa da periferia em participar na constituição do seu centro. Em segundo lugar, surgia uma forte ênfase na potencialidade, pelo menos, da participação activa da periferia da sociedade, de todos os seus membros, na arena política. Em terceiro, as fortes tendências dos centros em permear as periferias, e destas em imporem--se aos centros, atenuando as distinções entre centro e periferia. Em quarto, a combinação da transformação carismática do centro ou centros, com a incorporação dos temas e símbolos de protesto já mencionados acima – igualdade e liberdade, justiça e autonomia, solidariedade e identidade. Estes temas passaram a ser, sobretudo nas Grandes Revoluções, e através da sua institucionalização, componentes centrais do projecto moderno de emancipação humana.

Foi, de facto, a incorporação de tais temas de protesto nos problemas centrais das suas respectivas sociedades que anunciou a transformação radical de várias visões utópicas sectárias de visões periféricas, em componentes centrais do programa político e cultural[111]. A incorporação no programa político moderno, no imaginário moderno, destes temas de protesto no centro assinalou uma transformação radical das visões utópicas populares e/ou sectárias, de visões periféricas ou subterrâneas, em componentes centrais do programa político e cultural, passando a constituir também as bases ideológicas de legitimação dos regimes modernos, como se observa na trilogia da Revolução Francesa: *liberté*, *égalité*, *fraternité*.

A partir da combinação da transformação da incorporação de símbolos e exigências de protesto no repertório simbólico central da sociedade, do reconhecimento da legitimidade de múltiplos interesses, e de visões da ordem social, a contínua reestruturação das relações entre centro e periferia, e a reestruturação do domínio do político, passaram a ser componentes centrais do processo político e das dinâmicas das sociedades modernas. Os diversos processos de transformação e deslocação estrutural que ocorreram continuamente nas sociedades modernas em virtude do desenvolvimento do capitalismo, das mudanças económicas, urbanização, transformações dos processos comunicacionais, e de novas formações políticas, conduziram as sociedades modernas não apenas à apresentação, por diversos grupos, de diferentes queixas e exigências concretas, mas também a uma crescente procura de participação na ordem social e política alargada, nas suas arenas centrais, e na sua reconstituição.

---

[111] Eisenstadt, *Paradoxes of Democracy*. op. cit.

As exigências de participação no centro relacionavam-se com a cristalização das características fundamentais dos processos políticos modernos – que também se cristalizaram plenamente nas revoluções –, tendo como denominador comum o seu carácter aberto. Embora estas características sejam naturalmente mais visíveis em regimes abertos, democráticos ou pluralistas, são também inerentes aos regimes autocráticos e totalitários, mesmo se estes últimos tentam regulá-las e controlá-las de forma a torná-las «fechadas». O primeiro destes aspectos do processo político das sociedades modernas, comprovando esta abertura, foi a emergência de novos tipos de «classes políticas», e de novos tipos de activistas políticos, uma classe não atributiva, cujo recrutamento estava, em princípio, embora não de facto, aberto a qualquer indivíduo. O segundo, é a tentativa contínua desta «classe» ou destas «classes» e activistas mobilizarem apoio político através de contestações públicas abertas. O terceiro, é o facto de que tais tentativas de mobilização de apoios e modo de governo se relacionavam estreitamente com a promoção de diferentes políticas, e com a sua implementação. Em quarto, a fortíssima tendência – sem paralelo em nenhum outro regime, com a possível excepção parcial, e muito parcial, de algumas cidades-estado da antiguidade – para a potencial politização de muitos problemas e exigências dos vários sectores da sociedade e dos conflitos entre estes.

A procura, por parte da periferia ou periferias, pela participação nas ordens social, política e cultural, interligada como estava com a incorporação pelo centro dos temas de protesto, e com a concomitante possibilidade de transformação deste último, era sem dúvida conduzida frequentemente pelas várias tentativas de reconstituir os marcadores de certeza da arena política, com base em visões utópicas. Estas visões eram avançadas por diversos activistas sociais, sobretudo pelos movimentos sociais mais importantes, que se desenvolveram enquanto componente inerente ao processo político moderno.

Era em relação estreita com estas tendências que se desenvolviam, nas sociedades modernas, lutas contínuas em torno da redefinição do domínio do político, promovidas sobretudo por diferentes movimentos sociais. Ao contrário da maioria dos regimes políticos na história da humanidade, a delimitação das fronteiras do político constituía, em si mesma, um dos maiores focos de contestação e luta política aberta nas sociedades modernas, e era esta mesma contestação que constituía uma das mais importantes manifestações da perda dos marcadores da certeza e da procura da sua restauração.

LXI

As mesmas dinâmicas de base surgiram também em relação ao modo distintivo de constituição das fronteiras das colectividades e das identidades colectivas que se desenvolveram nas sociedades modernas. Destas, a mais distinta característica, muito em linha com as características nucleares gerais da modernidade, era a de que esta constituição era constantemente problematizada. As identidades colectivas não eram já tidas como pré-ordenadas por qualquer visão e autoridade transcendentais, ou por costumes perenes. Constituíam focos de contestação e luta, muitas vezes assentes em termos fortemente ideológicos. Estas contestações e lutas centravam-se nas características básicas da constituição de colectividades modernas, as mais importantes das quais eram, primeiro, o desenvolvimento de novas definições concretas das componentes fundamentais das identidades colectivas – a civil, primordial, e as «sagradas» transcendentais e universalistas, e das formas como eram institucionalizadas. Em segundo lugar, desenvolveu-se uma forte tendência para absolutizar estas componentes em termos ideológicos. Em terceiro lugar, a construção das fronteiras políticas, e das fronteiras das colectividades nacionais, culturais ou «étnicas» passaram a estar fortemente inter-relacionadas. Em quarto lugar, as fronteiras territoriais destas colectividades eram enfatizadas, dando origem a uma tensão contínua entre as suas componentes territoriais e/ou particularistas e aquelas mais latas, potencialmente universalistas. Uma componente central na constituição das identidades colectivas modernas foi a auto-percepção de uma sociedade, e a sua percepção por outras sociedades como «moderna», como portadora de um programa cultural e político distintamente moderno, e as suas relações a partir deste ponto de vista com outras sociedades, fossem elas sociedades que se consideravam, ou assim eram consideradas, como portadoras deste programa, ou «outras».

Uma das características mais distintas da cena moderna era, de facto, que a constituição de fronteiras e as consciências colectivas podiam também passar a ser um foco de distintos movimentos sociais de cariz nacional ou nacionalista. Apesar de em muitas sociedades modernas, como por exemplo na Inglaterra, França ou Suécia, a cristalização de novas colectividades e identidades nacionais, de diferentes tipos de Estados-nação, ter ocorrido sem que os movimentos nacionais tenham desempenhado um papel importante, esses movimentos existiam potencialmente em todas as sociedades modernas. Em algumas sociedades – na Europa Central e de Leste, em sociedades asiáticas e africanas e, em certa medida, nas sociedades latino-america-

A CRISTALIZAÇÃO DO PROGRAMA POLÍTICO E CULTURAL DA MODERNIDADE

nas – eles desempenharam um papel crucial no desenvolvimento dos novos Estados-nação.

A cristalização destes modos diferentes de arena institucional, de ordem política, e de identidade e personalidade colectivas, constituía, nas sociedades modernas, um contínuo foco de contestação e de lutas, centradas em torno das contradições e tensões inerentes ao programa cultural da modernidade, representado por muitos intelectuais e activistas políticos e, em particular, pelos movimentos sociais mais relevantes. A combinação e inter-relacionamento destas lutas passou a ser uma das marcas distintivas da dinâmica das sociedades modernas.

Desenvolveram-se tendências paralelas no seio do programa moderno, primeiro no que diz respeito à formação da personalidade humana, da pessoa civilizada, destacando a autonomia do homem e a importância do eu, da sua autonomia e auto-regulação. Em segundo lugar, desenvolveram-se tendências paralelas no que concerne às definições simbólicas, assentes com frequência em termos fortemente ideológicos, das relações entre as diversas áreas da vida, tais como a família e a actividade, o trabalho e a cultura; entre os domínios público e privado; entre os diferentes espaços de vida; entre diferentes âmbitos etários; entre os sexos; entre diferentes classes sociais e diferentes espaços de vida social e cultural, juntamente com o desenvolvimento de elos simbólicos institucionais e organizacionais específicos entre elas, bem como visões específicas da história e da visão «civilizadora». Estas visões do indivíduo civilizado, e das estruturas dos espaços de vida, que eram promulgadas através da construção de narrativas históricas específicas, de literatura na qual as visões da colectividade ideal, do «homem civilizado», eram continuamente representadas e institucionalizadas através dos principais agentes de socialização e comunicação como as escolas, os exércitos e as actividades colectivas como cerimónias e festividades públicas.

As antinomias e tensões
no programa cultural e político da modernidade

LXII

Estas contestações em torno de diferentes programas políticos, da constituição de colectividades, dos conceitos de indivíduo civilizado, que constituíam parte da busca perene pela restauração de marcadores de certeza nas

AS CONSEQUÊNCIAS DAS REVOLUÇÕES

sociedades modernas, encontravam-se em grande medida inter-relacionados com as antinomias e contradições internas inerentes ao programa moderno. Relacionavam-se com as várias meta-narrativas da modernidade, de acordo com a apropriada expressão de Ed Tiryakian[112], a cristã, a gnóstica e a ctónica, as quais se congregam nas grandes revoluções e na sua institucionalização, dando origem a um contínuo discurso crítico e a contestações políticas, que se centravam nas relações, tensões e contradições entre as diversas premissas do programa cultural moderno, e entre estas premissas e os desenvolvimentos institucionais das sociedades modernas radicadas neste programa, e nas quais o imaginário revolucionário se constituía como componente contínua. Mas esta busca não se podia cumprir inteiramente, não só por causa das características internas do programa cultural da modernidade, da contínua confrontação deste programa com a realidade institucional em constante desenvolvimento, mas também porque os contornos concretos dos diferentes padrões culturais e institucionais contínuos da modernidade, tal como se cristalizaram nas diferentes sociedades, se encontravam, como analisaremos em maior detalhe mais tarde, em perpétua alteração.

A importância destas tensões foi devidamente reconhecida na literatura clássica da sociologia – Tocqueville[113], Marx[114], Durkheim[115], e sobretudo Weber[116] –, sendo posteriormente recuperada nos anos 30 do século xx, sobretudo pela escola de Frankfurt[117], na chamada sociologia «crítica», que se focou, no entanto, sobretudo nos problemas do fascismo, perdendo importância nos estudos sobre modernização do pós-guerra. Recentemente, a sua importância voltou a ser considerada, constituindo uma componente permanente das análises da modernidade.

---

[112] Tiryakian, E. 1996. Three Metacultures of Modernity: Christian, Gnostic, Chthonic, *Theory, Culture and Society*. vol. 13, no. 1, pp. 99-118.

[113] De Tocqueville, A. 1945. *Democracy in America*. New York: Vintage.

[114] Kamenka, E. 1983. ed., *The Portable Karl Marx*. New York, Viking Press.

[115] Durkheim, E. 1973. *On Morality and Society. Selected Writings,* Chicago, The University of Chicago Press.

[116] Weber, M. [1904-05] 2004. *Die Protestantische Ethik und der Geist des Kapitalismus*; 1968. *Politik als Beruf*; 1968. *On Charisma and Institution building: Selected papers edited and with an introduction by S.N. Eisenstadt*, Chicago: University of Chicago Press, 1968. op. cit.

[117] Jay, M. 1996. *The Dialectical Imagination: A History of the Frankfurt School and the Institute of Social Research*. Berkeley: University of California Press.

A CRISTALIZAÇÃO DO PROGRAMA POLÍTICO E CULTURAL DA MODERNIDADE

As antinomias básicas da modernidade constituíram uma transformação radical em relação às que eram inerentes às civilizações Axiais, nomeadamente, primeiro, às que diziam respeito à consciência do grande espectro de possibilidades de visão transcendental e da grande variabilidade das suas possibilidades de implementação; em segundo lugar, à tensão entre razão ou revelação ou fé (ou dos seus equivalentes nas civilizações Axiais não monoteístas); e, em terceiro lugar, as que se situavam em torno da problemática da conveniência da completa institucionalização destas visões na sua forma original.

A transformação destas antinomias e tensões no programa cultural da modernidade, que se congregou no discurso revolucionário, focou-se, em primeiro lugar, na avaliação das dimensões fundamentais da experiência humana, especialmente no lugar da razão na construção da natureza, da sociedade e história humanas; e no concomitante problema das bases da verdadeira moral e autonomia; em segundo lugar, na tensão entre reflexividade e construção activa da natureza e sociedade; em terceiro lugar, entre as abordagens totalizantes e pluralistas à vida humana e à constituição da sociedade; e, em quarto lugar, entre controlo e autonomia, ou disciplina e liberdade.

A primeira grande tensão que se desenvolveu no seio do programa cultural da modernidade foi a que dizia respeito à primazia ou importância relativa das diferentes dimensões da existência humana. Esta tensão, focada na avaliação da importância relativa, de facto, na predominância da razão em oposição às dimensão emocional e estética da existência humana, por vezes feita equivaler, sobretudo pela literatura romântica, a diversas forças vitais tidas como símbolos máximos da autonomia da vontade humana, bem como às chamadas componentes primordiais da constituição das identidades colectivas. Esta tensão encontrava por vezes a sua expressão no confronto entre a autenticidade colectiva e as premissas e exigências universalistas da «razão fria». Esta ênfase na dimensão emocional ou «expressivista» da experiência humana, que encontrava a sua corporização na autenticidade da comunidade, embora orientada contra a percepção universalizante da razão iluminista, partilhava com esta uma forte ênfase na autonomia da vontade e actividade humanas inerentes ao programa cultural da modernidade. Relacionavam-se com estas, as tensões entre as diferentes concepções das bases da moralidade humana, especialmente se esta moralidade se podia basear ou fundar em princípios universais racionais, na razão instrumental, ou em múltiplas racionalidades; e/ou em múltiplas experiências e tradições concretas das diferentes comunidades humanas.

185

AS CONSEQUÊNCIAS DAS REVOLUÇÕES

A segunda tensão que se desenvolveu no interior do programa cultural da modernidade ocorria entre as diferentes concepções de autonomia humana, e a sua relação com a constituição do homem, da sociedade e da natureza. De especial importância neste contexto era a tensão entre, por um lado, a reflexividade e a exploração crítica da natureza, do homem e da sociedade e, por outro, uma forte ênfase no domínio, e mesmo na construção, da natureza e da sociedade. Esta ênfase no domínio da natureza e na construção activa da sociedade podia relacionar-se de perto com a tendência, inerente às concepções instrumentais cognitivas da natureza, para enfatizar uma dicotomia radical entre sujeito e objecto, e entre homem e natureza, reforçando uma crítica radical que implicava necessariamente uma alienação do homem relativamente à natureza e à sociedade, defendida pelo programa cultural da modernidade.

Estreitamente relacionada com esta questão estava a tensão entre, por um lado, a ênfase na autonomia humana, na autonomia da pessoa humana, e por outro lado as fortes dimensões de controlo restritivo analisadas, entre outros – mesmo se de uma forma exagerada e a partir de diferentes, mas complementares, pontos de vista – por Norbert Elias[118] e Michel Foucault[119], dimensões essas que radicavam na institucionalização deste programa de acordo com concepções visionárias tecnocráticas e/ou morais ou, por outras palavras, seguindo a formulação de Peter Wagner, entre a liberdade e o controlo[120].

A tensão que assumia talvez dimensões mais críticas, tanto em termos ideológicos como políticos, era a que surgia entre visões totalizantes e pluralistas, entre o ponto de vista que aceita a existência de diferentes valores e racionalidades, por oposição àquele que funde todos esses diferentes valores, e sobretudo racionalidades, de um modo totalizante. Esta tensão desenvolveu-se sobretudo em relação à própria concepção de razão, e ao seu lugar na constituição da sociedade humana – um ponto central da análise de Weber. Era

---

[118] Elias, N. 1983. *The Court Society*. Oxford: Blackwell; Idem. 1978-1982. *The Civilizing Process*. New York: Urizen Books.

[119] Foucault, M. 1973. *The Birth of the Clinic: An Archaeology of Medical Perception*. New York: Vintage Books; Idem. 1988. *Technologies of the Self: A Seminar with Michel Foucault*. Amherst: University of Massachussetts Press; Idem. 1975. *Surveiller et Punir: Naissance de la Prison*. Paris: Gallimard; Idem. 1965. *Madness and Civilization: A History of Insanity in the Age of Reason*. New York: Pantheon Books.

[120] Wagner, P. 1994. *A Sociology of Modernity. Liberty and Discipline*. London: Routledge.

A CRISTALIZAÇÃO DO PROGRAMA POLÍTICO E CULTURAL DA MODERNIDADE

patente, por exemplo, como demonstrou Stephen Toulmin([121]), mesmo se de uma forma algo exagerada, na diferença entre as concepções mais pluralistas de Montaigne ou Erasmo, que implicavam também o reconhecimento e legitimação de outras características culturais da experiência humana, em oposição à visão totalizante da razão defendida por Descartes. De entre as mais importantes destas conjunções de diferentes racionalidades encontra-se a versão da soberania da razão, por vezes apontada como a mensagem fundamental do Iluminismo, que fazia incorporar a racionalidade-valor (*Wertrationalität*) ou racionalidade substantiva na racionalidade instrumental (*Zweckrationalität*) no seu modo tecnocrático, ou sob uma visão utópica moral totalizante. Em alguns casos, como por exemplo na ideologia comunista, podem desenvolver-se combinações das visões tecnocráticas e moralistas utópicas sob uma mesma alçada totalizante. A tensão concomitante entre a totalização e absolutização, e as tendências mais pluralistas, desenvolveu-se igualmente em relação a outras dimensões da experiência humana, nomeadamente as dimensões emocionais.

Era efectivamente esta tensão entre a perspectiva que aceita a existência de diferentes valores, compromissos e racionalidades; de práticas e visões pluralistas e multifacetadas, e a perspectiva que congrega esses diferentes valores e racionalidades em formas totalizantes com fortes tendências para a sua absolutização, que assumia, especialmente quando combinada com outras tensões, dimensões mais críticas do ponto de vista do desenvolvimento dos diferentes padrões culturais e institucionais da modernidade, e das potencialidades destrutivas daí decorrentes.

Todas estas tensões, especialmente a que ocorria entre as concepções totalizantes e mais pluralistas da constituição da sociedade humana, da história e da natureza, e do lugar da acção humana (*agency*) nestas construções; entre um qualquer tipo de «logocentrismo» abarcante, normalmente uma «grande narrativa», e uma concepção mais pluralista do sentido da vida, da boa sociedade, e da construção do social; entre ênfases em diferentes dimensões da existência humana; entre controlo e autonomia, que existiram desde o primeiro momento da promulgação do programa cultural da modernidade; e entre as componentes universalistas do programa cultural da modernidade e as tradições das respectivas sociedades nas quais aquele se institucionalizou, constituíam uma componente perene das transformações contínuas no desenvolvimento deste programa ao longo da história moderna.

([121]) Toulmin, S. 1990. *Cosmopolis*. New York: Free Press.

AS CONSEQUÊNCIAS DAS REVOLUÇÕES

Em todas as arenas institucionais e de criatividade cultural se desenvolveram tensões entre a ênfase na disciplina, condução e regulação do indivíduo e dos sectores da sociedade em oposição à autonomia e auto-expressão; entre fortes ênfases, por um lado, em concepções do homem claramente estruturadas, e por vezes totalizantes, e fronteiras bem definidas entre as diferentes esferas da vida e, por outro lado, visões mais multifacetadas e abertas.

Estas tensões inerentes ao programa cultural da modernidade eram reforçadas pelas que resultavam da sua institucionalização. Foi por relação a estes processos de institucionalização que se desenvolveram os temas analisados por Weber([122]), considerados habitualmente como o cerne da sua abordagem à modernidade. Estes eram, a ênfase nos processos de desencantamento radicados no nivelamento decorrente da burocratização institucional e racional do desenvolvimento do mundo moderno, da dimensão criativa inerente às visões da modernidade defendidas pelo Renascimento, pela Reforma, pelo Iluminismo, e plenamente cristalizadas nas grandes revoluções, que conduziram à cristalização da modernidade; na contradição entre uma mundivisão, através da qual o mundo moderno adquire significado, e a fragmentação desse significado, resultante do crescente desenvolvimento autónomo de diferentes arenas – económicas, políticas ou «culturais» – institucionais, originando o advento da vida na «jaula de ferro» e os concomitantes processos de desencantamento (*Entzauberung*).

Nas visões originais e no imaginário da revolução todas estas tensões e contradições eram aparentemente ultrapassadas, para se tornarem, é claro, visíveis no próprio processo revolucionário e, sobretudo, na institucionalização das revoluções e na cristalização dos regimes pós-revolucionários. Mas, justamente por causa disto, essas visões originais e a sua completa realização nas revoluções continuaram a constituir uma componente contínua dos símbolos e discurso político modernos, bem como dos movimentos políticos.

A crença de que a actividade revolucionária ultrapassaria as antinomias inerentes ao programa da modernidade interligava-se estreitamente com a busca da renovação total, da destruição completa do antigo, e da constituição de uma nova ordem, de uma total transformação do homem e da sociedade. Esta busca articulava-se, naturalmente, com a da ultrapassagem da perda dos

---

([122]) Mitzman, A. 1969. *The Iron Cage: A Historical Interpretation of Max Weber.* New York: Grosset & Dunlap; Bendix, R. e G. Roth, 1971. *Scholarship and Partisanship: Essays on Max Weber.* Berkeley, Los Angeles, London» University of California Press.

marcadores de certeza, com vista ao estabelecimento de uma nova certeza total e absolutista.

Todos estes desenvolvimentos sublinham a contínua perda de marcadores de certeza, a tentativa de os recuperar, as tensões no interior do programa cultural da modernidade, e a inerente fragilidade da ordem moderna, das sociedades modernas, bem como, talvez de forma menos explícita, a sua transformação e variabilidade. Estas tensões, e as tentativas permanentes de as ultrapassar, de inserir, por assim dizer, novos marcadores de certeza na ordem moderna, verificaram-se em todas as sociedades modernas.

A perda de marcadores de certeza e a busca da sua reconstituição, imbuída de uma forte orientação inerente ao imaginário revolucionário, da implementação de visões de transporte do reino de Deus – qualquer que fosse a sua definição nas arenas mundanas – para o reino dos homens, e a sua total renovação, constituíam uma componente permanente do programa cultural e político da modernidade. Esta demanda também orientou diversas tentativas de constituição das ordens institucionais mais importantes da modernidade – a política e a económica; a da constituição de identidades colectivas e da formação do período «civilizado».

A busca de tal certeza implicava, frequentemente, a reconstituição da ligação ao sagrado, à dimensão carismática da experiência humana – que se encontra amiúde em situações liminares. Esta certeza não podia ser obtida em qualquer realidade moderna, e a sua busca passou a ser uma componente contínua da cena moderna. Podia também interligar-se proximamente com as tendências mais destrutivas inerentes ao programa moderno – com a santificação da violência – por vezes promulgada nas ideologias revolucionárias, e manifesta nas suas actividades.

Para além do seu núcleo comum, no entanto, estas desenvolveram-se de formas diferentes, em diferentes sociedades. Uma das mais importantes manifestações desta tensão é a que ocorre entre a constituição das colectividades nacionais e os modernos regimes revolucionários, os dois mais importantes resultados institucionais dos programas culturais e políticos da modernidade.

Revoluções falhadas.
Tensões entre nacionalismo e movimentos revolucionários

LXIII

Todas estas tensões se desenvolveram nas sociedades modernas para além do seu núcleo comum. No entanto, desenvolveram-se em diferentes sociedades modernas. Uma das mais importantes manifestações desta tensão é a que ocorre entre as constituições das colectividades nacionais e os regimes revolucionários modernos, os dois mais importantes derivados institucionais dos programas culturais e políticos da modernidade.

Neste contexto é importante determo-nos nas chamadas «revoluções falhadas». Por muito correcta que a nossa análise acerca das condições das revoluções possa ser, ela falha pelo menos sob um ponto de vista, ou seja, tem lidado apenas com as revoluções que tiveram sucesso – i.e., com os casos em que um regime revolucionário relativamente estável se institucionalizou. Em boa verdade, alguns destes regimes institucionalizaram-se apenas após um período de tempo relativamente longo, e acabaram, como no caso inglês ou francês, depostos por uma restauração. Mas em todos estes casos, esses regimes «restauradores» ou incorporaram muitos dos símbolos e inovações institucionais das revoluções, e/ou foram, por sua vez, – como em França – depostos mais tarde por regimes que tentavam, por assim dizer, executar *algumas* das componentes importantes da visão revolucionária.

Mas nem todas as tentativas revolucionárias que se desenvolveram em condições similares às das revoluções bem sucedidas vingaram. A Espanha, a Itália e a Alemanha constituem provavelmente as ilustrações mais importantes destas revoluções falhadas, seguidas pelas da Europa centro-oriental em 1848.

Alguns destes «falhanços» podem efectivamente ser atribuídos a uma diferente constelação de «causas» da revolução, especialmente ao facto de no seio do «antigo regime» de Espanha, Itália e dos países da Europa Oriental predominarem muitas componentes patrimoniais, originando níveis relativamente baixos de recursos livres e elites autónomas fracas.

Mas esta não é a história toda, e não se aplica seguramente ao caso alemão. Pelo menos dois conjuntos de factores adicionais devem ser tomados em consideração quando discutimos as revoluções «falhadas». O primeiro, é o simples facto de que qualquer revolução emerge de uma guerra civil com muitos contestantes e participantes, e que o seu sucesso depende quer do com-

A CRISTALIZAÇÃO DO PROGRAMA POLÍTICO E CULTURAL DA MODERNIDADE

portamento coerente e eficiente dos diversos grupos revolucionários, como da relativa fragilidade dos governantes, da sua falta de coragem ou vontade. Nem sempre estas condições se verificam simultaneamente numa situação revolucionária. Em alguns casos, as tentativas revolucionárias fracassam. Foi o caso da Europa Central e de Leste em 1848, em que os governantes autocráticos demonstraram uma assinalável força de vontade, que foi reforçada por circunstâncias internacionais, por uma espécie de «internacional autocrata».

O fracasso foi reforçado por divisões nas pretensas forças revolucionárias, sobretudo, como no caso da Alemanha, entre a burguesia ascendente e as classes baixas – a primeira temendo as segundas, com base na experiência da Revolução Francesa – bem como entre sectores da *intelligentsia*, ou das elites culturais, portadores de diferentes visões, especialmente entre «liberais» e constitucionalistas, diferentes grupos de «patriotas» e nacionalistas, e socialistas incipientes.

Ou, por outras palavras, em todos estes países – Espanha, Itália e Alemanha –, as diferentes coligações que se formaram durante os processos revolucionários não conseguiram promover um resultado revolucionário. O velho «regime» conseguia encontrar um número suficiente de aliados fortes entre a aristocracia e os grupos profissionais para contrabalançar a força dos revolucionários, dando origem a diferentes tipos de regimes reaccionários modernos.

Mas aqui temos de levar em conta outro factor, a ausência de um Estado alemão (ou italiano) unificado, e o desenvolvimento de aspirações muito fortes com vista à criação de tais Estados; e os concomitantes desenvolvimentos de movimentos nacionais entre muitos sectores da sociedade alemã e italiana com o objectivo de fundar esses Estados.

Surge aqui um facto algo paradoxal, mas muito importante. Os programas políticos modernos implicavam a constituição tanto de «novas» constituições medievais modernas, como de «modernos» regimes revolucionários e pós-revolucionários. As revoluções bem sucedidas, que, correndo o risco de nos repetirmos, proclamavam visões missionárias universalistas, mesmo revestidas de tons fortemente patrióticos, quase sem componentes primordiais, desenvolveram-se no âmbito de regimes políticos relativamente estáveis e contínuos, e de comunidades civis com fronteiras e identidades colectivas também relativamente estáveis. As grandes revoluções não tinham como objectivo a construção ou criação de novas comunidades políticas ou nacionais. Estas revoluções tomaram a existência destas comunidades como um facto, e focaram a sua atenção na sua reconstrução. A revolução americana aparentemente não se enquadra neste caso, mas tal é apenas aparente.

191

AS CONSEQUÊNCIAS DAS REVOLUÇÕES

Tal não era o caso na Alemanha, Itália, ou em muitas das nações do Leste da Europa que viviam dentro dos confins dos impérios austro-húngaro, russo e mesmo otomano. Em todos estes casos, essas entidades nacionais tinham de ser construídas, e a sua construção concorria com a agenda revolucionária. Os movimentos nacionais podiam facilmente desviar muitos recursos daqueles que eram potencialmente revolucionários. Sobretudo a sua agenda podia ser usurpada – como sucedeu na Alemanha e, em menor grau, em Itália – por diversas forças conservadoras, aliados próximos do antigo regime. Estas forças, e o novo tipo de liderança política que nelas surgiu, da qual Bismarck e, em menor grau, Cavour são os exemplos mais importantes, iriam criar um novo Estado, uma nova comunidade nacional, na qual muitas das aspirações revolucionárias seriam possivelmente incorporadas, mas em termos estabelecidos pelas diversas forças conservadoras.

A análise precedente indica que a tensão entre a constituição das colectividades modernas e os regimes políticos revolucionários «emancipadores» não é algo «externo» ou acidental relativamente ao programa moderno. Esta tensão é inerente à própria constituição dos programas culturais e políticos da modernidade.

Como vimos, uma das componentes centrais deste programa era a tentativa de estabelecer – ou restabelecer – uma ordem institucional que simboliza a implementação da visão de trazer o reino de Deus, definido em termos religiosos ou seculares, até ao reino dos homens. As orientações desta visão constituem uma componente central na constituição das identidades colectivas e dos regimes políticos – frequentemente promovidos pelos seus respectivos portadores. Na medida em que estas orientações se incorporavam nas colectividades pré-revolucionárias, elas podiam ser transpostas de modo relativamente fácil para as colectividades modernas emergentes – que podiam então, também, constituir estruturas convenientes para as tentativas de implementação da visão revolucionária.

Nos casos em que estas contínuas colectividades pré-revolucionárias não se cristalizaram antes da era moderna, a própria constituição destas colectividades poderia transformar-se no foco da implementação dessas visões através de tentativas revolucionárias, concorrendo, como o faziam, com os movimentos políticos, originando frequentemente lutas e contestações contínuas entre eles, como foi o caso na Alemanha, em particular, mas também em menor grau em Itália e em Espanha.

A combinação de diferentes constelações de forças revolucionárias e contra-revolucionárias e de experiências históricas, especialmente diferentes

192

A CRISTALIZAÇÃO DO PROGRAMA POLÍTICO E CULTURAL DA MODERNIDADE

circunstâncias internacionais, também influenciaram grandemente a duração do processo revolucionário, um processo que em França, por exemplo, só terminou em 1870, e na China em 1948. As formas pelas quais as tensões entre as constituições das colectividades culturais, políticas e, sobretudo, nacionais se cristalizaram nos diferentes regimes pós-revolucionários constituiu um dos aspectos mais importantes das diversas ordens institucionais modernas. Não existe uma lei ou padrão únicos para esses processos de institucionalização. As combinações de forças que se formam caso a caso determinam esse processo, mas alguns padrões aproximativos talvez possam ser identificados.

Múltiplas modernidades

LXIV

As ordens institucionais modernas que se desenvolveram na sequência da institucionalização dos programas culturais e políticos da modernidade não passaram por um processo uniforme em todo o mundo, ao contrário do que defendem as teorias clássicas da modernização dos anos 50 do século xx, e mesmo as teorias defendidas pelos clássicos da sociologia como Spencer, até certo ponto Durkheim, e que estão também muito presentes na obra de Weber. Ao invés, desenvolveram-se em múltiplos padrões, em padrões de múltiplas modernidades em contínua mudança. Este fenómeno foi já observado e mencionado acima, em relação à dimensão central do programa político da modernidade, nomeadamente a respeito do protesto e do imaginário revolucionários. Os discursos de justiça e a possibilidade de mudança de regime diferiram entre as várias sociedades modernas, em função dos seus diferentes contextos culturais. A velha questão de Sombart sobre «por que não existe socialismo nos Estados Unidos?»([123]), formulada logo na primeira década do século xx, corresponde provavelmente ao primeiro reconhecimento da variabilidade, nas diversas sociedades modernas, dos característicos movimentos de protesto. Esta variabilidade torna-se ainda mais visível quando consideramos os casos do Japão, China, Índia, ou das sociedades muçulmanas. Em todas estas sociedades se desenvolveram temas ideológicos modernos e movimentos de

---

([123]) Sombart, W. 1976. *Why is there no Socialism in the United States?* New York: M. E. Sharpe.

AS CONSEQUÊNCIAS DAS REVOLUÇÕES

protesto, os quais embora partilhassem, em grande medida, o imaginário revolucionário, e incorporassem muitos dos seus símbolos, apresentavam, ainda assim, orientações substancialmente distintas das «originais» europeias, e também entre si. Tudo isto comprova a heterogeneidade do projecto moderno, ou, por outras palavras, o contínuo desenvolvimento de múltiplas modernidades em mudança.

Para a análise das múltiplas modernidades em mudança contínua, é especialmente importante que estes distintivos padrões de modernidade que frequentemente diferem de forma radical dos padrões europeus «originais», se tenham cristalizado não apenas em sociedades não-Ocidentais, em sociedades que se desenvolveram no âmbito de diversas grandes civilizações – muçulmana, indiana, budista, ou confucionista – sob o impacto da expansão europeia, e como resultado do confronto com o programa europeu de modernidade. Evoluíram também – na verdade, em primeiro lugar – no contexto da expansão europeia para as Américas, em sociedades em que se assistiu ao desenvolvimento de enquadramentos institucionais de aparência puramente europeia.

Apesar de, por vezes, se ter assumido que os padrões europeus de modernidade se haviam repetido nas Américas, na verdade estes evoluíram desde o início de modos distintos tanto na América do Norte e Canadá como na América Latina. De facto, ao longo de toda a América, é possível detectar a cristalização de novas civilizações, e não apenas de «fragmentos da Europa», como afirmava L. Hartz[124]. Nestes contextos institucionais e culturais ocidentais, que derivam e foram trazidos da Europa, desenvolveram-se não só variações locais do modelo ou modelos europeus, como Tocqueville[125] claramente observou a respeito dos Estados Unidos, mas também padrões institucionais e ideológicos radicalmente novos. É bastante possível que esta tenha sido a primeira cristalização de uma nova civilização desde a cristalização das grandes civilizações «Axiais», e provavelmente a última até ao momento. A cristalização de diferentes modernidades nas Américas – um facto que não passou desapercebido a Weber na sua análise da experiência norte-americana – comprova que mesmo no âmbito do contexto alargado da civilização Ocidental, independentemente da forma como é definida, se desenvolveram não um, mas múltiplos programas culturais e padrões institucionais da moder-

---

[124] Hartz, L. 1964. *The Founding of New Societies*. New York: Brace and World.

[125] De Tocqueville, A. *Democracy in America*. op. cit.

A CRISTALIZAÇÃO DO PROGRAMA POLÍTICO E CULTURAL DA MODERNIDADE

nidade. Naturalmente, este facto é ainda mais evidente em relação às ordens institucionais que se desenvolveram para lá do Ocidente.

As características distintivas das diferentes ordens institucionais da modernidade foram em grande parte influenciadas pela forma como a modernidade foi introduzida, por assim dizer, em conjugação com os processos de mudança revolucionários e não-revolucionários que analisámos acima.

A expansão da modernidade.
A dimensão imperial e colonial

LXV

Tais variações nas mudanças institucionais e nos contornos culturais da modernidade não resultaram apenas, ou principalmente, das forças endógenas que se desenvolveram nas diferentes sociedades. Ligavam-se estreitamente à expansão contínua da modernidade. Esta expansão deu origem a uma tendência – nova e praticamente única na história da humanidade – para o desenvolvimento de enquadramentos e sistemas institucionais e simbólicos à escala mundial. A expansão da modernidade, à semelhança dos regimes das grandes religiões ou dos grandes impérios, abalou as premissas simbólicas e institucionais das sociedades que a incorporaram, provocando intensas deslocações, enquanto abria, em simultâneo, novas opções e possibilidades. O desenvolvimento de «sistemas» ou enquadramentos internacionais como consequência da expansão militar, política e económica, não foi em si novo na história da humanidade, especialmente na história das grandes civilizações. Foi, na verdade, uma característica de todas as grandes religiões, das civilizações Axiais, até certo ponto da civilização judaica, e acima de tudo da cristã, da islâmica, da confucionista e também, em certa medida, da civilização budista. Foi também uma característica dos impérios helenístico e romano. A novidade da era moderna residiu, em primeiro lugar, na maior intensidade e impacto provocados pela expansão dos grandes avanços tecnológicos, das dinâmicas da moderna economia e das forças políticas nas sociedades sujeitas a esta mudança. Mas, em segundo lugar, as dinâmicas da expansão que acompanharam a modernidade, só podem ser entendidas em conjugação com os programas culturais específicos da modernidade, tal como esta se cristalizou primeiro na Europa, e depois através da sua expansão e contínua reinterpretação por todo o mundo. Assim, a expansão da modernidade evidencia algumas caracterís-

AS CONSEQUÊNCIAS DAS REVOLUÇÕES

ticas particularmente distintivas. Criou uma tendência – nova e praticamente única na história da humanidade – para o desenvolvimento de enquadramentos e sistemas institucionais, culturais e ideológicos à escala mundial, cada um deles baseado em algumas premissas básicas destas civilizações, e cada um enraizado numa das suas dimensões institucionais fundamentais. Todos estes enquadramentos eram multi-centrados e heterogéneos, cada um deles gerava contradições internas, dinâmicas próprias e mudanças permanentes na relação contínua entre si. As inter-relações entre estes enquadramentos nunca foram «estáticas» ou imutáveis, e as suas dinâmicas internacionais, geradas pelas interacções e contradições entre eles, e no âmbito de cada um, deram origem a mudanças contínuas em diversas sociedades modernas.

Especialmente importante nestas dinâmicas foi o facto de no contexto destas expansões, a dominação imperialista e colonial ter constituído uma componente central, conduzindo a confrontações contínuas entre as forças hegemónicas no âmbito destes sistemas, e diferentes sociedades não-hegemónicas. A consciência da experiência colonial, de se ter sido colonizado, constituíram aspectos fundamentais na constituição da consciência colectiva e das actividades políticas de muitos sectores destas sociedades, tanto durante o período de domínio imperial e colonial, como na era pós-colonial.

No âmbito destas novas sociedades e enquadramentos civilizacionais tiveram lugar intensos processos de mudança social – mudanças económicas e sociais abrangentes, numerosos movimentos de protesto e derrube de regimes –, os quais continham em si as sementes de novas revoluções. Em todas estas ordens institucionais da modernidade, foram adoptadas as premissas gerais da modernidade ocidental, bem como as premissas revolucionárias, especialmente símbolos do socialismo. Os símbolos das grandes revoluções, não só das mais recentes revoluções «socialistas», como também das anteriores revoluções «burguesas», especialmente da revolução francesa, serviram como foco de atracção, e com frequência como modelos, de numerosos movimentos de protesto, tanto entre as sociedades pós-revolucionárias ocidentais, mas também para lá delas. A concepção da revolução tornou-se a imagem do protesto «real» e da mudança social, e muitos dos movimentos de protesto que se desenvolveram nas sociedades modernas viram nestes símbolos revolucionários (e nos regimes que se desenvolveram a partir deles), modelos a seguir.

LXVI

Estes diferentes programas culturais e padrões institucionais da modernidade, e as suas múltiplas ordens, não resultaram, como foi proposto por alguns estudos anteriores, de uma evolução natural das potencialidades destas sociedades – na verdade, uma potencialidade de todas as sociedades humanas –, ou de uma emanação natural das suas tradições, tal como surge nas primeiras críticas a estes estudos; não resultaram, também, da sua aplicação aos novos contextos internacionais. Ao invés, estes programas moldaram-se através da interacção contínua entre diversos factores – sendo os mais comuns as várias constelações de poderes, i.e., os diversos modos de contestação por parte da elite, de cooptação nos diferentes sistemas políticos, e as diferentes concepções ontológicas e ideologias políticas.

Ou, com mais detalhe, e seguindo as análises históricas avançadas por Weber, estes programas moldaram-se, em primeiro lugar, de acordo com as premissas básicas da ordem social e cósmica, as «cosmologias» básicas prevalentes nestas sociedades, tanto na sua formulação «ortodoxa» como «heterodoxa», tal como se cristalizaram nestas sociedades no decurso da história. Um segundo factor modelador foi o padrão da formação institucional que se desenvolveu nestas civilizações ao longo da sua experiência histórica, em especial no seu encontro com outras sociedades e civilizações.

O terceiro conjunto de factores diz respeito às tensões, dinâmicas e contradições internas que se desenvolveram nestas sociedades, em conjugação com as mudanças demográficas estruturais, económicas e políticas, que acompanharam a institucionalização dos enquadramentos modernos, e entre esses processos e as premissas básicas da modernidade.

Em quarto lugar, os diferentes programas da modernidade moldaram-se através do encontro e contínua interacção entre os processos mencionados acima, os modos pelos quais as diferentes sociedades e civilizações foram incorporadas nos novos sistemas internacionais, o seu posicionamento nesses sistemas, e no sistema global. A influência destas diferentes constelações internacionais no tipo de modernização ocorrida num dado contexto deve também ser tida em conta.

Em quinto lugar, tais contornos em mudança contínua foram influenciados pelas lutas e confrontações políticas entre diferentes Estados, e entre diferentes centros de poder político e económico, à medida que emergiram no novo sistema internacional. Estes confrontos desenvolveram-se na Europa com a cristalização do moderno sistema estatal europeu, intensificando-se depois

AS CONSEQUÊNCIAS DAS REVOLUÇÕES

com a cristalização dos «sistemas-mundo» a partir dos séculos XVI e XVII. Em sexto lugar, estes contornos alteraram-se a par da mudança de hegemonias em diferentes sistemas internacionais e, em simultâneo, com mudanças económicas, políticas, tecnológicas e culturais[126].

Em sétimo lugar, esses contornos moldaram-se pelo facto de a expansão da modernidade implicar confrontação entre as premissas básicas deste programa e as formações institucionais que se desenvolveram no Ocidente e Europa do Norte, noutras partes da Europa, e mais tarde nas Américas e na Ásia: nas civilizações islâmica, hindu, budista, confucionista e japonesa.

Por fim, essas mudanças radicavam na confrontação contínua entre, por um lado, diferentes interpretações das premissas fundamentais da modernidade promulgadas por diferentes centros e elites e, por outro, pelos desenvolvimentos concretos, conflitos, e deslocações que acompanharam a institucionalização dessas premissas. Estes confrontos activavam a consciência das contradições inerentes ao programa cultural da modernidade, e as potencialidades inerentes à sua abertura e reflexividade. Deram origem a contínuas reinterpretações, por parte de diferentes actores sociais, das premissas básicas das suas visões civilizacionais, e, concomitantemente, das grandes narrativas e mitos da modernidade.

Foi a combinação destes factores que viria a ser fundamental na modelação dos diferentes pontos de entrada revolucionários e não-revolucionários, dos diferentes modos de incorporação de diferentes sociedades nos enquadramentos internacionais modernos, na modernidade. Foi a partir das diferentes constelações destes factores que se desenvolveram nas sociedades diversos programas culturais e padrões institucionais de modernidade, as múltiplas ordens da modernidade. Foi a constelação destes factores que influenciou a natureza do discurso emergente sobre a modernidade, no seio de diversos activistas políticos e intelectuais, em conjugação acima de tudo com os movimentos sociais que constituíam os principais actores dos processos de reinterpretação e formação dos novos padrões institucionais.

---

[126] Wallerstein, I. 1974. *The Modern World System*. Orlando: Academic Press; Tiryakian, E.A. 1985. The Changing Centers of Modernity. in E. Cohen, M. Lissak e U. Almagor, (eds.), *Comparative Social Dynamics*. Boulder/London: Westview Press.

LXVII

As características das elites e o tipo de relação que estabeleceram com outros sectores das suas respectivas sociedades são aspectos cruciais na cristalização dos diferentes contornos institucionais e culturais das modernidades. Assim, por exemplo, as dinâmicas institucionais e culturais específicas que se desenvolveram no Japão, brevemente analisadas acima, foram determinadas principalmente pelas elites e pelas suas coligações na sociedade japonesa. A característica comum destas elites era a sua relativa falta de autonomia. As suas principais coligações estavam relacionadas com grupos e contextos que se definiam sobretudo em termos primordiais, atributivos, sagrados, e frequentemente em termos hierárquicos, e muito menos em termos de especialização de funções, ou do estabelecimento de critérios universais de atributos sociais. A estas características das principais elites ligava-se a relativa fraqueza das elites culturais autónomas. É verdade que muitos actores culturais – sacerdotes, monges, intelectuais e outros – participavam nessas coligações. Mas, salvo raras excepções, a sua participação baseava-se em atributos primordiais e sociais, e em critérios de realização e de obrigação social, segundo os quais estas coligações se estruturavam, sem qualquer critério distinto e autónomo, que se radicasse em, ou se relacionasse com as arenas de especialização cultural, nas quais actuavam. Estas arenas – cultural, religiosa ou literária – definiam-se elas próprias, em última instância, em termos primordiais-sagrados, não obstante o facto de no seu interior se desenvolverem muitas actividades especializadas. Foi também a combinação de todos estes factores, em conjunto com a sua localização político-ecológica específica, que explica o modo de incorporação do Japão nos modernos sistemas internacionais.

Noutras sociedades assistiu-se à emergência de outras constelações de elites e concepções ontológicas por elas promulgadas, ao estabelecimento de relações de poder com diversos sectores sociais no interior das suas respectivas sociedades, e ao impacto das forças internacionais e dos modos de incorporação nos sistemas internacionais emergentes e em contínua mudança; seja, de facto, na primeira e clássica modernidade europeia, nas Américas, ou nas múltiplas modernidades que se desenvolveram no âmbito das civilizações islâmica, hindu ou budista, ou noutros programas ideológicos e institucionais da modernidade. Em todos estes processos, foi a característica das elites, em especial a sua autonomia, em contraste com a sua incrustação em vários grupos particulares, as visões ontológicas por elas promulgadas, e as relações entre as diversas elites, entre estas e os sectores mais alargados da socie-

AS CONSEQUÊNCIAS DAS REVOLUÇÕES

dade, que desempenharam um papel crucial no desencadeamento de processos de mudança revolucionários ou não-revolucionários, e nos concomitantes modos distintos de entrada nos enquadramentos institucionais e culturais da modernidade.

LXVIII

Mas quaisquer que sejam os detalhes destas constelações, a perda de marcadores de certeza e a contínua procura da sua reinstituição, geraram também a possibilidade de ruptura e o desenvolvimento de uma dimensão destrutiva da modernidade, que radicava acima de tudo na perda dos referidos marcadores, na tentativa de os recuperar e na sua consequente imposição[127].

Estas forças destrutivas, os «traumas» da modernidade que minam as suas grandes promessas, emergiram, claramente durante e depois da Primeira Guerra Mundial no genocídio arménio, e tornaram-se ainda mais visíveis na Segunda Guerra Mundial, muito em especial no holocausto, abalando assim a crença *naïf* no progresso inevitável e na confluência entre a modernidade e o progresso. Estas forças destrutivas da modernidade foram paradoxalmente ignoradas ou elididas dos discursos da modernidade nas primeiras duas ou três décadas depois da Segunda Guerra Mundial. Mais tarde, reemergiram de novo na cena contemporânea de forma assustadora, nos novos conflitos «étnicos» que eclodiram em muitas das antigas repúblicas da Rússia soviética, no Sri Lanka, no Kosovo, e de forma terrível no Camboja e em países africanos como o Ruanda.

Tudo isto comprova o facto de que o desenvolvimento e expansão da modernidade não foi, na verdade, e contrariamente às perspectivas optimistas da modernidade enquanto progresso, pacífico. Continha em si possibilidades fortemente destrutivas, que foram na verdade veiculadas, e por vezes também promulgadas, por alguns dos seus mais radicais críticos, os quais viam a modernidade enquanto força moral destrutiva, e enfatizavam os efeitos negativos das suas características fulcrais. A cristalização da primeira modernidade e das suas formas subsequentes estiveram continuamente interligadas com os conflitos e confrontos internos, radicados nas contradições e tensões

---

[127] Tilly, C. e G. Ardant, 1975 (eds.) *The Formation of National States in Western Europe*. Princeton: Princeton University Press; Grew, R. 1978 (ed.). *Crises of Political Development in Europe and the United States*. Princeton: Princeton University Press.

A CRISTALIZAÇÃO DO PROGRAMA POLÍTICO E CULTURAL DA MODERNIDADE

dos sistemas capitalistas e, na arena política, com as necessidades crescentes de democratização. Ligavam-se, também, com os conflitos internacionais que se desenvolviam no contexto do Estado moderno e dos sistemas imperialistas. Acima de tudo, estavam estreitamente relacionadas com guerras e genocídios, repressões e exclusões. As guerras e os genocídios não eram, naturalmente, fenómenos novos na história da humanidade. Mas transformaram-se radicalmente e intensificaram-se, provocando uma tendência contínua para o barbarismo especificamente moderno, cuja principal manifestação foi a incorporação da violência, do terror e da guerra num enquadramento ideológico, primeiro com a Revolução Francesa, e mais tarde nos movimentos Românticos. Esta transformação emergiu da interligação das guerras com a constituição básica dos Estados-nação, os quais se transformaram nos agentes – e arenas – mais importantes da constituição da cidadania, e símbolos da identidade colectiva; da expansão europeia para lá da Europa; e do desenvolvimento das tecnologias da comunicação e da guerra.

Estas potencialidades e forças destrutivas são características inerentes ao programa moderno, amplamente manifestas na ideologização da violência, do terror e das guerras, e, a total exclusividade ideológica e demonização dos excluídos não são emanações de antigas forças «tradicionais» – mas sim resultados de reconstruções modernas de forças, na aparência «tradicionais», reconstruídas de forma moderna. Estas tendências ganharam destaque em diversas situações e actividades revolucionárias – atestando, assim, a contínua tensão entre as tendências construtivas e destrutivas inerentes às actividades e imaginário revolucionários. Parafraseando a feliz e vibrante expressão de Leszek Kolakowski[128], a modernidade está, na verdade, em «perpétuo julgamento».

No âmbito destes novos contextos civilizacionais e sociedades ocorriam em permanência processos de mudança social muito intensos – mudanças sociais e económicas de longo alcance, numerosos movimentos de protesto e colapso de regimes –, que continham em si o germe de novas revoluções. Os símbolos das grandes revoluções, não só das mais recentes revoluções «socialistas», como também das anteriores revoluções «burguesas», especialmente da revolução francesa, serviram como foco de atracção e com frequência como modelos de numerosos movimentos de protesto, tanto entre as sociedades pós-revolucionárias ocidentais, mas também para lá delas. A ideia da

---

[128] Kolakowski. L. 1990. *Modernity on Endless Trial*. Chicago: University of Chicago *Press*.

revolução tornou-se a imagem do protesto «real» e da mudança social. Muitos dos movimentos de protesto – e dos regimes que deles emergiram – que se desenvolveram nas sociedades modernas encararam estes símbolos revolucionários (e os regimes que deles emergiram) como modelos a seguir.

Nos novos enquadramentos internacionais que se desenvolveram, em especial depois das revoluções tardias, os símbolos revolucionários «clássicos» continuaram a exercer uma grande atracção sobre numerosos movimentos e sectores sociais. A imagem ou símbolos das revoluções tornaram-se, na verdade, uma componente central desta civilização moderna, do imaginário político moderno, mas constituíram apenas uma dessas componentes, e funcionaram de modo diverso em diferentes sociedades.

Capítulo XVI

As consequências das revoluções: a variabilidade do simbolismo revolucionário nas sociedades modernas – considerações preliminares

Introdução

LXIX

Com a institucionalização das diferentes ordens da modernidade, das diferentes múltiplas modernidades, a imagética das revoluções tornou-se uma componente inerente a estas ordens, legitimadora dos novos regimes. O simbolismo revolucionário constituiu a componente fundamental do novo enquadramento institucional, e os repertórios simbólicos e a cristalização dos diferentes programas institucionais da modernidade faziam-se acompanhar, também, da incorporação desse simbolismo e actividades.

Concomitantemente, os movimentos sociais que se apresentavam com frequência como revolucionários e como continuação das revoluções, tornaram-se proeminentes em muitas sociedades e na cena internacional. Em paralelo, os movimentos nacionalistas, que, como vimos, radicavam na herança das grandes revoluções, que se focavam não na reconstituição das bases dos seus

AS CONSEQUÊNCIAS DAS REVOLUÇÕES

respectivos regimes, ou nas alterações das suas premissas e das relações de poder no seu interior, mas sobretudo na constituição de novas entidades colectivas e políticas, desenvolveram-se no contexto das novas ordens da modernidade, e os símbolos nacionais constituíam uma das suas componentes básicas. Entre estes dois tipos de movimentos ocorreram contínuas tensões e confrontos, primeiro na Europa, e depois para lá dela, como mencionámos acima.

Os confrontos entre estes movimentos jogaram-se na nova arena internacional, que se cristalizou depois das revoluções que levaram à institucionalização da ordem cultural e política da modernidade, a qual, como vimos, alterou as premissas básicas do processo político e da relação entre governantes e governados em todas as sociedades modernas. A institucionalização desta arena foi gradual e vacilante, mas contínua. É certo que, em alguns casos, como por exemplo em França, a restauração Bourbon conduzida por Carlos X constituiu, aparentemente, um regresso ao *Ancien Régime*, mas apenas aparentemente. Não apenas por ter sido um reinado muito curto, a que se seguiu o reinado mais «progressista» de Luís Filipe I. O que verdadeiramente cumpre assinalar, é o facto de a própria restauração Bourbon se ter institucionalizado já de acordo com as novas premissas pós-revolucionárias, tal como sucedeu com a restauração dos Stuart em Inglaterra. As contra-revoluções não se limitaram a recriar os «antigos regimes»; a sua própria institucionalização estabeleceu-se através da confrontação com as novas ideologias e processos políticos, jogando-se no novo tipo de arena política.

Um aspecto central desta arena consistiu no desenvolvimento dos principais tipos de regimes modernos – os constitucionais pluralistas, lentamente caminhando no sentido da democratização, os autocráticos ou autoritários, incluindo os pretorianos ou sultânicos, e posteriormente os totalitários –, nas suas diversas misturas, e na contínua confrontação ideológica entre eles.

Entre as características mais importantes desta nova arena política contava--se, na verdade, a diferenciação e definição dos regimes, de acordo com o seu posicionamento ideológico em relação aos problemas e tensões do programa político moderno. Uma das manifestações mais conhecidas desta distinção é aquela entre a esquerda e a direita, que resultou da organização incidental dos lugares na assembleia revolucionária francesa. Esta distinção evoluiu depois para uma outra que opunha partidos e regimes «reaccionários» e «progressistas», «burgueses» e «proletários»[129]. A própria possibilidade desta varia-

---

[129] Eisenstadt, S.N. 1999. «The Cultural and Political Programs of Modernity: Basic Premises», in S.N. Eisenstadt, *Paradoxes of Democracy*. Baltimore: The John

AS CONSEQUÊNCIAS DAS REVOLUÇÕES

bilidade ideológica e da contínua confrontação entre estes regimes e as suas respectivas ideologias, constituiu um fenómeno relativamente novo na história da humanidade. Foi parte integrante do novo enquadramento cultural e institucional gerado pelas revoluções. O foco central de contestação entre estas ideologias e regimes, à medida que eram promulgados de forma contínua pelos diferentes movimentos sociais e pelos activistas políticos e ideológicos que emergiram nas diversas sociedades europeias, envolvia, por um lado, os regimes e ideologias de natureza pluralista e, por outro, os regimes tradicionais «autocráticos», e mais tarde aqueles mais radicais, de tipo totalitário.

No final do século XVIII e no século XIX, os principais opositores em confronto eram, por um lado, os regimes autocráticos, mais enraizados no «antigo regime», e que defendiam, com frequência, modos de legitimação semi-tradicionais, e as forças mais revolucionárias, portadoras da herança da Revolução Francesa. No período entre as duas guerras mundiais, esta luta intensificou-se por via dos conflitos entre o regime soviético e os regimes liberais constitucionais, e da mesma forma entre estes últimos e os de natureza fascista e nacional-socialista. Estes conflitos foram especialmente intensos entre os dois tipos de regimes totalitários e os movimentos que punham em prática as suas visões. A combinação da dimensão nacional e internacional desta luta esteve particularmente presente na Guerra Civil de Espanha, no período de entre guerras. A Guerra Fria entre os regimes soviético e os liberais democráticos, constituiu o principal foco destes conflitos internos e internacionais depois da Segunda Guerra Mundial.

A variabilidade e o confronto entre diferentes regimes relacionavam-se estreitamente com o facto de a imagem das revoluções se ter tornado uma componente contínua no repertório dos símbolos políticos modernos. A expectativa em relação ao desencadeamento de novas revoluções tornou-se uma possibilidade constante – e frequentemente uma aspiração – nos regimes modernos. Em segundo lugar, este confronto enraizava-se no facto de as diferentes visões sobre as novas ordens social e política terem sido sempre promulgadas pelos novos movimentos modernos de protesto – apesar de se encontrarem em contínua mudança –, em particular pelos movimentos sociais revolucionários.

Hopkins University Press, pp. 18-27; idem. 1987. *European Civilization in a Comparative Perspective: A Study in the Relations between Cultural and Social Structure.* Norwegian University Press; Grew, R. 1978 (ed.). *Crises of Political Development in Europe.* Princeton: Princeton University Press.

AS CONSEQUÊNCIAS DAS REVOLUÇÕES

O confronto entre os diferentes campos ideológicos por parte dos vários movimentos e regimes revolucionários foi, em especial quando se articulava com os contínuos processos de democratização, um aspecto contínuo da dinâmica política no seio de cada um destes regimes, e um desafio permanente para os regimes modernos em emergência, em especial, mas não apenas, para os de tipo pluralista. Todos estes regimes se confrontavam, em primeiro lugar, com o problema da incorporação ou rejeição – basicamente com a transformação – dos vários símbolos e temas revolucionários, acima de tudo os símbolos socialistas de classe, ou os símbolos de «direita», ou de tipo nacional, nos repertórios simbólicos centrais de identidade colectiva e de legitimação dos seus respectivos regimes. Em segundo lugar, todos estes regimes se confrontavam com o desafio contínuo colocado pelos movimentos revolucionários, potenciais ou efectivos, em relação à continuidade dos seus enquadramentos institucionais. Por outras palavras, encaravam o desafio da incorporação ou rejeição dos símbolos dos hipotéticos movimentos revolucionários ou dos movimentos nacionais; a sua capacidade para «domesticar» estes movimentos no âmbito dos seus enquadramentos institucionais e das suas premissas, enquanto transformavam muitas destas premissas. Os modos de incorporação destes movimentos, ao implicarem diferentes padrões de transformação, assumiram uma importância crucial na modelação dos diferentes regimes modernos na Europa, testando a sua capacidade de transformação, em oposição ao seu possível colapso. Concomitantemente, todas estas sociedades enfrentaram também o problema da incorporação da dimensão intelectual das ideologias revolucionárias – em especial, mas não de forma exclusiva, a ideologia marxista – nos enquadramentos gerais dos seus repertórios intelectuais.

O confronto contínuo entre estes diferentes movimentos, ideologias e tipos de regimes, radicado como estava nas tensões básicas inerentes ao programa político da modernidade, não se confinava na Europa – e mais tarde fora dela – a um tipo específico de sociedade, a um «Estado» determinado. Estas confrontações foram alvo, também, de movimentos e relações internacionais, uma parte integral das dinâmicas do novo sistema internacional que se desenvolveu na Europa, e fora dela, o qual era composto por diferentes Estados que funcionavam como uma espécie de bastião, ou fortaleza, de cada um destes tipos de regime.

206

AS CONSEQUÊNCIAS DAS REVOLUÇÕES

LXX

Os diferentes modos através dos quais a imagética das revoluções e as actividades revolucionárias foram incorporadas nos enquadramentos simbólicos e institucionais dos diferentes regimes modernos – bem como a tensão entre a constituição de colectividades nacionais e as premissas e movimentos revolucionários – foi um aspecto central da constituição das diferentes ordens da modernidade, das múltiplas modernidades, constitutivo das suas características básicas. Os diferentes modos de incorporação dos símbolos revolucionários nos repertórios simbólicos, e dos potenciais movimentos revolucionários nos enquadramentos institucionais dos diferentes regimes modernos – os quais foram muito influenciados pela entrada «revolucionária» ou «não-revolucionária» das respectivas sociedades na modernidade – constituiu um aspecto básico e permanente na formação dos diferentes Estados-nação revolucionários e não-revolucionários; da sua continuidade e transformação, assim como das relações entre Estados na cena internacional. Estas diferenças no impacto dos símbolos e movimentos revolucionários, como se manifestavam nos diferentes modos de incorporação das imagens, símbolos e temas revolucionários nos repertórios políticos e culturais de diferentes sociedades modernas, desenvolveram-se de forma contínua em diferentes países, em diferentes fases ou estádios ou constelações da modernidade – tanto no período de hegemonia ou predomínio do modelo do Estado-nação revolucionário e não-revolucionário, como na constelação «pós-moderna», tal como se evoluiu a partir dos anos 70 ou 80 do século xx.

O modo de incorporação dos vários símbolos de protesto, sobretudo do simbolismo revolucionário, assim como do nacional, no respectivo repertório central de símbolos da identidade colectiva das respectivas sociedades para as quais se expandiu, diferiu muito de sociedade para sociedade. Nem todas as sociedades incorporaram os símbolos socialistas ou comunistas nos seus novos símbolos de identidade colectiva. Aquelas que o fizeram diferiam em relação aos aspectos da «coisa» revolucionária, particularmente da tradição socialista que incorporavam, e em relação à importância que esta incorporação tivera na definição dos seus novos símbolos de identidade colectiva.

AS CONSEQUÊNCIAS DAS REVOLUÇÕES

LXXI

Apesar de uma análise comparativa, total e sistemática, destes processos estar para lá do âmbito deste capítulo, não deixaria de ser pertinente fornecer alguns exemplos e indicações preliminares acerca destes desenvolvimentos. Atendendo às origens europeias das «revoluções», é apenas natural que tenha sido neste continente que emergiram os desafios mais permanentes destes movimentos e ideologias às novas ordens institucionais da modernidade. De facto, foi na Europa que os tipos principais de regimes modernos – o constitucional pluralista, o autocrático, o autoritário e o totalitário, assim como as confrontações e contestações entre eles – primeiro se desenvolveram, relacionando-se estreitamente com as formas específicas de cristalização do programa cultural da modernidade, com as suas tensões, e com os padrões específicos da experiência histórica europeia.

Na Europa Ocidental e Central, onde surgiu o socialismo, esses símbolos haviam sido forjados nos séculos XIX e XX enquanto parte de uma tradição europeia e do processo da sua redefinição. As principais características específicas do socialismo – acima de tudo a estreita relação entre as exigências políticas e económicas concretas, e o simbolismo de classe orientado para a reconstrução do centro – encontravam-se estreitamente ligadas às premissas da civilização europeia, e às tradições políticas que se delinearam no contexto histórico das diferentes sociedades europeias.

Em todos os países europeus, com a excepção parcial da Grã-Bretanha, os símbolos e os preceitos da revolução, do protesto revolucionário, assim como as imagens nacionalistas, foram incorporados no seu repertório simbólico central, embora de modo diverso em distintas sociedades. Os modos através dos quais estes símbolos foram incorporados em diferentes combinações de domesticação, rejeição – basicamente de transformação – foram constitutivos dos seus respectivos regimes.

O foco central na selecção destes temas nas diferentes sociedades europeias era a tensão simbólica e institucional entre hierarquia e igualdade, e entre Estado e sociedade civil, um tema endémico e fundamental na tradição política europeia. Nos países altamente industrializados, em que esta tensão não era central, o socialismo no sentido em que foi definido acima, não se desenvolveu, ou desenvolveu-se apenas de forma ténue.

Concomitantemente, os movimentos defensores da ideia de revolução e do imaginário revolucionário, que se designavam a si próprios como revolucionários, desenvolveram-se continuamente na Europa, tornando-se uma

AS CONSEQUÊNCIAS DAS REVOLUÇÕES

componente constante da cena política. Foram especialmente proeminentes no caso da Comuna de Paris, ou dos movimentos comunistas que emergiram na Alemanha no final da Primeira Guerra Mundial, quando os regimes pós-revolucionários vigentes, seja o regime «imperial» de Napoleão III, ou o regime imperial germânico, ruíram – ao tentarem institucionalizar novos regimes revolucionários. Mas na maior parte das sociedades europeias, estes movimentos «esquerdistas» originais não foram bem sucedidos no derrube destes regimes através da acção revolucionária, e no estabelecimento de novos regimes revolucionários.

Isto aconteceu, em parte, devido à dificuldade, ou mesmo impossibilidade, de se desenvolverem coligações entre diferentes grupos, especialmente entre a burguesia, os trabalhadores e os intelectuais, as quais eram características das «verdadeiras» revoluções – um facto já sublinhado por Marx – e basicamente radicado no facto de todas elas se terem desenvolvido num enquadramento moderno e não de «antigo regime». Estes novos regimes representavam-se a si próprios como modernos, e recorriam com frequência às premissas fundamentais do programa moderno para se legitimarem, apesar de serem, de facto, altamente autocráticos e repressivos. Representavam-se, também, em termos dos principais símbolos de protesto, muitas vezes em termos dos símbolos revolucionários, mesmo se por este motivo, tais símbolos acabaram por sofrer uma grande transformação. Assim, os movimentos revolucionários confrontaram-se não com o antigo regime, mas com os movimentos modernos «conservadores», ou as novas direitas.

Em simultâneo, na maioria dos países europeus ocidentais, os símbolos e temas socialistas, assim como os partidos socialistas, integraram-se – embora de modos diversos – nos enquadramentos institucionais destes países, como se tivessem sido «domesticados». Os seus temas e programas tornaram-se uma parte do enquadramento institucional, desempenhando um papel muito importante na contínua transformação destes regimes.

Mas, ao mesmo tempo, foi de facto na Europa que o confronto entre os dois movimentos revolucionários – o socialista e o nacionalista, ambos enraizados na herança revolucionária especificamente europeia, na herança das grandes revoluções, em especial quando ligadas ao contínuo processo de democratização e às crises económicas – se tornou uma forte ameaça à continuidade dos regimes pluralistas.

Em algumas sociedades europeias, mas não em todas elas, na Alemanha ou em Itália, estes regimes desintegraram-se, dando origem a regimes de extrema direita fascistas e nacional-socialistas. Nas periferias do sul da Europa, foram

209

os regimes autocráticos, fortemente fascistas, que ganharam terreno. Apenas na periferia da Europa, e mais tarde na Ásia – na China e no Vietname –, os movimentos revolucionários foram capazes de assumir e institucionalizar modernidades revolucionárias alternativas.

Na Europa, os desafios colocados aos regimes pluralistas decresceram depois da Segunda Guerra Mundial, com a derrota da Alemanha e da Itália, e a simultânea derrota dos respectivos programas nacional-socialista e fascista. No Ocidente, o Estado-nação pluralista, baseado na participação crescente de todos os cidadãos nas arenas políticas, incluindo das mulheres, ganhou preponderância, a par do desenvolvimento de um novo programa económico e social, que culminou no estabelecimento de novas formas de capitalismo regulado, de «mercados sociais», e de diferentes tipos de Estado social. Mas o comunismo dos regimes soviéticos, e tal como era defendido pelos movimentos comunistas, em especial na Itália e em França, continuou a constituir uma ameaça constante aos regimes pluralistas.

Mesmo assim, os símbolos revolucionários continuaram a deter uma força poderosa, como ficou patente nos movimentos estudantis e contra a guerra do Vietname no final dos anos 60 e início da década seguinte – dando origem não ao colapso de regimes, mas antes à sua profunda transformação, e a interpretações «pós-modernas» inteiramente novas da modernidade – os quais foram responsáveis, como veremos mais à frente com maior detalhe, por transformações de longo alcance da imagética e dos movimentos revolucionários, da natureza dos símbolos e dos movimentos de protesto na constituição da civilização moderna em contínua mudança.

As modernidades totalitárias alternativas

LXXII

Foi também a partir da Europa, na Europa e para lá dela, que os símbolos revolucionários socialistas se tornaram muito proeminentes nas modernidades alternativas que se desenvolveram a partir da tribulação interna da modernidade europeia, e nas primeiras etapas da sua expansão para a Europa de Leste, e depois para a Ásia. Isto mesmo se aplica – embora em menor escala e de forma muito parcial – em relação aos regimes extremistas de tipo fascista ou nacional-socialista, cujas ideologias, especialmente a dos regimes fascistas,

AS CONSEQUÊNCIAS DAS REVOLUÇÕES

foram adoptadas com frequência pelos regimes autocráticos fora da Europa. Estes regimes negavam as componentes universalistas do programa cultural da modernidade, mas procuravam apropriar-se dos símbolos socialistas[130].

No entanto, foram sobretudo as modernidades alternativas, acalentadas pelos principais movimentos radicais totalitários esquerdistas, que de forma mais completa adoptaram e transformaram os símbolos radicais do socialismo – os quais constituíram o cerne das revoluções tardias. Estabeleceram-se no âmbito dos enquadramentos distintivos dos programas culturais da Europa e da sua experiência histórica, encarnando os distintos modos através dos quais as tensões, contradições e crises da modernidade se cristalizaram na Europa e também fora dela, na sequência da expansão da modernidade.

Na verdade, foi nos regimes que se cristalizaram no seguimento das revoluções tardias, e que se desenvolveram no âmbito do enquadramento histórico da expansão europeia – mas para lá da Europa Ocidental e Central –, na periferia oriental da Europa, e mais tarde na Ásia, que as modernidades revolucionárias radicais alternativas se cristalizaram em regimes comunistas.

Os movimentos socialista e comunista estabeleceram-se completamente no âmbito do programa cultural da modernidade, em especial do programa do Iluminismo e das grandes revoluções. A sua crítica da sociedade burguesa capitalista moderna era feita em termos da não-completude do programa moderno. O programa cultural-ideológico da modernidade defendido, e institucionalizado, pelo regime totalitário soviético e pelos seus satélites na Europa de Leste, e ainda pelos sistemas chinês e vietnamita, foi, de certa forma, o reverso dos regimes pluralistas constitucionais, e ao mesmo tempo o seu forte opositor. Os vários regimes comunistas foram responsáveis pela cristalização, institucionalização e hegemonia ideológica dos regimes jacobinos totalitários de «esquerda», com a sua específica missão salvífica.

Os regimes comunistas incorporaram os principais temas deste programa e apresentavam-se a si próprios como os veículos fundamentais da perspectiva originária da visão instrumental, do progresso, da tecnologia, do domínio da

---

[130] Suny R.G., 1993. *The Revenge of the Past: Nationalism, Revolution, and the Collapse of the Soviet Union*. Stanford: Stanford University Press; Fainsod, M. 1955. *How Russia is Ruled*. Cambridge: Harvard University Press; Brzezinski. Z.K. 1962. *Ideology and Power in Soviet Politics*. New York: Frederick Praeger; Armstrong, J.A. 1961. *The Politics of Totalitarianism: The Communist Party of the Soviet Union from 1934 to the Present*. New York: Random House; Marc, F. 1985. *The Bolshevik Revolution: a Social history of the Russian Revolution*. London: Routledge & Keagan Paul; Pipes, R.E. 1995. *A Concise History of the Russian Revolution*. London: Harvill Press.

AS CONSEQUÊNCIAS DAS REVOLUÇÕES

natureza e da restruturação racional e emancipadora da sociedade. Os programas promulgados por estes regimes enfatizavam a exploração dos ambientes naturais e humanos e do seu destino, e defendiam que o seu controlo e domínio poderiam ser atingidos através do esforço consciente do homem e da sociedade. Enfatizavam fortemente a possibilidade da formação activa de aspectos cruciais das ordens social, cultural e natural, através da actividade humana consciente.

As características distintivas deste programa ou programas passavam pela tentativa de ultrapassar as contradições entre as premissas do programa cultural e político da modernidade e a realidade institucional emergente das sociedades modernas, através da sua transformação numa ideologia e regime altamente jacobino-totalitários. Como afirmou Luciano Pellicani([131]), estes regimes representam a mais completa cristalização das orientações gnósticas e utópicas do programa político moderno. Foram estes orientações que guiaram a selecção e interpretação de diferentes aspectos do programa cultural e político moderno, e a sua reinterpretação. Esta selecção comportava uma forte orientação revolucionária jacobina de esquerda, formulada em termos de uma missão salvífica, cujo foco central era a transformação e reconstrução total do homem e da sociedade. Tal como os movimentos fundamentalistas mais recentes, estes movimentos detinham orientações universalistas, e procuravam enraizar a sua legitimidade nestes termos universalistas «transcendentais», «seculares» sociais. Mas, ao contrário dos movimentos fundamentalistas, procuravam constituir a comunidade moderna universalista dos trabalhadores ou proletários, e não comunidades universalistas religiosas.

A legitimação fundamental do regime comunista e das suas elites passava pela defesa da ideia de que estes eram o veículo da visão salvífica e da missão da modernidade. Em princípio, a totalidade da comunidade era não apenas objecto mas também a portadora da visão ou missão salvífica. A elite «apenas» representava a comunidade – instituindo-a, provavelmente –, promulgando a «verdadeira» vontade da sociedade. Como escreveu Melia Marcus([132]), este regime baseava-se, assim, numa legitimação a partir de cima – i.e., numa legitimação que aparentemente, mas apenas aparentemente, não precisava da

---

([131]) Pellicani, L. e Milliron, Kerry, 1994. *Genesis of Capitalism & the Origins of Modernity*. New York: Telos Press, Limited; L. Pellicani 1981. *Gramsci, an alternative communism?* Stanford, Calif.: Hoover Institution Press.

([132]) Martin, M. 1994. *The Soviet tragedy: A History of Socialism in Russia, 1917--1991*. New York: Free Press.

AS CONSEQUÊNCIAS DAS REVOLUÇÕES

aprovação popular, como sucedia no caso dos representantes de muitas religiões transcendentais.

E, no entanto, a legitimação do regime soviético diferiu em diversos aspectos cruciais tanto das tradicionais religiões salvíficas, como dos regimes absolutistas históricos, os antigos-regimes pré-revolucionários. A mais importante destas diferenças era a de que esta missão salvífica se colocava em termos modernos, tanto quanto à questão da fiabilidade dos dirigentes, como em relação aos seus objectivos.

O modo de legitimação destes regimes radicados nas premissas básicas da modernidade, assentava em fortes visões revolucionárias mobilizadoras, orientadas para a transformação tanto do homem como da sociedade. Era em nome destas visões salvíficas que o modo de legitimação exigia a total sujeição do individual ao contexto geral, negando assim a experiência humana do quotidiano, para citar a expressão do eminente sociólogo búlgaro Lyuben Nickolov([133]).

Os símbolos revolucionários de protesto tornam-se aspectos básicos da legitimação do regime, mas foram totalmente transpostos para o mundo exterior – para os inimigos, externos e também internos, do regime – sendo banidos do discurso interno. Paradoxalmente, os símbolos revolucionários podiam ser invocados pelas elites dirigentes quando se sentiam ameaçadas pelos desenvolvimentos internos nas sociedades comunistas, como se assistiu de forma completa e trágica durante a Revolução Cultural chinesa corporizada por Mao Tsé-Tung.

Ordens institucionais e símbolos de protesto nos Estados Unidos e Japão

LXXIII

Em contraste com a Europa, os símbolos revolucionários socialistas ou comunistas desempenharam um papel muito menor nos outros dois centros do capitalismo e dos regimes constitucionais – os Estados Unidos e o Japão([134]).

([133]) Nickolov, L. 1992. The Round Table: Sociology in Bulgaria. *International Sociology.* vol. 7, no. 1, March, pp. 99-117.

([134]) De Tocqueville, A. 1945. *Democracy in America.* New York: Vintage; Lipset, S.M. 1963, *The First New Nation: The United States in Historical and Comparative Perspective.* NY: Basic Books; Huntington, S.P. 1981. *American Politics: The Promise of Disharmony.* Cambridge: Belknap Press. Sobre a Meiji Ishin ver capítulo 2, nota 29.

AS CONSEQUÊNCIAS DAS REVOLUÇÕES

Nos Estados Unidos e no Japão cristalizaram-se duas ordens modernas distintivas, nas quais os símbolos e movimentos revolucionários modernos foram – embora de forma invertida – num certo sentido neutralizados e transformados. A Revolução Americana constitui uma clara excepção – a que já aludimos anteriormente – ao axioma de que as revoluções não se desenvolvem facilmente em situações de construção de novas nacionalidades e de guerras de independência. Era, obviamente, verdade que se tratava também de uma guerra de independência, mas não de uma comunidade étnica ou nacional oprimida por um conquistador estrangeiro. Era uma guerra de independência de várias comunidades de colonos e de grupos ideológicos sectários, a maioria dos quis provinha da mesma «pátria mãe», sendo portadores da sua língua e instituições. Estas foram continuamente transformadas no novo país, desenvolvendo gradualmente no interior das diferentes colónias, e entre estas, uma nova identidade colectiva comum.

O facto de a constituição da identidade colectiva americana ter sido um dos resultados, mas também de diversas formas um dos objectivos da Revolução Americana, nega a ideia de que não se tratou de uma revolução. Esta alegação tem sido feita com base em dois argumentos: a relativa suavidade dos revolucionários na atitude para com os antigos governantes, e a fraca componente de luta de classes e de ideologias classistas. Embora esta última afirmação seja seguramente um exagero, é verdade que a Revolução Americana não se baseou em relações de classe. Estas não constituíam uma componente importante do programa revolucionário americano, o qual denotava um programa cultural de modernidade distinto, partilhando muitas componentes com os programas de outras revoluções, mas reconstruindo-os de novas formas. A relativa suavidade face ao antigo poder é provavelmente explicável não apenas pelas predisposições inerentes aos grupos revolucionários – ocorreram bastantes refregas violentas – mas também pela distância geográfica em relação ao centro de poder na Inglaterra. Todos estes factos, no entanto, não significam que este programa não fosse radical. O seu radicalismo reside na construção de uma nova colectividade política baseada num novo programa político e ideológico.

Assim, a Revolução Americana foi a única de entre as grandes revoluções que criou uma nova colectividade, uma nova ideologia política, uma nova república e uma nova nação – «a primeira nova nação». Mas, paradoxalmente, partilhou com todas as outras revoluções o desinteresse pelos símbolos primordiais. Este paradoxo deu origem ao desenvolvimento de uma forma única de construção de uma moderna comunidade política e nacional americana – os

214

AS CONSEQUÊNCIAS DAS REVOLUÇÕES

Estados Unidos. Mas esta identidade não se baseava, como na Europa, e mais tarde no «terceiro mundo», em componentes primordiais – território, história, parentesco ficcional, língua, etc. Esta identidade colectiva cristalizou-se em torno de uma ideologia política que radicava em concepções religiosas das percepções legais e puritanas da tradição inglesa do Iluminismo. Foi a construção desta nova identidade colectiva e da nova ideologia política, a nova «religião civil», e da nova ordem constitucional, que constituiu o cerne da Revolução Americana e a distinguiu das outras guerras de independência, mesmo das da América Latina.

Da mesma forma, cristalizou-se nos Estados Unidos uma nova ordem moderna cujas premissas implicaram uma transformação de longo alcance relativamente ao programa revolucionário moderno, promulgando uma concepção metafísica da igualdade e uma contínua auto-constituição da sociedade. Nesta moderna ordem institucional, os símbolos e movimentos socialistas, como Sombart observou, não foram componentes centrais do sistema político, nem os símbolos revolucionários socialistas passaram a ser componentes centrais do repertório simbólico da sociedade. Ao mesmo tempo, os movimentos sociais e de protesto que se desenvolveram nos Estados Unidos caracterizaram-se por fortes orientações religiosas e moralistas, profundamente ancoradas nas premissas específicas da distintiva ordem moderna que desenvolveram nesse país..

Uma ordem institucional da modernidade e uma incorporação do protesto distintivamente diferentes desenvolveram-se no Japão, constituindo de certa forma uma imagem reflectida da ordem que se desenvolveu nos Estados Unidos.

Os programas japoneses da modernidade introduzidos pela Restauração Meiji radicavam – como vimos acima – em ontologias imanentistas não-Axiais. Estas dirigiram a cristalização do Estado Meiji e, mais tarde, o desenvolvimento da sociedade japonesa moderna, e moldaram, pelo menos até certo ponto, as características específicas das mais importantes dinâmicas e formações institucionais, inclusive dos diferentes modos de incorporação do protesto no Japão moderno. Estas formações não se baseavam em concepções de individualismo metafísico, fundamentado, ou numa confrontação fundamentada entre Estado e sociedade, enquanto entidades ontológicas distintas. Uma das mais importantes destas características era a forte tendência para a confluência da comunidade nacional, do Estado e da sociedade. Esta conjugação de características teve diversas repercussões na estruturação das regras basilares da arena política, a mais importante das quais foi o desenvolvimento, primeiro,

215

AS CONSEQUÊNCIAS DAS REVOLUÇÕES

de um fraco conceito de Estado em oposição à comunidade alargada, à comunidade nacional em termos modernos (nacional, definida em termos sagrados, naturais e primordiais); em segundo lugar, de um Estado societal caracterizado por uma forte tendência para enfatizar a direcção, em detrimento da regulação directa e da permeabilidade da periferia pelo centro; e, em terceiro lugar, um desenvolvimento muito fraco de uma sociedade civil autónoma, embora escusado será dizer que elementos desta última, particularmente as suas componentes estruturais e organizacionais, se encontravam presentes.

Todas estas características da arena política e das relações entre nação, país, Estado, e sociedade se relacionavam de perto com as fortes concepções ontológicas particularistas e imanentistas e com as dinâmicas prevalentes no Japão ao longo da sua história. As fortes orientações universalistas inerentes ao budismo, e mais latentes no confucianismo, haviam sido reduzidas e «nativizadas» no Japão. Quando o Japão se autodefinia como uma nação divina, isto significava uma nação protegida pelos deuses, com um povo escolhido, num certo sentido, mas não como uma nação portadora de uma missão universal divina. Esta transformação possuía impactos vastos em algumas das premissas e concepções básicas da ordem social, tal como o «mandato divino», com a sua influência na concepção de autoridade e responsabilização dos governantes, bem como nas concepções de comunidade. Ao contrário da China onde, em princípio, o imperador mesmo sendo uma figura sagrada se encontrava «sob» mandato divino, no Japão ele era sagrado e considerado como uma corporização do sol. Como tal, não era concebível que prestasse contas a ninguém, ao contrário dos *shoguns* e de outros dignitários, embora estes o fizessem de formas não claramente especificadas.

O tipo específico de sociedade civil que se desenvolveu no Japão é talvez bem ilustrado pela construção contínua de novos espaços sociais fornecedores de arenas semi-autónomas, nas quais se desenvolviam novos tipos de consciência, actividade e discurso, sem no entanto estabelecerem qualquer pressão sobre o centro. Aqueles que nelas participava não detinham acesso autónomo ao centro e não podiam, seguramente, contestar as suas premissas. As relações entre Estado e sociedade eram, antes, efectivadas através de uma espécie de pluralismo padronizado, de múltiplos contratos sociais dispersos.

Em relação estreita com estas características da sociedade civil no Japão moderno desenvolveu-se também um padrão distinto de dinâmicas políticas, particularmente no que diz respeito ao impacto dos movimentos de protesto sobre o centro. Embora movimentos ou partidos socialistas e comunistas se tenham desenvolvido no Japão, muito para lá do que aconteceu nos Estados

Unidos, tornando-se especialmente visíveis no período do pós-guerra, não conseguiram controlar o governo nem mesmo ser membros centrais da coligação governamental.

Acima de tudo, estes não tinham como objectivo, ao contrário do que acontecia na Europa, a reconstituição do centro do regime. Mas tal não significa que não tenham tido um impacto importante nas arenas políticas e sociais[135]. A característica mais importante deste impacto foi a fraca confrontação ideológica com o centro, sobretudo a falta de sucesso dos líderes destes movimentos confrontacionais em mobilizar apoios alargados; o concomitante sucesso, razoavelmente extenso, em influenciar, mesmo se indirectamente, as políticas das autoridades e a criação de novos espaços sociais autónomos mas segregados, nos quais as actividades promulgadas por estes movimentos podiam ser implementadas. Do mesmo modo, alterações nos tipos de regime político, ou na força relativa de diferentes grupos, não implicaram necessariamente no Japão mudanças nos princípios de legitimação, premissas básicas e regras fundamentais da ordem social e política.

As expansões imperial e colonial da modernidade

LXXIV

Desenvolveu-se uma grande variedade de ordens institucionais modernas sob o impacto da expansão colonial, imperialista e capitalista da modernidade em direcção à Europa Oriental e, sobretudo, à Ásia e África – bem como, de um modo diferente, rumo à América Latina – nas quais os símbolos revolucionários, particularmente símbolos socialistas e nacionalistas, constituíram uma componente muito importante, por vezes central, dos seus respectivos repertórios políticos ou de símbolos de identidade colectiva. Com a expansão da modernidade, primeiro através da conquista e colonização das Américas, e, mais tarde, através da expansão capitalista, imperialista e colonial para a Europa Oriental, Ásia e África, desenvolveram-se diferentes tipos de ordem institucional moderna para lá das fronteiras da Europa, implicando diferentes modos de legitimação, de movimentos e símbolos de protesto, e de imaginário revolucionário.

---

[135] Eisenstadt, S.N. e Y. Azmon, *Socialism and Tradition*. Atlantic Highlands: Humanities Press.

AS CONSEQUÊNCIAS DAS REVOLUÇÕES

Todas estas sociedades se apropriaram das premissas do nacionalismo moderno e do Estado-nação, transformando radicalmente a constituição de identidades colectivas e das suas relações nos enquadramentos políticos com o Estado. Esta apropriação dos modelos do moderno Estado-nação e da identidade nacional, mesmo sendo transformada a partir do seu modo original europeu, assinalou a incorporação destas sociedades nos modernos sistemas emergentes internacionais, a sua aceitação de algumas das premissas fundamentais destes sistemas. Simultaneamente, estabeleceu as bases para a possibilidade de desafiarem as hegemonias ocidentais nestes sistemas internacionais. Mas as formas pelas quais este modelo se cristalizou, as suas premissas básicas – e o modo de incorporação dos temas e símbolos de protesto, incluindo os símbolos revolucionários que constituíam uma componente contínua dessa cristalização – variavam grandemente entre as diferentes ordens institucionais modernas, em grande medida influenciadas pelas suas experiências restauradoras ou revolucionárias específicas, e a sua cristalização inicial como regimes modernos.

Contrariamente à situação dos Estados Unidos, e mesmo, em menor grau, do Japão, na maioria das sociedades desenvolveu-se uma forte atracção não apenas pelos símbolos modernos do nacionalismo, mas também por símbolos revolucionários, símbolos de socialismo ou comunismo, e até em sociedades que não incorporaram estes símbolos no seu repertório básico estes constituíram importantes orientações de referência.

A razão mais geral para a aceitação, em todas estas sociedades, das premissas fundamentais, dos símbolos e dos formatos institucionais das tradições políticas ocidentais da modernidade e das suas instituições, bem como dos movimentos e símbolos de protesto que inicialmente se desenvolveram no Ocidente, foi a necessidade e a vontade de muitos grupos, em especial das elites e contra-elites destas sociedades, de se incorporarem nos sistemas internacionais emergentes e de neles encontrarem um lugar para si, com o propósito de contrabalançarem, por assim dizer, as dimensões colonizadoras e imperialistas da expansão da modernidade.

No âmbito destas novas colectividades e regimes políticos desenvolveram-se, em muitas destas sociedades, fortes atracções por símbolos de protesto, em particular por símbolos socialistas revolucionários. Esta atracção específica por símbolos de protesto, especialmente socialistas, radicava no facto de a promulgação destes temas permitir às sociedades não europeias participarem activamente na nova tradição universal moderna (inicialmente Ocidental), juntamente com uma rejeição selectiva de muitos dos aspectos do «controlo» e «hegemonia» ocidentais, possibilitando a rebelião contra as rea-

AS CONSEQUÊNCIAS DAS REVOLUÇÕES

lidades internacionais e institucionais da nova civilização moderna nos termos dos seus novos repertórios simbólicos, da sua própria tradição.

A transposição da ideologia socialista de contextos europeus para outros não europeus foi reforçada pela combinação, na tradição socialista, de orientações de protesto com construção de instituições e formação de centros. Para mais, a expansão do socialismo implicava a transposição para a cena internacional da luta entre hierarquia e igualdade. Embora inicialmente assente em termos europeus, podia encontrar ressonâncias nas tradições políticas de muitas destas sociedades. Concomitantemente, esta atracção era reforçada pela ressonância que muitas destas premissas podiam encontrar nas tradições políticas destas civilizações, sobretudo nas concepções de símbolos de protesto e de responsabilização dos governantes. Assim, diversos grupos e elites das sociedades do Leste da Europa, e também de sociedades não europeias, podiam ancorar-se tanto na tradição de protesto como na tradição de formação de centros nas suas respectivas civilizações e sociedades para lidar com os problemas de reconstrução dos seus próprios centros e tradições, nos termos deste novo contexto.

A apropriação do socialismo, juntamente com a ideia e a prática do Estado-nação, viabilizou a participação activa de diferentes grupos e elites das nações não europeias na nova tradição universal moderna (inicialmente Ocidental), e a rejeição selectiva de muitos dos seus aspectos e do «controlo» ocidental. A participação em movimentos socialistas e nacionais, a incorporação de símbolos, e a adopção de políticas socialistas – ou de políticas designadas socialistas – tornou possível às elites e a outros estratos de muitas sociedades não europeias, a incorporação de alguns dos elementos universalistas da modernidade nas suas identidades colectivas, sem rejeitarem necessariamente quer as suas tradições, quer a sua crítica das dimensões imperialistas e coloniais da modernidade ocidental. A adopção do socialismo, e não apenas do nacionalismo, servia como expressão do comprometimento com esta nova civilização, ou pelo menos com algumas das suas premissas, e também como veredicto contra as realidades da nova situação internacional, quando julgada de acordo com as novas premissas ideológicas da civilização moderna. Do mesmo modo, tornou possível a rebelião contra as realidades institucionais da nova civilização moderna nos termos dos seus próprios símbolos.

A propensão para a incorporação de símbolos revolucionários era reforçada pelo facto de que nestas civilizações ou sociedades tinham continuamente lugar processos muito intensos de transformação social e económica, numerosos movimentos de protesto, bem como colapsos de regimes, que transporta-

AS CONSEQUÊNCIAS DAS REVOLUÇÕES

vam em si o germe de novas revoluções. Assim, parecia frequentemente que as condições culturais e institucionais de base conducentes à emergência de revoluções eram continuamente reproduzidas nestas novas ordens pós-revolucionárias modernas. Mas a completa ligação de condições estruturais e históricas conducentes a estes resultados revolucionários só se desenvolveu nalguns casos, nas sociedades em que se cristalizaram as principais revoluções tardias – a russa, a chinesa, a vietnamita, possivelmente a turca (kemalista) – e, mais tarde, a etíope e a revolução islâmica iraniana de Khomeini, embora mesmo nestes casos, como vimos acima e voltaremos a ver a seguir, eram patentes as diferenças relativamente às primeiras revoluções «clássicas».

Mas esse não era o caso de muitos outros regimes modernos, como os que se desenvolveram de formas diversas na América Latina e em muitos outros regimes coloniais e pós-coloniais na Ásia, Índia, Ásia do Sul e Sudoeste asiático, nos quais se desenvolveram múltiplas ordens diferentes de modernidade, que diferiam em muitos aspectos cruciais dos «clássicos» europeus ou americanos. Concomitantemente, desenvolveu-se na América Latina, e nos regimes coloniais e pós-coloniais asiáticos e africanos, uma relativa diversidade de ideologias e movimentos revolucionários, socialistas e comunistas.

LXX

No âmbito dos regimes modernos que se cristalizaram na América Latina, bem como em muitos Estados coloniais, pós-coloniais e pós-imperiais, surgiram movimentos de protesto, muitos movimentos revolucionários, que promulgavam por sua vez uma grande diversidade de padrões de simbologia revolucionária. Em todos eles se desenvolveram, desde o início do século xx, múltiplos movimentos sociais e sobretudo nacionalistas, em que os aspectos revolucionários desempenhavam inicialmente um papel secundário mas contínuo, que cresceu na era de descolonização pós-Segunda Guerra Mundial.

Neste contexto, é particularmente interessante analisar o caso dos países latino-americanos[136]. Na América Latina, em contraste com a situação dos Estados Unidos, a predominância de tensões contínuas entre o modo hierárquico de ordem política e a forte pressão igualitária na esfera pública, o apelo do socialismo e de outras ideologias radicais de esquerda era grande, particularmente entre os intelectuais e os jovens, influenciando modos específicos

---

[136] Sobre a América Latina ver capítulo 1, nota 6.

AS CONSEQUÊNCIAS DAS REVOLUÇÕES

de incorporação do protesto. Concomitantemente, cristalizaram-se na América Latina parâmetros elitistas e populistas que mais tarde foram transformados em padrões corporativistas e em padrões populares e massificados de participação, que destabilizaram a prática política, gerando ondas recorrentes de repressão e democratização nestas sociedades.

Neste contexto é de especial interesse o estudo comparativo do populismo, dos movimentos populistas, e do seu lugar na dinâmica política das diferentes Américas. Em muitos países latino-americanos, os líderes e movimentos populistas constituíam agentes muito importantes da incorporação de sectores sociais e da reestruturação da ordem pública, frequentemente sob os auspícios de regimes e de estilos de governo autoritários. Em contraste, os seus correspondentes norte-americanos (Estados Unidos e Canadá) aparentavam ser mais igualitários e, em alguns casos, mais orientados para a extensão das liberdades civis.

Deste modo, e em marcado contraste com o padrão norte-americano de continuidade da ordem democrática constitucional, os padrões latino-americanos caracterizavam-se por aberturas políticas recorrentes, seguidas por subsequentes colapsos de regimes constitucionais e pela instalação de governos autoritários, quer através de líderes personalistas, quer através dos dirigentes das forças armadas. Esta situação criava terreno fértil para o contínuo desenvolvimento de movimentos radicais e revolucionários de protesto e, aparentemente, encontrava-se muito mais próxima das diversas sociedades pós-imperiais e pós-coloniais do que da Europa, Estados Unidos ou Japão.

Dada a combinação de contínuas transformações sociais, do contínuo desenvolvimento de diversos movimentos de protesto, e da fragilidade de muitos regimes, parecia que, de múltiplas formas, as condições culturais e institucionais de base conducentes ao desenvolvimento de revoluções se encontravam continuamente reproduzidas nestas novas ordens modernas e pós-revolucionárias. Mas, como vimos, a total ligação das condições históricas e estruturais conducentes a tais resultados revolucionários só se desenvolveu em alguns casos, nas sociedades em que se cristalizaram as principais revoluções tardias. Este não era o caso de muitos outros regimes modernos – fosse ele nos regimes e ordens pós-revolucionárias, que se desenvolveram na Europa e nos Estados Unidos, naqueles que se desenvolveram sob diferentes formas na América Latina ou nos diversos regimes coloniais, e depois pós-coloniais da Ásia, Índia, Sul da Ásia e Sudoeste asiático, nos quais se desenvolveram múltiplas ordens diferentes de modernidade, divergindo em muitos aspectos cruciais dos exemplos «clássicos».

221

AS CONSEQUÊNCIAS DAS REVOLUÇÕES

Aqueles que mais se aproximavam do movimento revolucionário clássico pareciam ser os diversos movimentos de protesto que se desenvolveram após a Segunda Guerra Mundial em muitas sociedades pós-coloniais e latino--americanas, que se auto-designavam frequentemente como revolucionárias, de que são exemplo Cuba, a Nicarágua, a Etiópia e o Camboja – que seguiam, de facto, o modelo das revoluções russa e chinesa. Na verdade, como acontecia no caso das revoluções clássicas, em nenhuma destas sociedades ocorreu qualquer crise revolucionária até que estivessem reunidas as três condições necessárias: «uma crise do antigo Estado, a alienação de um sector significativo da elite, e mobilização de massas» (J.Goldstone)[137]. E, no entanto, apesar de algumas aparentes semelhanças com as grandes revoluções, e das afinidades de muitos destes movimentos e regimes com os regimes e símbolos clássicos revolucionários, em muito poucos se desenvolveu algo semelhante a uma «repetição» das revoluções clássicas. O contexto geral destes movimentos, incluindo os revolucionários e neo-revolucionários, diferia grandemente dos que deram origem às grandes revoluções.

Particularmente importantes eram as diferenças dos contextos internacionais em que os colapsos dos regimes aconteciam. De acordo com o argumento de Jack Goldstone:

«No entanto, os movimentos revolucionários desde o fim da era das guerras mundiais divergem, em geral, daqueles que antecederam 1945 em três aspectos. Primeiro, o contexto geopolítico alterou-se. As revoluções recentes ocorreram em países relativamente pequenos, razoavelmente urbanizados, com governos ditatoriais ou coloniais semi-modernos, e não em nações grandes e predominantemente rurais, com governos tradicionais duradouros, tais como os que formaram o contexto para as revoluções sociais «clássicas» da França, Rússia e China. Em segundo lugar, os revolucionários recentes têm sido mais motivados pela oposição a uma dominação local colonial, racial ou de superpotências, e por argumentos étnicos ou religiosos específicos, do que pela busca dos ideais universais que motivaram a maioria das revoluções europeias e latino-americanas dos séculos XVIII e XIX. E, em terceiro lugar, as revoluções do final do século XX têm sido sem dúvida mais moldadas e constrangidas por intervenções internacionais do que a maioria das suas predecessoras. Estas mudanças parecem mais reflectir alterações na constituição

---

[137] Goldstone, J.A., T.R. Gurr e M. Farrokh (eds.) 1991. *Revolutions of the Late Twentieth Century*. op. cit.

AS CONSEQUÊNCIAS DAS REVOLUÇÕES

da ordem internacional do que transformações nos processos de condução do desenvolvimento de situações revolucionárias.»

Intimamente relacionadas com estas características do novo contexto internacional no qual se desenvolveram, estes movimentos e os novos regimes pós-revolucionários também diferiam das grandes revoluções no que respeita quer às suas causas e enquadramentos endógenos, quer exógenos. Muitos deles desenvolveram-se no contexto internacional da Guerra Fria, e a sua própria existência dependia em grande medida do seu patrono – a União Soviética – e dos serviços que estes lhe forneciam no contexto da Guerra Fria, especialmente como exportadores de ideologias ou tropas revolucionárias, treino de rebeldes ou terroristas, constituindo uma ameaça potencial para os Estados Unidos ou para as suas políticas. Uma destas diferenças era que eles eram de facto guiados, financiados, e em grande medida patrocinados pela União Soviética – e mais tarde pela China – e a sua liderança passava a estar crescentemente interligada com contextos inter-estatais e internacionais, sobretudo com os campos em confronto na Guerra Fria.

A segunda característica destes movimentos era que, dadas estas relações internacionais, a sua interligação com outras forças «autóctones» das suas próprias sociedades podia ser relativamente frágil. Em certa medida podiam ser transplantados a partir de centros revolucionários externos. Quaisquer que fossem as diferenças na incorporação dos símbolos socialistas nos símbolos colectivos básicos destas sociedades, na maioria delas o socialismo não se relacionava estreitamente nem com industrialização altamente desenvolvida, nem com a classe operária. Assim, obviamente, muitas diferenças importantes surgiram em relação ao padrão europeu, soviético ou chinês, na organização estrutural dos partidos ou movimentos socialistas. A maioria dos partidos ou movimentos socialistas ou comunistas que se desenvolveram nestas sociedades consistiam sobretudo em agitadores políticos ou revolucionários profissionais ou semiprofissionais com diversos graus de eficácia organizativa, frequentemente treinados no estrangeiro, nos seus Estados patronos, e possuíam relações relativamente fracas ou intermitentes com quaisquer bases sociais de apoio nas suas sociedades.

No contexto destes vários movimentos emergiu necessariamente um novo tipo de revolucionário internacional, cujo exemplo máximo talvez seja Che Guevara – o qual embora completamente enraizado numa religião ou país específicos, passava a fazer parte de uma crescente rede internacional revolucionária, inspirando revoluções ou aspirações revolucionárias e movimentos que se estendiam por diversos continentes.

223

AS CONSEQUÊNCIAS DAS REVOLUÇÕES

Em terceiro lugar, estas sociedades e regimes que emergiram destas perturbações revolucionárias eram caracterizadas pelos traços específicos – sobretudo patrimoniais ou coloniais – da estrutura política e dos tipos de economia política característicos da maioria das sociedades asiáticas, africanas ou latino-americanas. Em alguns casos, como em Cuba, promulgaram medidas sociais e igualitárias de longo alcance no âmbito destes enquadramentos.

A característica mais importante que distinguia a maioria destes movimentos revolucionários das revoluções clássicas iniciais e também das revoluções posteriores, com a excepção parcial das revoluções tardias, era que estes não promulgavam uma nova visão cosmológica, uma nova visão cultural. Todos eles se posicionavam já no interior do contexto do programa político e cultural da modernidade, muito frequentemente no âmbito de um programa específico de modernidade alternativa, que se cristalizou no seguimento das revoluções tardias.

A incorporação de símbolos de protesto como processos constitutivos de integração no enquadramento das civilizações modernas na era do Estado-nação revolucionário e não-revolucionário

LXXVI

A análise precedente, apesar de aproximativa e conjectural, indica que a transformação dos símbolos e preceitos do socialismo em diferentes sociedades foi levada a efeito não apenas pelos seus conteúdos intelectuais ou orientações inerentes, mas pela relação entre estes conteúdos e os enquadramentos e contextos históricos alargados nos quais eles se desenvolveram, ou no interior dos quais foram absorvidos.

Os diferentes modos de incorporação dos vários símbolos socialistas e potencialmente revolucionários, e a sua transformação, alguns dos quais foram ilustrados na discussão anterior, constituíram um aspecto central da incorporação de diferentes sociedades nos enquadramentos simbólicos e institucionais da civilização da modernidade, à medida que se desenvolviam e se transformavam por via da sua cristalização e expansão. Estes diferentes modos de incorporação, de transformação dos símbolos e temas do socialismo, eram moldados em grande medida pela combinação das premissas civilizacionais básicas destas sociedades, a natureza do seu encontro com os sistemas inter-

AS CONSEQUÊNCIAS DAS REVOLUÇÕES

nacionais económicos, políticos e ideológicos modernos, e os seus pontos de entrada específicos nestes sistemas; e pela coesão interna das suas respectivas elites e a estabilidade e relativa abertura dos novos regimes políticos que se desenvolveram nestas sociedades.

Ou, com mais pormenor, as variações entre as diferentes sociedades nos modos de incorporação e transformação de símbolos socialistas potencialmente revolucionários foram influenciadas pelas premissas civilizacionais básicas destas sociedades, pela natureza das relações que se desenvolveram dentro delas, as suas elites e sub-elites, e os centros de expansão ocidental; e os diferentes modos pelos quais foram incorporadas nas novas estruturas culturais e ideológicas internacionais modernas. Em segundo lugar, a receptividade aos símbolos do socialismo dependia também da extensão do sentimento de segurança das elites principais destas sociedades, bem como da coesão interna das sociedades à medida que se incorporavam no novo sistema internacional; do nível de discrepância entre as suas aspirações de participação autónoma na nova grande tradição universalista, e a sua capacidade para forjar uma posição autónoma no contexto desta tradição, incorporando as suas próprias tradições, e mantendo a sua autonomia. Por fim, o modo de incorporação destes símbolos – e movimentos – era também dependente, em grande medida, da estabilidade e continuidade dos novos regimes políticos que se desenvolveram nos diferentes países em função da sua incorporação nestes novos sistemas internacionais.

A importância destes factores na incorporação de símbolos de protesto era já evidente na Europa Central e de Leste, onde o socialismo teve a sua origem, e na qual o modo específico de incorporação de símbolos revolucionários foi forjado nos séculos XIX e XX como parte da tradição europeia e dos processos da sua reestruturação. Como vimos, nos países europeus em que se desenvolveram regimes relativamente estáveis e, sobretudo, pluralistas, os diferentes símbolos e movimentos socialistas foram, por assim dizer, domesticados, e tornaram-se parte da sua estrutura institucional e simbólica básica em constante mutação, desempenhando um papel importante na transformação das premissas dos respectivos regimes.

Mas foi sobretudo para lá da Europa Central e de Leste que a importância dos diferentes factores analisados acima, relativos à receptividade dos símbolos socialistas e aos termos da sua transformação, pode ser observada. Estas transformações desenvolveram-se de múltiplas maneiras, cada uma delas implicando uma transformação extensa dos sentidos dos símbolos das revoluções socialistas, do seu lugar nos mapas simbólicos das respectivas socieda-

AS CONSEQUÊNCIAS DAS REVOLUÇÕES

des, e das suas diferentes ligações com os aspectos organizacionais dos movimentos sociais.

A receptividade a símbolos socialistas como componentes de identidade colectiva das diferentes sociedades dependia, primeiro, da medida em que as tradições destas sociedades continham elementos universalistas suficientemente fortes para transcenderem a tribo, a etnia ou a comunidade nacional, e orientações baseadas em elementos milenaristas, mundanos e utópicos, bem como do nível de importância em termos simbólicos e institucionais das tensões entre hierarquia e igualdade no seio destas orientações. Quando os elementos universalistas e utópicos eram fortes, surgiam nestas sociedades tentativas significativas de incorporação do socialismo na simbologia fundamental da nova colectividade. Desta forma, foram incorporados símbolos socialistas na Europa Ocidental, em Israel, posteriormente na Rússia, na China, até certo ponto na Birmânia sob U Nu e Ne Win, no Médio Oriente, e nos países africanos.

Ao contrário, nos Estados Unidos, e de forma diferente no Japão e na Tailândia, estes símbolos não se incorporaram nos reportórios simbólicos centrais das colectividades. O mesmo se pode afirmar, basicamente, a respeito da Índia, apesar de muitas das políticas adoptadas por Nehru, e mais tarde pela sua filha Indira Gandhi, serem consideradas tendencialmente socialistas, e de o governo destes dois dirigentes ser prolífero em declarações socialistas. É certo que o partido comunista desempenhava um papel importante em alguns Estados, particularmente em Kerala, mas já dentro do quadro constitucional da União Indiana. No Japão, estas fortes orientações universalistas e utópicas estavam ausentes. Na Índia, a arena política não era considerada como uma arena importante para a implementação das visões transcendentais dominantes, e as orientações utópicas dos movimentos mais importantes não se centravam no terreno político. A relativa fraqueza do socialismo no Japão era reforçada pela prevalência das premissas de hierarquia, e pela fragilidade da dimensão transcendental na definição básica do domínio ontológico. Estes factores explicam, também, a não incorporação de símbolos socialistas no repertório simbólico central da sociedade japonesa, mesmo quando movimentos socialistas ou comunistas desempenhavam importantes papéis secundários. Nos Estados Unidos, esta não incorporação relacionava-se com o modo distinto pelo qual as orientações universalistas utópicas eram transformadas, dando origem a um programa distinto de modernidade com uma forte ênfase na igualdade baseada em princípios.

A predisposição para a incorporação de símbolos revolucionários dependeu, também, da forma como o posicionamento das diferentes sociedades

AS CONSEQUÊNCIAS DAS REVOLUÇÕES

– como centros de uma grande tradição, potencialmente universalista, como era o caso da Rússia, da China e dos países islâmicos – foi afectado pelo seu encontro com as hegemonias ocidentais. No caso do Japão, por outro lado, onde uma identidade cultural colectiva moderna foi reconstruída com sucesso a par e passo com a conquista de um forte estatuto internacional, a predisposição para incorporar símbolos socialistas na simbologia central era fraca e limitada a elites marginais, incapazes de influenciar o centro ou grupos mais alargados. De forma semelhante, a não incorporação de componentes socialistas nos símbolos centrais da identidade americana encontra-se estreitamente relacionada com a predominância de uma ênfase fundamentada na igualdade e no posicionamento ímpar dos Estados Unidos no moderno sistema internacional.

Nas sociedades africanas e do Médio Oriente, diferentes constelações de factores em mudança afectaram a incorporação de diferentes aspectos do socialismo. Na maioria das sociedades africanas, o colonialismo atirou para a órbita internacional unidades políticas e culturais com grandes tradições, relativamente fracas, na sua maioria pré-Axiais, dando origem no seu interior – pelo menos entre as suas elites mais urbanizadas e instruídas – a uma forte predisposição para participar no contexto mais lato das novas grandes tradições. Foi neste contexto que se desenvolveram as ideologias do socialismo africano, que mais tarde recuou com o desenvolvimento de atitudes mais negativas em relação ao Ocidente.

Nas sociedades islâmicas centrais, em especial no Próximo Oriente, a predilecção de algumas elites em incorporar símbolos socialistas na simbologia central das suas sociedades relacionava-se com o enfraquecimento de muitos elementos das suas próprias grandes tradições e, especialmente, com a incerteza acerca das relações entre os novos centros políticos emergentes e as ambições universalistas do islão. Ao mesmo tempo, a persistência desta ambivalência, bem como o facto de o Islão ser uma civilização universalista, resultou na adopção de alguns símbolos socialistas e de amplos programas políticos socialistas, embora com uma tendência para serem legitimados em termos da sua adesão à tradição e símbolos islâmicos. Estes símbolos passaram a ser menos importantes com o ressurgimento da identidade islâmica e com o chamado fundamentalismo islâmico, nos quais é feita frequentemente a afirmação de que o islão contém aspectos puros de não-materialismo na justiça social. É significativo que a predisposição para incorporar símbolos socialistas tenha sido em geral mais fraca nas sociedades africanas que detêm ou desenvolveram uma forte identidade islâmica, que lhes deu a possibilidade de participarem numa grande tradição já existente, uma vez que os símbolos

227

socialistas eram muitas vezes incorporados nos símbolos islâmicos gerais da colectividade.

É de grande importância enfatizar que estas variações não eram fixas em nenhuma sociedade, mudando muito frequentemente de acordo com as alterações nos modos de incorporação dos símbolos e princípios socialistas no seu respectivo posicionamento e desenvolvimentos centrais dentro destas sociedades. Em todas elas se desenvolveu uma renovação e reconstrução contínuas de temas e alegorias, atestando a dinâmica contínua da modernidade – e, ao mesmo tempo, o facto de o programa cultural da modernidade constituir uma referência, positiva ou negativa, comum a todas elas.

LXXVII

Valerá a pena examinar, neste contexto, ainda que muito rapidamente e de forma preliminar, em que medida um aspecto central do socialismo – o princípio do «materialismo científico» – foi incorporado nas estruturas intelectuais de várias sociedades. Um olhar rápido mostra que estes processos de incorporação se relacionavam estreitamente com as diversas condições analisadas acima.

Sob este ponto de vista, podemos distinguir três tipos de sociedades ou de civilizações: primeiro, a maior parte dos países europeus, onde os princípios ou símbolos do socialismo se tornaram uma componente das suas premissas civilizacionais basilares, e dos seus mapas intelectuais e cognitivos ou universos discursivos; em segundo, as sociedades como a da Rússia soviética e da China comunista, e talvez ainda a de Cuba, onde os ideais socialistas-comunistas se tornaram aspectos centrais e hegemónicos das suas premissas e mapas intelectuais; em terceiro lugar, muitos dos países islâmicos e de África, bem como um país como a Birmânia, onde os símbolos socialistas passaram a ser componentes importantes na sua identidade colectiva, apesar de os princípios socialistas não terem adquirido proeminência nos respectivos mapas intelectuais destes países. Aqui, é mais fácil identificar as diferenças entre os regimes comunistas e os regimes pluralistas do Ocidente.

Estes diferentes modos de incorporação das premissas do «materialismo científico» nos mapas intelectuais e cognitivos das várias sociedades, tiveram influências extensas, não só na manutenção oficial dessas premissas, como também nos desenvolvimentos intelectuais nestas sociedades. Assim, naqueles sociedades – em particular na Rússia – onde as premissas básicas do socia-

AS CONSEQUÊNCIAS DAS REVOLUÇÕES

lismo se tornaram proeminentes, incorporando e transformando totalmente as originais premissas «cristãs», o «materialismo científico» passou a ser a ortodoxia oficial, com um impacto a dois níveis. O nível mais elementar e óbvio correspondeu à promoção e promulgação da doutrina do «materialismo científico» a doutrina oficial da sociedade. Num segundo nível mais complexo, mais penetrante, e provavelmente mais relevante para a nossa análise, estas premissas serviram para organizar a estruturação das esferas do conhecimento e do trabalho científico, ou foram, pelo menos, as bases para as tentativas de estruturação destes domínios.

Enquanto se assistiu, na Rússia soviética, a uma crescente flexibilidade do controlo, bem como a uma autonomia crescente de diferentes áreas do conhecimento – em especial científico – e da criatividade cultural, tal fenómeno ocorreu contra um substrato de tentativas de organização generalizada dos diferentes campos da criatividade cultural, de acordo com os princípios do «materialismo científico».

Os principais mecanismos de controlo – para lá da censura directa – passavam pela inculcação destas premissas a toda a população através de instituições educativas e dos meios de comunicação de massa, i.e., através dos principais meios de construção de muitas das incorrigíveis assunções acerca da sociedade, do cosmos e da realidade. Em simultâneo, o próprio «materialismo científico» ficou cada vez mais empedernido. Com raras excepções, não estava receptivo ao impacto provocado pelos diversos domínios do conhecimento que alcançaram alguma autonomia. Em algumas áreas e períodos, estes princípios exerceram controlo directo sobre os conteúdos de diversos campos desta criatividade. Mas mesmo quando este controlo era menos intenso, produziu efeitos de longa duração – equiparáveis, num certo sentido, a alguns aspectos da estruturação do conhecimento nas civilizações da era Axial – conducentes à relativa hierarquia, autonomia e segregação destes campos.

Ao contrário desta situação, na maior parte dos países europeus onde os símbolos e princípios científicos do socialismo constituíram apenas uma componente, e não necessariamente a mais central, do seu universo intelectual básico, o materialismo «científico» ou socialista ocupou um lugar diferente nos mapas intelectuais. Aqui, o materialismo ou marxismo foi incorporado e transformado de três formas distintas. Em primeiro lugar, o «materialismo científico» tornou-se um paradigma do discurso intelectual e académico, que, nestas sociedades abertas e pluralistas, concorria com outros modelos, podendo desenvolver – pelo menos em alguns sectores – grande vitalidade e diversidade. Em segundo lugar, em diferentes períodos e para diferentes

AS CONSEQUÊNCIAS DAS REVOLUÇÕES

sectores da população, passou a fazer parte do ambiente intelectual geral, com assinalável e variado impacto em diversos campos da criatividade cultural. Em terceiro, podia naturalmente tornar-se central de forma sectária, procurando dominar por completo alguns grupos intelectuais. Mas mesmo estas tendências sectárias tinham de enfrentar o mundo exterior «aberto». Daí que as tendências sectárias internas tenham progressivamente enfraquecido, o que conduziu ao aparecimento de uma multiplicidade de seitas, e a uma desagregação de alguns dos seus princípios, ou à sua transformação numa componente relativamente aberta dos mapas cognitivos mais alargados da sociedade.

A situação foi distinta nas sociedades em que os princípios do socialismo não adquiriram relevância enquanto componentes das premissas intelectuais e cognitivas básicas, mesmo quando funcionavam como símbolos importantes da identidade colectiva. Aqui, estes princípios socialistas tiveram apenas um impacto mínimo nos mapas cognitivos prevalentes nestas sociedades, e em especial nos modos de organização e de estruturação do conhecimento no seu seio – embora a análise detalhada desta situação careça ainda de uma investigação detalhada.

LXXVIII

Repetindo: a análise precedente, conjectural e provisória, como se definiu, mostra que a transformação dos símbolos e premissas do socialismo em diferentes sociedades decorreu não só, ou de forma maioritária, por via dos seus conteúdos intelectuais intrínsecos, mas através da relação entre esses conteúdos e os enquadramentos e contextos históricos mais alargados em que se desenvolveram, ou nos quais foram absorvidos.

As diferenças nos modos de incorporação dos símbolos do socialismo nas diferentes sociedades modernas relacionam-se estreitamente com os diferentes pontos de «entrada» na modernidade, com a forma como as ordens modernas se cristalizaram nestes países. Esta análise realça a importância dos diferentes modos revolucionários e não-revolucionários da cristalização inicial dos regimes modernos e dos padrões de modernidade cultural e institucional nestas sociedades para a constituição destes contextos e da combinação do impacto do programa «original» da modernidade nos seus respectivos centros, nas suas elites, e nas suas inter-relações com os estratos mais alargados nas suas respectivas sociedades. Estas diferenças nos modos de incorporação e transformação das actividades e dos símbolos revolucionários, foram constitutivas

230

AS CONSEQUÊNCIAS DAS REVOLUÇÕES

do desenvolvimento dos diferentes padrões de modernidade, das diferentes modernidades, tal como se cristalizaram nas diversas sociedades modernas, acima de tudo no período de predominância dos modelos do Estado-nação revolucionário e não-revolucionário enquanto paradigmas da modernidade, dos programas culturais e ideológicos modernos. Estas diferenças foram especialmente importantes na constituição dos Estados-nação revolucionários e não-revolucionários à medida que se cristalizaram em diferentes sociedades no período dominado pelo programa original da modernidade, que se desenvolveu na Europa e nos sistemas internacionais, nos quais o programa ocidental constituiu a referência central, apesar de frequentemente ambivalente – alterando de forma significativa as últimas décadas do século xx.

Capítulo XVII

O novo contexto:
alterações nos tipos de modelo do Estado-nação
revolucionário e não-revolucionário

LXXIX

Os diferentes modos de incorporação dos símbolos e movimentos revolucionários acima analisados constituem uma componente importante no desenvolvimento dos vários enquadramentos institucionais dos Estados-nação revolucionários e não-revolucionários durante o século XIX e primeira metade do século XX. Estes modos desenvolveram-se no âmbito do programa original da modernidade ocidental, e das tentativas empreendidas pelas diversas elites, nas suas respectivas sociedades, para se incorporarem nos enquadramentos ideológicos e institucionais deste programa, mesmo quando discordavam de alguns dos seus aspectos.

Durante este período, o papel central nos sistemas e enquadramentos internacionais coube aos Estados-nação revolucionários e não-revolucionários. Estes enquadramentos constituíram as principais arenas institucionais, nas quais as tensões e antinomias da modernidade, as suas tendências construtiva e destrutiva, emergiram de forma mais evidente durante este período,

AS CONSEQUÊNCIAS DAS REVOLUÇÕES

e, em especial, as tensões entre as suas dimensões pluralista e totalitária – nas quais os símbolos e movimentos revolucionários assumiram um papel fulcral.

Foi no período entre o fim da Segunda Guerra Mundial e os meados dos anos 60, até à guerra do Vietname e ao movimento antiguerra, que a visão da modernidade, tal como se manifestou no Estado-nação revolucionário e não--revolucionário, atingiu o seu apogeu, com estes modelos a sintetizar a completa maturação do programa original da modernidade. Nos Estados-nação ocidentais, a participação crescente de todos os cidadãos – incluindo das mulheres – nas arenas políticas foi alcançada, assim como o desenvolvimento de um novo programa económico e social, que culminou no estabelecimento de novas formas de capitalismo regulado, de «mercados sociais» e diferentes tipos de Estado social.

Ao mesmo tempo, os maiores Estados-nação revolucionários – a União Soviética, e depois a China – começaram a amadurecer e a estabilizar, tornando-se cada vez mais industrializados, e assemelhando-se em muitos aspectos ao desenvolvimento dos países capitalistas. No entanto, em simultâneo, os Estados-nação revolucionários eram apresentados pelos seus dirigentes como as principais alternativas ao modelo capitalista pluralista. Neste período, na sequência dos processos de descolonização e de estabelecimento de numerosos novos Estados na Ásia e em África, os Estados configuravam-se de acordo com dois modelos, um de tipo «Ocidental», e o outro de tipo revolucionário (comunista), modelos esses que se expandiram por todo o mundo. Estes Estados eram aliados das potências hegemónicas – os Estados Unidos e a União Soviética –, que tentavam proteger e subordinar os seus respectivos satélites, mesmo se estes, como era o caso de muitos regimes autoritários protegidos pelos Estados Unidos, se opunham à ideologia fundamental do Estado que os tutelava.

Concomitantemente, depois da Segunda Guerra Mundial, apesar da persistência de muitos regimes autoritários na Europa de Leste e na América Latina, e das novas cristalizações que surgiram no Médio Oriente e no Sul da Ásia, as ideologias fascista e nacional-socialista desapareceram enquanto alternativas ideológicas modernas. Os regimes autoritários na Europa e na América Latina começaram a fragmentar-se nos anos 60 e 70 do século xx, e até ao final deste período despontaram, no seu interior, tendências transformadoras de longo alcance.

Os parâmetros ideológicos deste sistema internacional enquadravam--se, em grande medida, no programa cultural e político do «Ocidente» – nas tensões e confrontos que nele se desenvolveram –, de forma particularmente intensa na Europa. Depois da Segunda Guerra Mundial, estas diferenças e

234

confrontos entre as ideologias pluralista e capitalista – representada pelos Estados Unidos, e de modo diferente, mas vigoroso, pela Europa Ocidental –, e as ideologias totalitárias colectivistas – representadas pela União Soviética, e de novo de forma diferente, pela China e Vietname – tornaram-se um símbolo da luta entre estes dois campos.

Durante este período, o confronto entre estes modelos e os seus portadores – relacionado como estava, naturalmente, com diversas rivalidades geopolíticas, muitas vezes mais antigas – foi uma componente importante, possivelmente *a* principal e certamente a mais distintiva, da cena internacional. Os anteriores confrontos imperiais transformaram-se em novos confrontos globais, ideológicos, políticos e económicos, aparentemente sem qualquer tipo de ligação, como acontecera entre os século XIX e a Segunda Guerra Mundial, aos regimes imperiais em expansão de acordo com o antigo modelo colonial-territorial. Depois da Segunda Guerra Mundial desenvolveu-se o sistema bipolar internacional do período da Guerra Fria, caracterizado por intensas rivalidades entre as duas superpotências – os Estados Unidos e a União Soviética – envolvendo uma luta contínua em torno da hegemonia geopolítica e ideológica. Esta rivalidade englobava o mundo inteiro, assistindo-se por parte destas duas superpotências a tentativas de controlo sobre diferentes partes do mundo, de estabelecimento de regimes afectos ao seu respectivo campo, e de combate aos regimes dos seus «inimigos».

LXXX

Esta situação, que representa o apogeu da era clássica da modernidade, começou a mudar – primeiro lentamente, e depois com mais intensidade – desde as últimas duas ou três décadas do século XX, em estreita conexão com o desenvolvimento de diversos processos, primeiro no Ocidente, e depois um pouco por todo o mundo, os quais se cristalizaram em diferentes constelações.

Estes processos desenvolveram-se num novo contexto histórico, cujas principais características se traduziam, em primeiro lugar, em mudanças nos sistemas e hegemonias internacionais, em especial no enfraquecimento das antigas hegemonias ocidental e soviética, assinalando aquilo a que Fritz Stern[138] chamou «o fim da era pós-guerra»; em segundo lugar, no esgota-

---

[138] Stern, F. 1974. The End of the Post-War Era. *Commentary*. vol. 57, April, pp. 27-36.

mento das confrontações políticas e ideológicas da Guerra Fria, que culminou na desintegração do regime soviético; em terceiro lugar, no desenvolvimento, em todo o mundo, de múltiplos processos de globalização económica e cultural, e em articulação com estes processos, especialmente nas sociedades não-ocidentais, numa série de processos altamente destabilizadores.

LXXXI

O mais importante destes processos foi uma transformação estrutural a que se assistiu no Ocidente, e depois em muitas outras sociedades em todo o mundo, que se manifestou no desenvolvimento de novas tecnologias e formação de novos padrões de economia política e de tecnologia orientados para o conhecimento, para a tecnologia e para a sociedade da informação; em concomitantes mudanças na cristalização de formações sociais variadas, de classe e relações de estatuto; na tendência contínua para a democratização generalizada, como ficou patente na crescente procura de acesso, por parte de muitos sectores, às arenas políticas das suas respectivas sociedades e da cena internacional; e nos processos de mudança e transformação ideológica e cultural de longo alcance.

Estes processos começaram a desenvolver-se, em diferentes tempos, logo desde o final da década de 50 e inícios da década de 60 de forma sempre renovada, expandindo-se continuamente em todo o mundo, e acabando por confluir nos anos 90, em grande medida sob o impacto dos novos e intensos processos de globalização e das mudanças nas arenas institucionais ocorridas na sequência da desintegração da União Soviética. Até cerca dos anos 70, estes processos e as mudanças que eles envolviam, pareciam estar confinados aos diferentes Estados-nação revolucionários e não-revolucionários. Desde a década de 80 em diante, sob o impacto de novos «movimentos sociais», de um intenso processo de globalização, de enfraquecimento dos Estados sociais no Ocidente, e da desintegração da União Soviética, desenvolveram-se e cristalizaram-se uma plêiade de arenas trans-estaduais ou trans-nacionais, de organizações e redes, combinando com frequência o crescimento das redes sub-nacionais regionais, e dando origem a mudanças de longo alcance nas relações globais e locais, na formação das arenas institucionais, das colectividades e redes.

LXXXII

O núcleo comum destes processos era a crescente dissociação dos principais papéis, organizações e relações de classe – sociais, económicos, políticos, familiares e de género – e das até então macro-formações alargadas, em especial as formações hegemónicas do Estado-nação revolucionário e não-revolucionário; o desenvolvimento de múltiplas redes e grupos, transversais a muitas organizações e sociedades[139]; uma diversificação contínua das principais formações e papéis sociais, e mundos da vida (*Lebenswelt*); o enfraquecimento das fronteiras relativamente fechadas destas formações, a sua crescente permeabilidade e a sua concomitante diversificação; o concomitante enfraquecimento das orientações culturais, as quais eram com frequência encaradas como as bases da legitimação destas formações; a crescente dissociação entre os centros políticos e as principais colectividades sociais e culturais, e o desenvolvimento de núcleos de novas identidades sociais e culturais, que transcendem as fronteiras políticas e culturais existentes.

Desenvolveram-se, em estreita ligação com estes fenómenos, fortes tendências para a emergência de novas definições das várias arenas da vida, e para a cristalização de uma multiplicidade de conexões semântico-ideológicas entre as arenas pública e privada, o trabalho e a cultura, a ocupação e a residência, e para uma imprecisão ou recombinação destas arenas.

Tais desenvolvimentos tiveram como consequência o enfraquecimento da centralidade do modelo do Estado-nação revolucionário ou não-revolucionário, com as suas fortes tendências homogeneizadoras, e o desenvolvimento de novos tipos de identidade que radicavam, por um lado, em contextos locais mais reduzidos, efectivos ou virtuais, e em contínua reconstituição, e por outro, em enquadramentos trans-locais – o desenvolvimento de novos enquadramentos políticos transnacionais ou trans-estaduais, entre os quais a União Europeia constitui um dos exemplos mais marcantes; a concomitante reconfiguração da relação entre as componentes primordial e/ou sagrada (religiosa), em oposição aos aspectos civis na constituição da identidade colectiva, gerando novos modos de exclusão e de inclusão.

---

[139] Castells, M. 2000. *The Rise of the Network Society*. Malden, MA: Blackwell, 2000; Wimmer, A. 2001. Globalizations Avant la Lettre: A Comparative View of Isomorphization and Heteromorphization in an Inter-Connecting World. *Comparative Studies in Society and History*. 43, pp. 435-466.

AS CONSEQUÊNCIAS DAS REVOLUÇÕES

Concomitantemente, desenvolveu-se uma contínua decomposição da imagem relativamente compacta do «homem civilizado», dos estilos de vida, da construção de mundos da vida (*Lebenswelt*), que estavam ligados aos fortes programas da modernidade, dando origem a uma crescente pluralização e heterogeneidade de tais imagens e representações, e dos novos padrões de diferenciação e de sincretismo entre diferentes tradições culturais, tão bem analisados por Ulf Hannerz([140]), bem como ao contínuo desenvolvimento de modernidades «alternativas» em mudança.

Uma das alterações institucionais mais importantes relacionada com essas tendências, foi o desenvolvimento de vários enclaves estruturais, semi-liminares, no seio dos quais novas orientações culturais, novos modos de procura de sentido – frequentemente formulados em termos transcendentais – tenderam a desenvolver-se e a ser mantidos, em parte como contraculturas, e em parte como componentes de uma nova cultura. Estes enclaves, nos quais algumas pessoas podiam participar em pleno, mas sobretudo de forma transitória, podiam funcionar, em algumas situações, como reservatórios de actividades e grupos revolucionários, mas no conjunto tendiam a servir como locais ou pontos de partida para mudanças de longo alcance nos papéis e orientações culturais. Estreitamente relacionada está a emergência de novas diásporas, como a muçulmana e a indiana, na Europa e nos Estados Unidos; ou a extensão e crescente autoconsciência de diásporas mais antigas, como a chinesa ou a indiana.

LXXXIII

Estas mudanças tornaram-se estreitamente ligadas num processo de contínua reacção, apresentando transformações culturais de longo alcance que tiveram início nos anos 60, primeiro nas sociedades ocidentais, e depois para lá delas. Estas transformações tiveram como consequência o enfraquecimento da definição da realidade ontológica, tal como promulgada pelo Iluminismo, e que fora hegemónica no período clássico da modernidade. A sua premissa principal era a de que a exploração e mesmo o domínio dos ambientes e destinos humanos e naturais em contínua mudança podia ser alcançada através do esforço consciente do homem e da sociedade, um esforço orientado para, ou

---

([140]) Hannerz, U. 1999. *Cultural Complexity: Studies in the Social Organization of Meaning*. New York: Columbia University Press; idem 1996. *Transnational Connections: Culture, People, Places*. London e New York: Routledge / Columbia University Press.

guiado, por uma forte visão transcendental «mundana». A crença nesta exploração interminável, bem como no potencial domínio sobre os ambientes interno e externo, implicava a mistura da *Zweckrationalität* e da *Wertrationalität*, do *logos* e do *mythos*, da teoria e da prática, por assim dizer, e tornou-se mais completamente representada pelo *ethos* da racionalidade cognitiva.

As mais completas evidências desta atitude podem ser encontradas na incorporação, e parcial predomínio, da ciência e da abordagem científica nas premissas e parâmetros básicos da ordem cultural; ou seja, na assunção de que a exploração da natureza pelo homem, a contínua expansão do conhecimento científico e tecnológico, podem transformar tanto as ordens cultural como social, de acordo com as premissas desta visão ontológica.

As novas tendências culturais implicavam uma crítica a estes aspectos do programa cultural do Iluminismo, em especial quando este era promulgado e institucionalizado como o discurso hegemónico do período clássico da modernidade. Começou a esboçar-se uma tendência crescente para distinguir e dissociar *Zweckrationalität* e *Wertrationalität*, e para o reconhecimento da grande multiplicidade de diferentes *Wertrationalitäten* – e para o desenvolvimento do pós-materialismo e de orientações multiculturais tardias. Esta crítica caracterizou-se por uma ênfase crescente na possível pluralidade das visões cosmológicas, e na procura e tentativa de encontrar novas formas de combinar uma *Zweckrationalität* «suprimida» com diferentes tipos de *Wertrationalität* – fossem eles estéticos, sociais ou morais – e de criar uma variedade de combinações entre elas. A racionalidade cognitiva – tal como surgia, em especial, nas formas extremas de cientismo – foi destronada da sua posição relativamente hegemónica, tal como a ideia de «conquista» ou domínio sobre o ambiente, tanto social como natural, deixou de ser aceite. A validade de uma presumida supremacia da visão científica do mundo e de um futuro progressista, comum a toda a humanidade, começou a ser questionada.

Em simultâneo, assistiu-se ao enfraquecimento das grandes narrativas da modernidade, até então predominantes. A crença na existência de critérios comuns – em especial o da liberdade e progresso, e ao nível dos direitos – segundo os quais diferentes sociedades, em especial as contemporâneas, podiam ser comparadas ou avaliadas, foi posta em causa ou negada. Estes desenvolvimentos implicavam uma viragem tanto nas dimensões espacial como temporal da visão da modernidade, tal como se corporizava no modelo e na imagem do Estado-nação revolucionário e não-revolucionário, com as suas tendências fortemente homogeneizadoras, e nas relações entre eles, dando origem a orientações pós-modernas e pós-materialistas mais pluralistas, «multi-

AS CONSEQUÊNCIAS DAS REVOLUÇÕES

culturais», com uma forte orientação relativista. Da mesma forma, as relações entre o «local» e o «global», assim como as relações entre as grandes narrativas e outras mais localizadas – tanto em termos espaciais como temporais – estiveram em mudança contínua, ou de acordo com as novas constelações espácio-temporais.

LXXXIV

Todos estes desenvolvimentos e tendências tiveram implicações significativas no lugar ocupado pela religião na era contemporânea, dando origem a uma nova constelação das principais componentes da experiência religiosa. Esta constelação caracterizou-se pela paradoxal combinação entre, por um lado, uma crescente privatização das orientações e sensibilidades religiosas, o enfraquecimento das instituições religiosas oficiais, e da religião institucionalizada, e por outro o «ressurgimento» dos aspectos religiosos ou étnicos, o seu avanço, transformação e transposição para os centros da actividade política nacional e internacional, e na constituição de identidades colectivas, que se tornaram uma componente central, apesar de autónoma, dessas identidades[141]. A identidade religiosa, que no modelo clássico do Estado-nação era delegada ou confinada às esferas privada ou secundária, foi transposta para as arenas política e cultural públicas. Tal transposição não implicou, no entanto, um simples retorno de algumas formas tradicionais da religião, mas antes uma reconstituição abrangente dos aspectos religiosos.

Estas mudanças na arena religiosa estavam estreitamente ligadas com desenvolvimentos internos de longo alcance ocorridos em todas as principais religiões. Em todas elas se verificaram tentativas de reformulação das relações entre as suas diferentes dimensões – a transcendental, a cosmológica, e as institucionais-organizacionais; na estrutura da autoridade e da sensibilidade e orientações religiosas individuais; assim como nas suas relações com as principais formações políticas e com a constituição de colectividades e da identidade colectiva[142]. Concomitantemente, esboçou-se, entre as principais

---

[141] Eisenstadt, S.N. 2005. *The Transformations of the Religious Dimension in the Constitution of Contemporary Modernities*. Leiden e Boston: Brill Academic Publishers. Brill: The Netherlands.

[142] Eisenstadt, S.N. Cultural Programs, the Construction of Collective Identitites and the Continual Reconstruction of Primordiality. A publicar in B. Gissen e D. Suber. (eds.) *Religion and Politics*. Leiden e Boston: Brill Academic Publishers.

O NOVO CONTEXTO: ALTERAÇÕES NOS TIPOS DE MODELO DO ESTADO-NAÇÃO...

religiões, uma ênfase crescente acerca dos seus universalismos internos autênticos, tidos como independentes, distintos, ou em confronto com as orientações universais dos programas culturais da modernidade, tal como haviam sido promulgados pelo Iluminismo, corporizado no Estado-nação revolucionário ou não-revolucionário – mesmo quando se entrelaçava com – o ressurgimento de organizações religiosas trans-estaduais – e uma viragem de longo alcance nas relações entre grupos religiosos, as diferentes instituições políticas e «seculares», e os modos de confronto entre eles.

A transformação dos modelos
do Estado-nação revolucionário e não-revolucionário

LXXXV

Os processos acima analisados constituem o germe de transformações estruturais, que atingiram o seu auge na década de 90 do século xx, com a mudança geral dos enquadramentos da modernidade ou modernidades. Até à década de 70, estes processos e as mudanças por eles geradas aparentavam decorrer dentro dos limites dos diferentes Estados-nação revolucionários e não-revolucionários. Desde a década de 80 em diante, sob o impacto contínuo dos «novos movimentos sociais», do enfraquecimento dos Estados sociais no Ocidente e da desintegração da União Soviética, e dos intensos processos de globalização, desenvolveram-se e cristalizaram-se cada vez mais arenas trans-estaduais e transnacionais, organizações e redes, frequentemente combinadas com o crescimento de arenas sub-nacionais e regionais.

Todos estes processos testemunham o enfraquecimento ou transformação das premissas ideológicas e institucionais básicas do modelo até então prevalecente do moderno Estado-nação revolucionário ou não-revolucionário; da centralidade ideológica e simbólica do Estado-nação, da sua posição enquanto *locus* carismático do programa cultural da modernidade e de identidade colectiva, enquanto principal regulador das várias identidades secundárias; e o enfraquecimento da hegemonia ideológica daqueles.

Todos estes desenvolvimentos implicaram mudanças de longo alcance do ponto de vista tanto dos centros económico-tecnológicos ou políticos, como das unidades ou enquadramentos macro-societais de larga escala, enquanto arenas básicas de implementação da dimensão carismática das visões ontológicas e sociais. Ocorreu uma descarismatização das formações sociais alar-

241

AS CONSEQUÊNCIAS DAS REVOLUÇÕES

gadas, tais como a nação e o Estado, dos centros das sociedades, das facções ideológicas, e de domínios culturais como os da ciência. Ao invés, desenvolveu-se uma forte tendência para procurar o carisma, as dimensões utópicas da existência humana e da vida social nas arenas mais dispersas e menos centrais, e para reconhecer uma multiplicidade de formas de vida e interacção social autênticas.

Enquanto os centros políticos dos Estados-nação mantiveram a sua predominância enquanto arena principal de distribuição de recursos, continuando a ser, provavelmente, os mais importantes actores nas mais relevantes e diversas arenas internacionais, o controlo do Estado-nação sobre os seus próprios assuntos económicos e políticos – não obstante o contínuo reforço das políticas «tecnocráticas», racionais e seculares em várias arenas, seja a educação ou o planeamento familiar – foi reduzido. Em simultâneo, os Estados-nação perderam algum do seu monopólio da violência interna e internacional, a favor de diversos grupos locais e internacionais de separatistas ou de terroristas, sem que qualquer Estado-nação ou as acções conjuntas dos Estados-nação fossem capazes de controlar as ocorrências contínuas e recorrentes dessa violência. Acima de tudo, a centralidade simbólica e ideológica dos Estados-nação revolucionários e não-revolucionários, o seu reconhecimento enquanto veículos principais do programa cultural da modernidade, como enquadramentos básicos da identidade colectiva e principais reguladores das várias identidades secundárias, tornou-se mais ténue, o mesmo acontecendo em relação à legitimação do Estado-nação revolucionário e não-revolucionário em termos do programa original da modernidade; e deixaram de estar estreitamente ligados a um processo civilizacional e cultural distinto.

Todos estes desenvolvimentos implicaram a dissociação das componentes básicas do Estado-nação revolucionário e não-revolucionário clássicos – cidadania, identidades colectivas, construção de espaços públicos e modos de participação política. Estas tendências dissociativas foram reforçadas pelo desenvolvimento, em muitas sociedades, de novos sectores sociais e enclaves estruturais – em especial novas diásporas e minorias – que se cristalizaram no mundo contemporâneo. A mais importante destas diásporas é, ou são, a(s) muçulmana(s), particularmente na Europa e até certo ponto nos Estados Unidos. Desenvolvimentos paralelos – embora com diferenças significativas – podem ser encontrados entre a diáspora chinesa e possivelmente também entre a diáspora coreana na Ásia oriental, nos Estados Unidos e também na Europa, bem como entre as comunidades judaicas, especialmente na Europa. As minorias russas de algumas das antigas repúblicas soviéticas, em particular no Báltico, algumas minorias asiáticas e ainda as da Hungria nos antigos Estados comunistas da Europa de Leste, constituem alguns exemplos ilustrativos dos novos tipos de minorias a que nos referimos.

Concomitantemente, um dos desenvolvimentos mais importantes na constituição das arenas políticas e das identidades colectivas na cena contemporânea – decorrentes do enfraquecimento da transformação da cena nacional e revolucionária – foi, como vimos acima, o «ressurgimento» das componentes religiosas, a sua transferência para os centros da actividade política nacional e internacional e para a constituição das identidades colectivas. Na verdade, a religião adquiriu um papel proeminente, em alguns casos possivelmente central, na cena pública contemporânea nacional e internacional[143].

A reconstrução dos símbolos, temas e arenas de protesto

LXXXVI

Em todos estes novos contextos, os movimentos e símbolos de protesto, com as suas raízes nas grandes revoluções, continuaram a desempenhar um papel muito importante, senão mesmo central; mas ocorreram transformações estruturais, tanto na cena interna como internacional, dos seus conteúdos e do lugar da imagética das revoluções no âmbito do repertório de protesto.

O núcleo comum destas transformações foi, em primeiro lugar, a transferência do foco central do protesto e das orientações utópicas dos centros dos Estados-nação revolucionários e não-revolucionários, enquanto veículos carismáticos da visão da modernidade, para várias e diversificadas direcções e arenas, ente as quais o Estado-nação transformado era apenas uma entre muitas opções; em segundo lugar, o concomitante enfraquecimento da imagética revolucionária, como componente principal do protesto, que mais uma vez se tornou apenas uma entre muitas opções; em terceiro lugar, o desenvolvimento de novos enquadramentos internacionais ou inter-civilizacionais, nos quais estas opções eram exercidas; em quarto lugar, o desenvolvimento de novas visões civilizacionais da identidade colectiva.

---

[143] Hatzopoulos, P. e P. Fabio 2003 (eds.). *Religion in International Relations: The Return from Exile*. Palgrave Macmillan; Juergensmeyer, M. 2003 (ed.). *Global Religions*. Oxford University Press; Beyer, P. 1994. *Religion and Globalization*. London / Thousand Oaks/New Delhi: Sage Publications, pp. 97-111.

AS CONSEQUÊNCIAS DAS REVOLUÇÕES

Em estreita articulação com estes processos estava a transformação das orientações utópicas – e dos seus *loci* – que predominaram nas modernas sociedades, tanto as orientações utópicas totalitárias «jacobinas», características de muitos movimentos revolucionários, ou as visões utópicas mais estáticas, que promulgavam a fuga a vários constrangimentos da sociedade moderna. O foco das orientações transcendentais e utópicas predominantes desviou-se dos centros dos Estados-nação e das colectividades político-nacionais mais amplas para arenas mais heterogéneas e dispersas, com frequência em várias direcções multiculturais e pós-modernas.

Todos estes desenvolvimentos foram promulgados, acima de tudo, por novos tipos de movimentos sociais, os quais eram muito diferentes dos movimentos «clássicos» – em especial dos nacionalistas e socialistas, característicos da visão inicial da modernidade. Estes novos movimentos tinham como pano de fundo o enfraquecimento, senão mesmo o total desaparecimento dos antigos confrontos entre a «esquerda» e a «direita», e o concomitante enfraquecimento do antigo imaginário revolucionário, e o desaparecimento não de toda a ideologia, mas de ideologia específica, particularmente de ideologia focada na constituição ou transformação do Estado-nação, com as confrontações ideológicas a mudarem para outras arenas e dimensões.

LXXXVII

A grande transformação no programa da modernidade, nas orientações e direcções do protesto e do imaginário revolucionário, foi proclamada pelos movimentos estudantis e pelos movimentos antiguerra do Vietname de finais dos anos 60 – os famosos «movimentos de 1968». Na senda destas movimentações desenvolveu-se por todo o mundo uma grande variedade de movimentos – que avançavam aparentemente em direcções opostas – por um lado os vários movimentos «pós-modernos», como os feministas e os ecológicos, e muitos movimentos que promoviam a autonomia local, regional e étnica; por outro lado, vários movimentos religioso-fundamentalistas e religioso-comunais, que podiam ligar-se a outros movimentos étnicos em crescimento.

Ao contrário das orientações básicas dos movimentos clássicos, que se focavam na construção do centro ou centros sociopolíticos, e das comunidades nacionais, na tentativa de acesso a estes centros, e na participação neles, em combinação com a visão de progresso económico, os novos movimentos de protesto continham orientações diferentes. Muitos destes movimentos orientavam-se

244

O NOVO CONTEXTO: ALTERAÇÕES NOS TIPOS DE MODELO DO ESTADO-NAÇÃO...

para aquilo a que um académico designou por extensão da escala sistémica da vida e participação social, manifesta na procura de uma participação crescente no trabalho, em diferentes orientações comunais, em movimentos de cidadãos, entre outros. Nas palavras de Habermas([144]), estes movimentos passaram de um foco sobre problemas de distribuição para uma ênfase na «gramática da vida». Talvez a manifestação mais simples da alteração destas orientações tenha sido a passagem da ênfase no aumento do nível de vida, tão característico dos anos 50 como símbolo máximo do contínuo progresso tecnológico-económico, para a de «qualidade de vida» – uma transformação que foi designada nos anos 70 como a passagem de valores materialistas para valores pós-materialistas. Paralelamente, os novos movimentos religiosos – bem como os étnicos e locais ou regionais – tinham como objectivo a constituição de novas colectividades e novas identidades de acordo com critérios radicalmente diferentes (quer mais estreitos, quer muito mais latos) dos critérios «clássicos» nacionais ou revolucionários. Todos estes desenvolvimentos implicavam frequentemente algum tipo de combinação entre movimentos mono-temáticos com a promulgação de políticas de identidade. Um dos mais recentes desenvolvimentos foi a ascensão de movimentos transnacionais antiglobalização promovidos e mobilizados pelos novos *media*, em especial pela internet, criando através destes *media* redes comunitárias virtuais, com grande influência na esfera política.

Estes diferentes movimentos, em aparente oposição diametral, partilhavam muitos temas, imagens e padrões culturais – todos eles reflectindo as extensas transformações do imaginário revolucionário e das *nuances* das grandes revoluções como corporização máxima dos Estados-nação revolucionários e não-revolucionários em completa incrustação no programa da modernidade.

Antes de mais, partilhavam as críticas aos modelos «clássicos» e às grandes narrativas da modernidade, bem como às suas reivindicações de ver-

---

([144]) Habermas, J. 1981. New Social Movements. *Telos.* 49, Fall, p. 33; ver ainda Ingelhart, R. 1990. Values, ideology and Cognitive Mobilization in New Social Movememnts. in R.J. Dalton e M. Kuechler (eds.). *Challenging the Political Order.* Cambridge: Polity Press, pp. 44-45; Melucci, A. 1982. *L'invenzione del Presente, Movimenti Socialinelle Societa Complesse.* Bologna: Societa Editori Il Mulino; idem. Melucci, A. 1985. The Symbolic Challenge of Contemporary Movements. *Social Research,* Winter, pp. 789-816; Eisenstadt, S.N. 1990. Some Observations on Post-Modern Society, in V. Bornschier et al., (eds.) *Diskontinuitat des Sozialen Wandels.* Frankfurt: Campus Verlag, pp. 287-296; Offe, C., 1996. New Social Movements: Challenging the Boundaries of Institutional Politics, in idem. *Modernity and the State, East, West.* Cambridge Polity Press, pp. 817-829.

AS CONSEQUÊNCIAS DAS REVOLUÇÕES

dade absoluta. Em segundo lugar, partilhavam a preocupação com a perda dos, aparentemente seguros, novos e frágeis marcadores de certeza que eram promulgados por estes modelos e representados nos programas culturais dos Estados-nação revolucionários e não-revolucionários; confrontavam a busca pelo reestabelecimento destes marcadores de certeza, e concorriam, por assim dizer, entre si para encontrar a melhor forma de os restabelecer e legitimar, tanto na sua abordagem cultural e social «objectiva» como na abordagem psicológica «subjectiva».

Em terceiro lugar, são todos profundamente reflexivos, conscientes de que nenhuma resposta às tensões intrínsecas da modernidade é final, mesmo se cada um procura à sua maneira fornecer respostas incontestáveis aos dilemas irredutíveis da modernidade, tendo reconstituído o problema da modernidade sob novas formas e em novos contextos históricos.

Em quarto lugar, todos estes movimentos eram grandemente influenciados pela transformação das relações internacionais e «inter-civilizacionais», que se desenvolveram ao longo deste período.

Em quinto lugar, neste contexto, todos estes movimentos – os numerosos movimentos pós-modernos, pós-materialistas, bem como os fundamentalistas-religiosos – partilhavam uma preocupação que constituía efectivamente o tema básico do discurso da modernidade desde o seu início na Europa, nomeadamente a preocupação com as relações entre as diversas identidades colectivas e os temas «racionais» universalistas promulgados pelos respectivos programas e centros hegemónicos da modernidade. Na cena contemporânea, esta preocupação era sobretudo sobre a relação entre as identidades «autênticas» e a presumida hegemonia cultural, política e ideológica americana. Como em tempos mais recuados, na maioria destes movimentos – religiosos e pós-modernos – este medo da erosão das culturas locais e do impacto da globalização e dos seus centros interligava-se de forma contínua com uma ambivalência face a estes centros, dando origem a uma oscilação permanente entre este cosmopolitismo e a reconstrução contínua de programas particularistas culturais, étnicos e de identidade local.

LXXXVIII

Na verdade, um dos impactos mais profundos destes movimentos foi a transformação das identidades colectivas para além das premissas básicas dos Estados-nação revolucionários e não-revolucionários, para além das suas visões promulgadas nas grandes revoluções. O denominador comum de muitos destes novos movimentos e contextos é o facto de não se considerarem limitados pelas fortes premissas culturais homogeneizantes do modelo clássico do Estado-nação, em particular pelos espaços que lhes são destinados nas esferas públicas destes Estados. Um dos desenvolvimentos mais significativos na cena contemporânea foi que a maioria das identidades até aqui «anódinas» – étnicas, locais, regionais, transnacionais ou trans-estatais – se movimentaram, por assim dizer, de forma natural e altamente reconstruída em direcção aos centros das suas respectivas sociedades, e em direcção às arenas internacionais, contestando a hegemonia dos antigos programas homogeneizantes do Estado nacional e revolucionário, reclamando os seus próprios lugares autónomos nos espaços centrais simbólicos e institucionais – quer seja em programas educativos, na comunicação pública e nos *media*. Reclamam também, frequentemente, uma redefinição da cidadania e dos direitos e atribuições com ela relacionados[145]. Estes novos tipos de identidades colectivas foram promulgados sobretudo por numerosos movimentos sociais, frequentemente em novos contextos – diásporas, por exemplo – e contestavam a hegemonia dos velhos programas homogeneizantes, reclamando o seu lugar autónomo nas arenas institucionais centrais, em programas educativos, comunicações públicas e espaços mediáticos. Com um sucesso crescente na afirmação das suas exigências de redefinição da cidadania e dos seus direitos e atribuições conexas, estes movimentos são forças a ter em conta. Nestes contextos, as preocupações e interesses locais são frequentemente convocados segundo novas formas, ultrapassando o modelo do Estado-nação clássico, promovendo alianças transnacionais, quer no âmbito por exemplo da União Europeia, quer de identidades religiosas alargadas, radicadas nas grandes religiões do islão, hinduísmo, budismo ou dos vários ramos do cristianismo.

Não é que não queiram ser «localizados» nos seus respectivos países. De facto, parte da sua luta envolve um esforço de localização, mas em termos novos quando comparados com os modelos clássicos de assimilação. Pretendem ser reconhecidos nas esferas públicas, na constituição da sociedade civil na sua relação com o Estado enquanto grupos culturais distintos promulgando as suas identidades colectivas, sem que estas fiquem apenas confinadas à esfera privada. Reclamam efectivamente – como ficou ilustrado,

---

[145] Kymlicka, W. 1995 *Multicultural Citizenship: A Liberal Theory of Minority Rights*. Oxford: Clarendon Press.

por exemplo, no novo debate sobre a laicidade em França – uma reconstrução dos símbolos de identidade colectiva promulgados nos respectivos Estados.

Muitos destes movimentos tendem igualmente a desenvolver actividades na cena internacional. Assim, por exemplo, muitos dos contextos separatistas, locais ou regionais, desenvolvem relações directas com organizações e estruturas transnacionais, como por exemplo a União Europeia. Paralelamente, os diversos movimentos religiosos, em particular os fundamentalistas – muçulmanos, protestantes, judaicos – passaram a ser mais activos na cena internacional e a influenciar as actividades dos seus – e de outros – Estados em assuntos internacionais e nas suas inter-relações.

Todos estes desenvolvimentos deram origem a fortes tendências de redefinição das fronteiras das colectividades, e de novas maneiras de combinar orientações «locais» e globais, transnacionais e trans-estatais. Embora as identidades que promovem sejam muitas vezes locais e particularistas – enfatizando novas identidades e temas étnicos, locais ou regionais – estes movimentos tendem também a ser fortemente transnacionais ou trans-estatais, por vezes assentes em termos universalistas – ultrapassando o Estado-nação, como na Europa; ou radicados nas grandes religiões – islão, budismo, ou mesmo diferentes ramos do cristianismo – reconstruídos sob formas modernas[146]. Em muitos destes movimentos, incluindo o novo movimento anti-globalização, bem como entre muitas das novas diásporas ou «novas» minorias, as orientações locais e transnacionais, muitas vezes assentes em temas universalistas, conjugaram-se de formas novas.

Todos estes movimentos, de forma aparente – e não apenas aparente – enveredaram por direcções diversas e até contraditórias, as da pluralização e hetero-organização de identidades culturais e de características de estilos de vida e «mundos da vida (*Lebenswelt*)», em oposição às tendências totalizantes das orientações fundamentalistas e religioso-comunais, cujo desenvolvimento não se limitou aos países não-ocidentais e que promulgavam a sua própria narrativa totalizante em oposição às enraizadas no Iluminismo e no Romantismo inicial.

---

[146] Juergensmeyer, Mark 2003 (ed.). *Global Religions*. Oxford University Press.

O NOVO CONTEXTO: ALTERAÇÕES NOS TIPOS DE MODELO DO ESTADO-NAÇÃO...

A variabilidade do protesto e do imaginário revolucionário na cena contemporânea

LXXXIX

Estas características dos movimentos contemporâneos de protesto – todas elas comprovando o seu avanço para além do imaginário revolucionário clássico – eram partilhadas, mesmo se em diversos graus, pela maioria deles. Mas congregaram-se de formas diferentes, por vezes aparentemente contraditórias, em diversos contextos. Como vimos acima, mesmo os movimentos que pareciam encontrar-se mais próximos dos movimentos revolucionários clássicos, nomeadamente os diversos movimentos de protesto que se desenvolveram após a Segunda Guerra Mundial – em muitas sociedades pós-coloniais, bem como nas diversas sociedades latino-americanas, incluindo movimentos que se auto-designavam como revolucionários, como por exemplo em Cuba, na Nicarágua ou na Etiópia – divergiam radicalmente dos movimentos clássicos.

A revolução de «veludo» e a transformação dos regimes comunistas

XC

O desvio em relação ao imaginário revolucionário clássico e à santificação dos Estados-nação revolucionários e não-revolucionários clássicos desenvolveu-se segundo uma grande variedade de modos, sobretudo com os numerosos movimentos «pós-materialistas» que floresceram primeiro na Europa oriental, e que mais tarde se «espalharam» para outras partes do mundo. Mas a mais dramática ilustração desta mudança talvez se possa encontrar no que aparenta ser a mais recente «corporização» das grandes revoluções clássicas – nomeadamente, as revoluções de «veludo», que derrubaram os regimes soviéticos na Europa de Leste. A comparação entre estas revoluções e as grandes revoluções clássicas faz, de facto, ressaltar as grandes transformações na imagética revolucionária, que implicam a mudança dos Estados-nação revolucionários (e não-revolucionários) como *loci* principais desta imagética, característico destas revoluções, em novas direcções.

Os desenvolvimentos dramáticos que conduziram à dissolução destes regimes foram frequentemente vistos, no resto do mundo, como mais uma vaga revolucionária. Assim, Jack Goldstone, por exemplo, tratou[147] o colapso destes regimes em termos de análise revolucionária.

«... Algumas das lutas no centro destes regimes durante, aproximadamente, os últimos cinco anos da sua existência, foram efectivamente muito sérias – o que é exactamente o que se passa em todas as grandes revoluções. Na Europa de Leste combinaram-se com levantamentos populares mais vastos, que juntos ajudaram a derrubar os regimes comunistas. Os regimes mudaram muito rapidamente e foram instalados regimes de novo tipo. Em segundo lugar, o próprio processo revolucionário, o processo social que conduziu a estas alterações, evidencia semelhanças interessantes com as revoluções clássicas. Antes de mais, verifica-se uma combinação de levantamentos populares com lutas no centro – lutas focadas nas várias tentativas de reforma durante o curto regime de Andropov.»

Existia também aqui, como nas grandes revoluções, uma interligação contínua entre rebeliões populares e lutas ao centro, e o desenvolvimento – sob a forma de diversos movimentos e fóruns – de uma estrutura comum de acção política. Outro elemento comum entre estas mudanças e as grandes revoluções foi o papel importante desempenhado pelos intelectuais nestes processos, aparentemente como o dos puritanos em Inglaterra, e em certa medida na América, ou como o papel desempenhado pelos diferentes clubes do Iluminismo na Revolução Francesa, ou pela *intelligentsia* russa no regime czarista. Algumas figuras intelectuais maiores como Havel, ou uma diversidade de grupos intelectuais ou religiosos como os sacerdotes do Leste da Alemanha ou o clero católico na Polónia, foram muito importantes nestes processos, aparentemente como nas revoluções clássicas, e foi efectivamente alegado por diversas vezes que estas revoluções foram revoluções de intelectuais. A participação de intelectuais no processo de derrube dos regimes comunistas na Europa oriental intensificou o elemento de protesto fundamentado nestas revoluções.

No entanto, embora os diversos grupos intelectuais fossem obviamente importantes no colapso dos regimes de Leste, as suas actividades, bem como as suas orientações básicas, desenvolveram-se – como iremos ver mais detalhadamente em breve – de uma forma bastante diferente da das grandes revoluções.

---

[147] Goldstone, J.A., T.R. Gurr e F. Moshiri. 1991. *Revolutions of the Late Twentieth Century*. Boulder: Westview.

XCI

Estas semelhanças com as grandes revoluções são notáveis. Mas, ao mesmo tempo, podem ser observadas diferenças muito importantes entre as revoluções «clássicas» e os processos que conduziram ao colapso dos regimes de Leste. Algumas destas diferenças são óbvias, particularmente as que se relacionam com novos tipos de tecnologias, em particular a tecnologia das comunicações – como é evidente no grande papel que a televisão desempenhou nestas revoluções – ou com níveis de desenvolvimento económico.

Para além das diferenças entre os seus contextos históricos concretos, panos de fundo, ou causas destas ou das revoluções clássicas, surgiram também assináveis diferenças nos próprios processos revolucionários e nos seus resultados principais.

Estas características específicas das revoluções russa e leste-europeias encontram-se, antes de mais, nos processos de transformação e de colapso dos seus respectivos regimes. Com a excepção da Roménia, o processo em todos estes países desenrolou-se sem derramamento de sangue. A violência foi não só relativamente limitada, como também não foi santificada ou sacralizada como aconteceu no caso da maior parte das revoluções clássicas. Se algo deste género aconteceu foi o oposto – nomeadamente a acusação frequente entre os que se opunham a estes regimes, de que estes usavam a santificação da violência para suprimir os seus oponentes. Embora as tensões étnicas e nacionais fossem muito fortes nestas sociedades, a violência étnica – violência entre diferentes grupos étnicos – não foi central, excepção feita à Jugoslávia, nos processos que derrubaram estes regimes. Foi só mais tarde, após a queda dos regimes, que estes conflitos viriam a ocupar um lugar mais central.

Concomitantemente, um aspecto muito importante dos processos de transformação na Rússia e na Europa de Leste foi que os antigos governantes, excepto uma vez mais na Roménia, foram afastados de uma forma não sangrenta. Para mais, as elites dominantes destes regimes não ofereceram qualquer resistência, desistindo e abdicando de uma forma relativamente fácil. Não resta provavelmente dúvida de que muitos dos governantes tentariam resistir se pudessem ainda dispor do apoio dos tanques soviéticos como retaguarda. Mas ainda assim, a relativa facilidade com que os governantes, não apenas os que se encontravam no topo da hierarquia, mas também os escalões intermédios do partido, da burocracia, desistiram ou ficaram disponíveis para tentar a sua sorte em eleições parlamentares abertas, como na Hungria ou na Bulgária, é algo surpreendente.

AS CONSEQUÊNCIAS DAS REVOLUÇÕES

O terceiro facto com interesse de uma perspectiva comparativa é o de que quase todas as mudanças de regime foram efectuadas no âmbito das instituições políticas, ou mesmo das constituições, existentes. Mesmo as alterações constitucionais iniciais, a mais dramática das quais foi a abolição do monopólio do partido comunista, foram levadas a cabo ou, pelo menos, ratificadas no interior das estruturas legislativas dos regimes precedentes nos diversos parlamentos. Não houve necessidade de alterar a estrutura global dos *États Géneraux*, ou de criar um enquadramento constitucional inteiramente novo para as efectuar. A maioria destas transformações foram operadas no interior dos enquadramentos existentes, em grande medida por via dos processos prescritos nas constituições existentes – ou por algumas consultas extraparlamentares habitualmente ratificadas *a posteriori* pelos parlamentos. Mas esta descontinuidade foi efectuada de modo relativamente pacífico no seio das estruturas das instituições constitucionais existentes.

O mesmo se verificou com as mudanças muito importantes que ocorreram em alguns dos símbolos do Estado, como quando, por exemplo, na Hungria os símbolos comunistas foram completamente expurgados – do nome do Estado, da bandeira –, ou como na Polónia onde provavelmente será reposta a coroa sobre a águia polaca retirada pelo regime comunista. O nome da República Checoslovaca foi mudado para República dos Checos e dos Eslovacos, e muitas outras alterações simbólicas foram instituídas, e continuarão provavelmente a sê-lo. No entanto, todas ou a maioria destas transformações foram efectuadas no âmbito de enquadramentos constitucionais existentes e através de processos e procedimentos constitucionais também em vigor no regime precedente, ou pelo menos ratificados por aqueles. Muito poucas mudanças ocorreram de outra forma. Estes factos apontam, é claro, para extensas diferenças relativamente às revoluções clássicas.

XCII

Para além destes aspectos referentes ao processo revolucionário, e em estreita relação com eles, os próprios programas políticos, sociais e culturais promulgados por estas revoluções foram radicalmente diferentes dos das revoluções clássicas – e é neste ponto que as características distintas dos grupos intelectuais activos nestas revoluções sobressaem quando comparadas com os das revoluções clássicas.

252

O NOVO CONTEXTO: ALTERAÇÕES NOS TIPOS DE MODELO DO ESTADO-NAÇÃO...

Uma das mais importantes diferenças é a debilidade dos elementos carismáticos e utópicos que foram centrais nas grandes revoluções. Existiam seguramente exigências ideológicas de liberdade e de instauração de uma economia de mercado «livre», que continham fortes expectativas utópicas e não realistas, mas a economia de mercado não foi santificada do mesmo modo que o foram os direitos do homem durante a Revolução Francesa. Mais importante ainda, não existia nenhuma visão utópica e totalitária radicada na expectativa escatológica de um novo tipo de sociedade. A visão (ou visões) promulgada na Europa de Leste era uma visão na qual a libertação dos regimes autoritários ou totalitários repressivos se combinava com diversos ajustamentos pragmáticos. Ao contrário, as visões escatológicas, a ideia de criar uma nova ordem cultural e social total, de acordo com prescrições utópicas orientadas para o futuro, foram muito fracas durante os acontecimentos contemporâneos na Europa oriental.

Ou, por outras palavras, o elemento jacobino, crucial em todas as grandes revoluções «clássicas», seguramente na puritana (inglesa), de forma mais suave na América, muito forte na francesa, e ainda mais na revolução russa e na chinesa, e que constituiu o núcleo central dos regimes comunistas totalitários, encontrava-se praticamente ausente, mesmo se assomava, aqui e ali, de tempos a tempos.

A debilidade desta componente utópica ou escatológica, focada nos centros dos respectivos regimes, encontrava-se ainda estreitamente relacionada com outra diferença crucial entre as revoluções clássicas e as que ocorreram nos países da Europa oriental, particularmente no que diz respeito à atitude dos grupos revolucionários face ao centro, à construção do novo centro. Em todas as revoluções clássicas se desenvolveram, em conexão com as visões escatológicas e utópicas por elas promulgadas, e em conjunto com a santificação da violência, uma forte tendência para a carismatização do centro, em especial do centro político. Os revolucionários clássicos acreditavam que a política tinha o poder de transformar a sociedade; de que através da reconstrução carismática do centro político se podia efectuar uma completa transformação da sociedade. Houve muito pouca carismatização do centro nestas revoluções leste-europeias, apesar de se poderem encontrar alguns desses elementos no seio de vários grupos. Relaciona-se com este facto a fraqueza, na verdade a inexistência, de uma componente missionária universalista nestas visões, que era característica das revoluções clássicas. De modo semelhante, quaisquer tendências de reconstrução do centro numa arena liminar contínua foram também fracas. Estas tendências surgiram em certa medida através dos

253

media durante os poucos dias que duraram as efectivas derrocadas dos velhos regimes, mas não continuaram para lá da fase inicial do seu colapso.

Efectivamente, é a «anti-política» – a fuga da política no seu sentido clássico – como adoptada por Gyorgi Konrad e muitos outros[148] – que parece estar em voga na Europa oriental e central hoje em dia. Mesmo se esta anti-política contém um forte elemento utópico, trata-se de uma utopia dirigida para fora do centro e não na sua direcção.

A debilidade dos elementos utópicos e missionários, particularmente daqueles que se orientam para o centro, relacionava-se de perto com as características de base dos intelectuais, dos *Kulturträger*, que se encontravam activos, muitas vezes de forma central nos levantamentos, e cujo papel efectivamente se alterou em comparação com as grandes revoluções e com muitos dos principais movimentos sociais modernos. Não é que não tenham tido um lugar importante no processo revolucionário; como vimos, eles constituíam uma componente central do processo revolucionário. Mas a visão por eles representada não era já a «clássica» revolucionária, tal como não o eram muitas das suas próprias actividades. A maioria destes intelectuais crescera e encontravam-se activos – mesmo se por vezes suprimidos e, seguramente, fortemente regulados – no contexto de modernas instituições académicas ou literárias, que eram por eles consideradas como instituições que traíam algumas das suas próprias premissas. Estes intelectuais revoltavam-se frequentemente contra as visões utópicas totalitárias, em nome das quais os regimes comunistas se legitimavam. Alguns eram muito pragmáticos, outros falavam em nome da liberdade, em nome dos ideais da sociedade civil, mas não eram já portadores das fortes visões escatológicas que costumavam ser características de muitos dos intelectuais revolucionários clássicos.

XCIII

A explicação das características específicas destas revoluções, que implicam uma alteração radical do imaginário revolucionário e das suas implicações institucionais, pode ser encontrada no facto de estas revoluções não se

---

[148] Konrad, G. 1985. *Antipolitik – Mitteleuropaische Meditationen*. Frankfurt am Main: Suhrkamp; Eisenstadt, S.N. *Tendencies to Deconsolidation of Democracy in Contemporary Societies*. Baltimore/London: The Johns Hopkins University Press. pp. 89-99.

O NOVO CONTEXTO: ALTERAÇÕES NOS TIPOS DE MODELO DO ESTADO-NAÇÃO...

orientarem contra regimes «tradicionais» pré-modernos ou mesmo moderni-zadores, mas contra regimes modernos de um tipo distinto, com uma economia política relativamente moderna e industrializada, que também caracterizava as estruturas económicas contra as quais, e a partir das quais, se desenvolveram as revoluções da Europa de Leste.

Estas revoluções não constituíram uma rebelião ou protesto em nome do Iluminismo ou de ideologias incipientes de cidadania participativa contra anti-gos regimes tradicionais, ou contra os direitos divinos dos reis. Constituíram, antes, uma rebelião ou protesto contra o que era percebido de forma cres-cente por largos sectores das sociedades leste-europeias como um bloqueio e distorção da modernidade efectuado por estes regimes totalitários. Foram as características especificamente modernas dos regimes comunistas e a contra-dição nelas cristalizada – radicadas como estavam no programa específico da modernidade, sob as formas distintivas pelas quais as antinomias da moderni-dade eram promulgadas nestes regimes, que provocaram, em grande medida, os processos da sua falência, da sua potencial transformação, e também a natureza dos regimes que se seguiram – conduzindo-os a diferentes combina-ções de direcções «pós-modernas», ético-particularistas ou nacional-elitistas.

Movimentos fundamentalistas e religioso-comunais

XCIV

Os movimentos fundamentalistas e religioso-comunais, que têm vindo a ganhar um lugar de destaque na era contemporânea na cena nacional e inter-nacional, seguem aparentemente na direcção oposta aos da pós-modernidade, aproximando-se das revoluções clássicas, em particular dos regimes totalitá-rios que resultaram das revoluções tardias, e dos regimes fascistas do período entre guerras. No entanto, apesar da sua semelhança com estas revoluções e regimes, divergem destes de forma clara, sobretudo nas suas orientações civi-lizacionais e na sua atitude face ao programa moderno «original»[149].

As características distintivamente modernas destes movimentos, bem como as características que os distinguem de outros movimentos modernos evidenciam-se claramente ao compará-los com outros movimentos ou regi-

---

[149] Eisenstadt. S.N. 1999. *Fundamentalism, Sectarianism, and Revolution: The Jacobin Dimension of Modernity.* Cambridge: Cambridge University Press.

AS CONSEQUÊNCIAS DAS REVOLUÇÕES

mes jacobinos distintos – principalmente com os comunistas, com os quais partilham por vezes, paradoxalmente, numa espécie de imagem reflectida, algumas características comuns.

Da mesma forma que as grandes revoluções se relacionavam estreitamente com algumas das heterodoxias das civilizações Axiais nas quais se desenvolveram e em que estavam, na verdade, enraizadas, também no interior dos movimentos fundamentalistas, em particular naqueles que se desenvolveram em religiões monoteístas, as tendências heterodoxas dos grupos proto-fundamentalistas se transformaram em potenciais programas políticos modernos completos com visões potencialmente missionárias. Paralelamente, estes movimentos fundamentalistas caracterizavam-se por uma combinação de sectarismo utópico com fortes tendências políticas jacobinas, estreitamente relacionadas com o programa cultural e político da modernidade, e com os processos políticos modernos tal como se desenvolveram nas grandes revoluções e, particularmente, nos regimes pós-revolucionários.

Sobretudo, muitos dos movimentos fundamentalistas, partilham com as grandes revoluções a crença no primado da política, embora, no seu caso, da política religiosa – ou pelo menos da acção política organizada – conduzida por uma perspectiva religiosa totalitária da reconstrução da sociedade ou de alguns dos seus sectores. Trata-se, de facto, como já indicámos acima, da herança política e ideológica das revoluções, que representa a vitória das tendências gnósticas heterodoxas do transporte do reino de Deus para a Terra, de uma tentativa de reconhecer um mundo que constitua o elo crucial entre o programa cultural e político da modernidade e os movimentos fundamentais.

XCV

Os movimentos e regimes fundamentalistas partilhavam com outros movimentos jacobinos e com os comunistas a tendência para promulgar uma muito forte visão ou evangelho salvífico.

As perspectivas promulgadas por estes movimentos e regimes continham uma forte tendência para combinarem diferentes temas de protesto com a construção de uma nova definição ontológica da realidade, com uma mundivisão total fundada na sua respectiva visão salvífica, e com a ênfase de que a implementação desta visão deveria ocorrer neste mundo, no presente. Em vez de acontecer no futuro – basicamente insondável – a implementa-

O NOVO CONTEXTO: ALTERAÇÕES NOS TIPOS DE MODELO DO ESTADO-NAÇÃO...

ção desta visão devia, como a de todas as grandes revoluções, ser conseguida no presente. O presente e o futuro passavam a estar, de diversas formas, imbricados.

Estas visões implicavam a transformação do homem e da sociedade, e a construção de novas identidades pessoais e colectivas. Era em nome dessa salvação que estes movimentos e regimes exigiam a total submersão do indivíduo na comunidade geral, a total reconstrução da personalidade e da identidade individual e colectiva. Os regimes fundamentalistas enfatizavam a construção activa, através da acção política, de uma nova ordem social e cultural, a participação activa da maioria dos sectores da sociedade nessa ordem bem como o seu elevado empenho nela.

Embora os movimentos fundamentalistas extremistas promulguem temas aparentemente anti-modernos, ou antes anti-iluministas, extremamente elaborados, partilham paradoxalmente muitas das componentes revolucionárias jacobinas modernas – por vezes numa espécie de imagem reflectida – sendo os comunistas os portadores do modelo clássico alternativo de modernidade mais extremo. Partilham com os movimentos comunistas as tentativas de estabelecer uma nova ordem social por via da acção política, radicada em princípios ideológicos universalistas revolucionários que transcendem, em princípio, quaisquer unidades primordiais, nacionais ou étnicas, e novas colectividades sociopolíticas. Partilham uma concepção da política como elemento transformador da sociedade. Tanto os movimentos comunistas como os fundamentalistas têm sido movimentos internacionais, transnacionais, activados por redes muito intensas que propiciam a expansão das visões sociais e culturais por eles promulgadas, as suas mensagens universalistas, confrontando-se ao mesmo tempo continuamente com outras visões concorrentes.

Em ambos os casos, a institucionalização desta visão deu origem a regimes caracterizados por fortes orientações políticas mobilizadoras, e políticas cujo objectivo é a transformação da estrutura geral da sociedade e das relações entre centro e periferia, em particular. Os dois tipos de movimentos e regimes promulgavam esforços de transformação e mobilização com a santificação da violência e do terror contra forças e inimigos internos e externos – particularmente aqueles que radicavam nas dinâmicas internas da sociedade ocidental «burguesa» moderna.

Estes movimentos e regimes partilhavam ainda algumas características básicas dos grupos sectários utópicos – nomeadamente a tendência para constituírem fronteiras definidas entre o interior «puro» e o exterior poluído, e a contínua constituição de uma imagem de um inimigo ontológico – o capita-

AS CONSEQUÊNCIAS DAS REVOLUÇÕES

lismo mundial para os comunistas, a América, Israel e o sionismo no caso iraniano, um inimigo que também os pode poluir e contra o qual se deve manter um estado de alerta permanente. O inimigo é frequentemente o mesmo daquele que emerge nos regimes comunistas, ou muito semelhante: em ambos os casos o Ocidente, sobretudo os Estados Unidos, ou os sionistas, habitualmente outros «universalismos», como símbolos máximos dos malefícios da modernidade. Mas a fundamentação desta inimizade diferia grandemente entre estes dois movimentos ou regimes. No caso soviético trata-se da não completude ou perversão da visão original da modernidade, do Iluminismo. No caso fundamentalista é a aderência ao projecto do Iluminismo que constitui a base deste antagonismo.

Estes movimentos ou regimes fundamentalistas, sobretudo o iraniano, enfrentaram, tal como os comunistas, pelo menos alguns problemas paralelos relativamente à sua institucionalização, contando-se entre eles a crescente contradição entre a visão salvífica e as exigências de manter algum tipo de moderno regime político e económico ordenado; entre as suas tendências de totalização e a necessidade de enfrentar, e até certo ponto promover, processos de diferenciação estrutural contra os quais se orientavam; os problemas relativos à potencial corrupção das suas elites e a «regressão» geral, mesmo se parcial, da visão universalista-missionária para o primado das exigências concretas do Estado. Mas, acima de tudo, estes dois regimes enfrentavam também as tensões inerentes às relações entre as suas tendências jacobinas e a sua aceitação e adopção de algumas das estruturas básicas dos modernos regimes constitucionais, i.e. constituições, eleições e instituições parlamentares e jurídicas, mesmo se altamente reguladas ou controladas.

XCVI

Uma das mais interessantes e paradoxais manifestações desta combinação da dimensão mobilizadora jacobina moderna dos movimentos e regimes fundamentalistas com a sua ideologia «anti-moderna», ou pelo menos anti-liberal, pode ser constatada na sua atitude para com as mulheres. Por um lado, a maioria destes movimentos, como mostrou Martin Riesebrodt[150] na sua aná-

---

[150] Riesebrodt, M. 1993. *Pious Passion: The Emergence of Modern Fundamentalism in the United States and Iran*. Trad. por Don Reneau. Berkeley: University of California.

lise incisiva, promulga uma forte atitude patriarcal, anti-feminista, que tende a segregar as mulheres e a impor-lhes extensas restrições – aparentemente, mas só aparentemente, do tipo que pode ser encontrado em muitos regimes árabes como a Arábia Saudita, com raízes tradicionais proto-fundamentalistas, ou em movimentos contemporâneos tradicionalistas, proto-fundamentalistas, como os Taliban, em que um dos primeiros actos (em Outubro de 1996) do seu novo governo consistiu em banir as mulheres da esfera pública, das escolas e mesmo do trabalho.

Ao contrário, em marcado contraste com estes regimes tradicionalistas, os fundamentalistas modernos mobilizam as mulheres para a esfera pública – mesmo se segregadas dos homens – em manifestações, organizações para-militares, etc.

Efectivamente, a redefinição da construção social e cultural da mulher, e a construção de uma sua nova identidade pública radicada na visão islamita, constituiu uma componente muito importante dos programas fundamentalistas no Irão e nos movimentos islâmicos da Turquia, sendo muitas vezes promulgados por mulheres profissionais e instruídas que se sentiam alienadas do espaço público secular precedente. Nas eleições iranianas de 1996, as mulheres não apenas votaram mas apresentaram-se como candidatas ao parlamento e foram eleitas – uma delas (Faezeh Rafsanjani, filha do então presidente) afirmando que não existe nada na lei islâmica que impeça as mulheres de ocuparem cargos públicos.

As fortes componentes modernas de muitos dos movimentos fundamentalistas podem também ser observadas em alguns aspectos da sua institucionalização enquanto regimes. O triunfo da revolução islâmica no Irão não aboliu a maioria das instituições modernas – sem quaisquer raízes no Islão – tais como a constituição, o *majilis* (parlamento) e a sua respectiva eleição, e a presidência da república. O regime promulgou uma nova constituição, algo ao qual alguns dos primeiros tradicionalistas se opuseram veementemente. Tanto o *majilis* como o seu modo de eleição foram reconstruídos com fortes componentes jacobinas, envoltas em trajes islâmicos. Curiosamente, um destes «trajes» islâmicos – a institucionalização de um tribunal ou câmara especial islâmica para supervisionar a legislação «secular» – não se afastava muito do lugar especial de instituição jurídica característico dos modernos regimes constitucionais, nem mesmo do princípio de revisão jurídica. O modo fundamental de legitimação deste regime, tal como foi promulgado pela constituição, continha componentes modernas muito importantes. Declarava, sem qualquer tentativa de reconciliação, duas fontes diferentes de soberania –

AS CONSEQUÊNCIAS DAS REVOLUÇÕES

Deus e o povo[151], tendo a importância das eleições ficado demonstrada em Maio de 1997 quando, contra a recomendação – mesmo que implícita – das instituições clericais, um candidato mais «aberto», Muhammad Khatami, foi eleito – aparentemente com o voto das mulheres e dos jovens. Nas eleições seguintes, os conservadores tentaram esmagar os reformistas, e desde então o confronto entre diferentes grupos reformistas e as instituições conservadoras com as suas tendências repressivas constituem uma componente contínua da cena iraniana.

XCVII

É esta combinação de diferentes componentes de visões fundamentalistas com fortes orientações jacobinas que explica, também, a atitude paradoxal destes movimentos relativamente à tradição e à modernidade.

O tradicionalismo fundamentalista não deve ser confundido com a «simples» ou «natural» manutenção de uma determinada tradição viva ou da sua defesa. Este denota antes um modo e posicionamento ideológico orientado não só contra novos desenvolvimentos, contra diferentes manifestações da vida moderna, mas também contra a permanente transformação de uma tradição diversificada. Tal atitude evidenciada por estes movimentos pode ser observada nas suas atitudes face aos líderes religiosos mais conservadores das suas respectivas tradições, bem como às suas manifestações mais populares.

Esta atitude face à tradição manifesta-se em dois factos estreitamente relacionados: primeiro, as instituições religiosas, frequentemente conservadoras, existentes nas suas respectivas sociedades constituem um dos principais focos de crítica por parte destes movimentos – ao ponto de serem até consideradas um dos seus principais inimigos. Em segundo lugar, e em estreita relação com o anterior, temos o facto de os sectores mais jovens, particularmente nas cidades, como na Turquia ou nas diásporas muçulmanas no Ocidente, que se sentem atraídos pelo movimento fundamentalista se distanciarem dos seus pais tradicionalistas. O modo de vida tradicionalista dos seus pais ou avós é por eles considerado como um compromisso simplista e impuro com a sociedade secular[152].

---

[151] Ver capítulo 1, nota 4, sobre a revolução iraniana.

[152] Gule, N. 1996. *The Forbidden Modern: Civilization and Veiling*. Ann Arbor: University of Michigan Press.

O NOVO CONTEXTO: ALTERAÇÕES NOS TIPOS DE MODELO DO ESTADO-NAÇÃO...

Esta forte tendência para constituir de forma totalista uma concepção ideologizada e essencializada da tradição indica que a atitude algo paradoxal destes movimentos face à tradição é enformada pelas suas ideologias básicas, especialmente pela natureza da sua crítica da modernidade, e é indicadora da sua tentativa de apropriação da modernidade de acordo com os seus próprios termos, segundo a sua visão distintamente sectária e utópica, e as suas fortes orientações políticas.

Apesar do seu aparente tradicionalismo, estes movimentos são de facto paradoxalmente anti-tradicionais. São-no na medida em que negam as tradições vivas, na sua complexidade e heterogeneidade, das suas respectivas sociedades e religiões defendendo, ao invés, uma concepção altamente ideológica e essencialista da tradição como princípio abarcante de organização cognitiva e social. A maioria dos grupos fundamentalistas tende a adoptar uma negação fundamentada do desenvolvimento continuado da tradição e da sua interpretação ou posição, o que, claramente, constitui em si mesmo um novo e distinto modo de interpretação.

A atitude anti-moderna, ou para ser de novo mais preciso, anti-iluminista, e o modo específico de promulgação da tradição que se desenvolve no seio das visões fundamentalistas não são apenas uma reacção de grupos tradicionais à incrustação de novos modos de vida, mas uma ideologia militante assente basicamente num idioma altamente moderno e orientado para a mobilização de massas.

Assim, estes movimentos são políticos não apenas no sentido técnico ou instrumental, mas também nas suas tentativas de implementar, por meios políticos, uma visão moral geral, de construir uma nova identidade colectiva, e de se apropriarem da modernidade nos seus próprios termos.

De facto, em termos mais gerais, tal como disse sucintamente M.E. Yapp[153]: «Os fundamentalistas (islâmicos) querem um Estado forte enquanto investimento na educação e modernidade, mas que tal seja feito de acordo com a *sharia*. A maior parte dos fundamentalistas ignora a contradição evidenciada nesta combinação.»

---

[153] Yapp, M.E. 1987. *The Making of the Modern Near East, 1792-1923*. London: Longman.

AS CONSEQUÊNCIAS DAS REVOLUÇÕES

XCVIII

Em contraste com as ideologias comunistas, as ideologias básicas dos movimentos fundamentalistas implicam a negação de algumas das ideias básicas da modernidade enquanto civilização ou, antes, da versão iluminista da modernidade. Estes movimentos orientam-se plenamente, de facto, contra algumas das premissas básicas do Iluminismo, particularmente contra a mudança do lugar de Deus (ou de alguns princípios metafísicos) na construção do cosmos e do homem, em especial contra a premissa da autonomia e liberdade individual e do aperfeiçoamento do homem; contra a concomitante ênfase na soberania da razão e da legitimação da ordem social e política de acordo com estes termos, e contra a ênfase na evolução e no progresso.

Mas, ao mesmo tempo, as críticas sectárias utópicas da modernidade e o posicionamento anti-moderno – ou melhor, anti-iluminista – dos fundamentalistas bem como dos diferentes movimentos religioso-comunais encontram-se estreitamente interligados com uma apropriação, transformação e reinterpretação altamente selectivas de vários aspectos ou dimensões da modernidade, que diferem grandemente dos de outros tipos de movimentos sociais modernos. O núcleo desta selectividade é a apropriação das dimensões mobilizadoras e participativas do programa político moderno e de algumas das suas formações institucionais de base – parlamentos, eleições e constituições – enquanto ao mesmo tempo recusam a sua legitimação em termos «seculares», sobretudo quanto à soberania dos indivíduos autónomos. Para mais, a própria ênfase nestas dimensões participativas implica também a paradoxal e talvez inadvertida aceitação da autonomia da vontade e da escolha humanas e, como tal, simbolizam também a «perda dos marcadores de certeza», mesmo das certezas até então incorporadas nas grandes narrativas manifestas nos modelos do Estado-nação revolucionário e não-revolucionário. De facto, como mostrou Nulifer Göle[154], estes movimentos partilham uma preocupação com a modernidade enquanto importante referente estrutural.

---

(154) Gule, N. 1996. *The Forbidden Modern*, op. cit.

O desenvolvimento de diferentes combinações de orientações e temas modernos e anti-ocidentais nos movimentos religiosos-comunais

XCIX

Estas combinações, tal como se desenvolveram por exemplo na Índia e em muitos países budistas, partilham com os movimentos fundamentalistas algumas características importantes, especialmente as tentativas de construir uma nova identidade religiosa comunal, fronteiras comunais, tendências de ritualização da violência, e uma forte atitude anti-secular. Constituem, juntamente com os movimentos fundamentalistas e com muitos movimentos do Ocidente, um desvio da hegemonia de alguns dos ideais do Iluminismo na construção dos modernos Estados-nação, das suas instituições e da consciência e identidade colectiva das sociedades modernas. No entanto, a maioria destes movimentos difere de formas muito cruciais dos movimentos fundamentalistas «originais» analisados acima, bem como dos movimentos fascistas e nacional-socialistas europeus. Em primeiro lugar, as suas orientações mais importantes são particularistas, primordiais e não universalistas. De facto, são conscientemente anti-universalistas, enfatizando o carácter distinto da sua comunidade em relação às outras – e em grande medida, em relação à ordem secular da modernidade – que constituem os seus «outros» mais importantes. Ao contrário, no entanto, dos movimentos europeus fascistas ou nacional-socialistas, para estes movimentos as componentes universalistas do programa cultural e político da modernidade não constituem um ponto de referência *interno*, ou uma componente da sua constituição ou da sua face cultural interna. São, de certa forma, «negados» como componentes externas.

Em segundo lugar, não adoptam fortes concepções de reconstrução da ordem social de acordo com uma visão radicada numa concepção cosmológica e ontológica distintiva. No caso destes movimentos nacionais comunais religiosos, a constituição de fronteiras comunais muito fortes, e a promulgação de várias tendências sectárias, dos seus símbolos e rituais – especialmente aqueles que enfatizam a distinção e pureza da sua própria colectividade em oposição à poluição dos outros – não implicam necessariamente uma reconstrução totalitária da sociedade. Muitos deles detêm fortes visões particularistas de exclusão, mas só alguns se desenvolvem numa direcção jacobino-totalitária completa; não desenvolvem fortes tendências jacobinas de reconstrução da sociedade através de um centro político activo. No entanto, são, nas suas dimensões ideológicas e institucionais, muito semelhantes ao fascismo ini-

AS CONSEQUÊNCIAS DAS REVOLUÇÕES

cial, com a excepção de que promovem, de facto, uma componente religiosa muito forte na construção da sua identidade colectiva nacional. De todas estas formas, estes movimentos constituem parte integrante da agenda política moderna.

Na verdade, alguns destes movimentos aparentemente fundamentalistas tentaram desenvolver novos cânones ou conteúdos morais doutrinários de modo contrário ao que quer que fosse que se considerasse como centro do hinduísmo «clássico». Estas invenções implicaram tentativas de reavaliação soteriológica da arena política, muito para lá do que era prevalente na tradição histórica destas civilizações. Os movimentos hindus que tentaram construir uma tal visão totalitária, tendiam habitualmente a inventar alguns dos elementos religiosos como escrituras sagradas, centrais para os movimentos fundamentalistas. Mas a promulgação destes temas e conotações religiosas não foi geralmente bem sucedida ou, como no caso da reconstrução dos rituais védicos, foi limitada apenas a um reduzido número de sectores da população.

O mesmo é verdade – mesmo apesar das orientações políticas mais fortes do budismo theravada – em menor grau dos países budistas, especialmente do Sri Lanka, mesmo se (como mostrou G. Obeyskeyere)[155] nestas circunstâncias se possam desenvolver outras orientações, grupos ou movimentos fundamentalistas apolíticos. É só na medida em que estas componentes nacionais se interligam intimamente com fortes orientações universalistas, baseadas, como é o caso, na exegese das escrituras, que estes movimentos, sobretudo os jacobinos, desenvolvem fortes orientações e características organizacionais jacobinas.

A revolução islâmica de Khomeini no Irão

C

As formas pelas quais os movimentos fundamentalistas, embora partilhando muitas das características das grandes revoluções, foram radicalmente

---

[155] Obeyesekere, Gananath. 1984 «Political Violence and the Future of Democracy in Sri Lanka», *Internationales Asienforum* [Munich], 15, Nos. 1-2, May 39-60; Obeyesekere, G 1985. Depression, Buddhism, and the work of culture in Sri Lanka. in *Culture And Depression: Studies in the Anthropology and Cross-Cultural Psychiatry of Affect and Disorder*. Arthur Kleinman e Byron Good (eds.) Los Angeles: University of California Press; Obeyesekere, Gananath. 2003. Buddhism in *Global Religions*, Mark Juergensmeyer (ed.), Oxford University Press.

para além delas podem ser claramente observadas através da análise da revolução iraniana de Khomeini, o único regime contínuo constituído por um movimento fundamentalista([156]).

As causas da revolução iraniana são, na verdade, muito semelhantes às das revoluções clássicas – nomeadamente, o colapso de uma autocracia modernizadora dilacerada pelas contradições internas entre vários processos de modernização económica e social, que deram origem a diversas novas classes económicas e profissionais modernizadas, mas que lhes vedava o acesso a qualquer autonomia política, qualquer acesso autónomo ao centro político, desenraizando-as simultaneamente dos sectores mais alargados da população camponesa e urbana – muito como sucede no terceiro mundo, empurrando-as para a periferia degradada das cidades.

Esta revolução desenvolveu-se, como as grandes revoluções, numa civilização Axial, o Islão, com uma muito forte – embora seguramente não exclusiva – orientação mundana. O clero xiita desempenhou nela um papel central – aparentemente muito semelhante ao desempenhado pelos puritanos na guerra civil inglesa –, um papel em que os temas e símbolos religiosos foram de extrema importância.

Mas já no que diz respeito ao papel e orientações destas elites religiosas autónomas destacam-se algumas diferenças cruciais entre a revolução iraniana e as primeiras revoluções clássicas, assim como as tardias. Em contraste com os puritanos ou com a *intelligentsia* russa o clero xiita não constituía uma heterodoxia no interior das instituições religiosas ou «culturais». Eles eram os elementos mais articulados do *establishment* religioso e, na sua maioria, sentiam-se completamente alienados do regime secular do Xá e da sua ideologia modernizadora. As suas orientações básicas, as suas orientações cosmológicas de base, eram radicalmente anti-modernas, ou, de forma mais exacta, anti-iluministas e anti-ocidentais.

A revolução de Khomeini teve lugar também no contexto da expansão da modernidade, e ergueu-se sobre muitos dos aspectos estruturais e organizativos da modernidade – especialmente, é claro, no uso dos *media* e de modernos métodos organizacionais para a mobilização de massas. Encontrava-se também imbuída de algumas das premissas institucionais e ideológicas da modernidade. Não só adoptou instituições políticas modernas, tais como um parlamento ou uma presidência – aos quais não existe nenhuma referência em qualquer visão islâmica original – mas também fez realçar de forma moderna

---

([156]) Ver capítulo 1, nota 4.

temas como a igualdade e a participação política, muito para lá do que se podia observar nessas mesmas visões.

Assim, a revolução fundamentalista islâmica tal como foi promulgada no Irão, a qual no que respeita às suas causas, e mesmo processos, se aproxima das revoluções clássicas, assinala uma orientação civilizacional inteiramente nova, uma nova combinação de temas cosmológicos e de programas culturais. Era esta distinta combinação de visões cosmológicas modernas e anti-iluministas e anti-ocidentais – desenvolvida no âmbito de novas visões globalizantes e inter-civilizacionais – que distinguia a revolta islâmica iraniana de uma revolta clássica, fazendo salientar algumas das suas similitudes com diferentes movimentos pós-modernos. Desta forma, efectivamente, os movimentos fundamentalistas modernos, representados de forma total pela revolução iraniana, mas também de uma forma algo diferente pelos movimentos comunais religiosos, implicam uma deriva importante, e mesmo radical, no discurso da confrontação com a modernidade e na conceptualização das relações entre civilizações, religiões ou sociedades ocidentais e não-ocidentais – partilhando, assim, paradoxalmente muitas características com diversos movimentos pós-modernos.

Desvios e transformações nos temas de protesto no discurso da modernidade e no imaginário revolucionário

CI

As diferenças cruciais entre, por um lado, os diversos movimentos socialistas, comunistas e mesmo nacionalistas e, por outro, os novos movimentos religiosos comunais nacionais contemporâneos, e acima de tudo os movimentos fundamentalistas, destacam-se sobretudo no que respeita à sua atitude face às premissas do programa cultural e político da modernidade e ao Ocidente.

Em oposição à aparente aceitação das premissas destes programas, ou pelo menos revelando uma atitude altamente ambivalente em relação a estas premissas, combinada com a sua contínua reinterpretação, que era característica das primeiras revoluções e movimentos revolucionários – tais como os diversos movimentos e regimes socialistas comunistas e nacionalistas – os movimentos fundamentalistas contemporâneos e muitos dos movimentos comunais religiosos, bem como muitos dos movimentos pós-modernos, promulgam uma aparente negação de pelo menos uma destas premissas, bem como uma atitude marcadamente antagónica face ao Ocidente, partilhando de forma especular muitos temas com os movimentos políticos.

Em contraste com os movimentos comunistas e socialistas, incluindo os socialistas muçulmanos ou africanos, os movimentos fundamentalistas ou religioso-comunais contemporâneos promovem uma atitude radicalmente negativa face a algumas das componentes centrais iluministas – e mesmo românticas – do programa cultural e político da modernidade, especialmente a ênfase na autonomia e soberania da razão e do indivíduo. Os fundamentalistas promulgam uma negação ideológica totalitária destas premissas «iluministas», e alimentam uma atitude básica de confronto não apenas com a hegemonia ocidental, mas com o Ocidente enquanto tal, com o que é por eles definido como a civilização ocidental em termos totalistas e essencialistas. Estes movimentos fundamentalistas, embora mimetizando, em princípio, quando não na prática, as componentes particularistas dos movimentos comunais nacionais, fundamentam a sua negação das premissas do Iluminismo e a sua oposição a estas com as premissas universalistas das suas respectivas religiões ou civilizações reinterpretadas. Os movimentos comunais nacionais foram construídos sobre os primeiros movimentos «nativistas», tipo «eslavófilo» – mas reinterpretaram-nos sob formas comunais nacionais políticas modernas. Significativamente, em todos estes movimentos, os temas ou símbolos socialistas ou comunistas já não eram tão enfatizados. Os temas de justiça social eram habitualmente promulgados nos termos das suas próprias tradições – frequentemente retratados como intrinsecamente superiores aos socialistas materialistas «ocidentais». Neste contexto, é muito interessante notar que os activistas, especialmente nos diversos países árabes que foram atraídos pelos diversos temas e movimentos socialistas, passaram a ter um papel dinâmico nos movimentos fundamentalistas, e também nalguns movimentos comunais dos anos 80 e 90 do século passado.

Ao mesmo tempo, eles induzem um desvio das arenas principais de contestação e cristalização das múltiplas modernidades das arenas do Estado-nação revolucionário e não-revolucionário para novas áreas, nas quais estes diferentes movimentos e sociedades interagem continuamente uns com os outros, promulgando os seus programas de formas novas. Em primeiro lugar, entre estes novos modos, encontramos o alcance e difusão global (especialmente através de diversos *media*) destes movimentos e as confrontações que eles implicam; em segundo lugar, temos a sua politização, a sua interligação contínua com ferozes contestações formuladas em termos altamente políticos

AS CONSEQUÊNCIAS DAS REVOLUÇÕES

e ideológicos; e, em terceiro lugar, a componente crucial destes desenvolvimentos em reinterpretações e apropriações da modernidade, e a contínua reconstrução de identidades colectivas em relação ao novo contexto global e às suas contestações.

Mas, sobretudo, todos os movimentos contemporâneos promulgam uma atitude de marcado confronto com o Ocidente, com o que é tido como ocidental, tentando apropriar-se da modernidade e do sistema global nos seus termos não- ocidentais, e muitas vezes anti-ocidentais, mas em grande medida formulados nos termos do discurso da modernidade. Estes movimentos tentam dissociar completamente a ocidentalização da modernidade; negam o monopólio ou hegemonia da modernidade ocidental e a aceitação do programa cultural ocidental como símbolo máximo da modernidade. A confrontação com o Ocidente não assume a forma de uma procura da integração na civilização hegemónica moderna nos seus próprios termos, mas antes uma apropriação da nova cena global moderna internacional para si e para as suas tradições ou «civilizações», tal como são continuamente promulgadas e reconstruídas sob o impacto do seu contínuo encontro com o Ocidente.

Sobretudo, promovem a des-ocidentalização, a separação da modernidade do seu padrão «ocidental», retirando por assim dizer ao Ocidente o monopólio da modernidade. Neste vasto contexto, a modernidade, ou modernidades europeias ou ocidentais, são vistas não como a única modernidade verdadeira, mas como apenas uma de múltiplas modernidades, mesmo se, como é óbvio, aquela desempenhou um papel especial não apenas nas origens da modernidade, mas também na contínua expansão e reinterpretação das modernidades.

CII

Estas tentativas de apropriar e interpretar a modernidade nos seus próprios termos, constituem parte de um conjunto muito mais vasto de desenvolvimentos que têm vindo a ter lugar em todo o mundo, continuando, aparentemente, os confrontos entre os diferentes movimentos religiosos reformistas e tradicionais, que constituíram uma importante transformação do discurso da modernidade. Estas tentativas de apropriação e interpretação da modernidade nos seus próprios termos não se têm, na verdade, confinado aos movimentos fundamentalistas ou comunais religiosos. Estes movimentos – os fundamentalistas, os pós-modernos, bem como os movimentos anti-globalização, reconstituíram de novas formas a problemática da modernidade em novos contextos históricos, em novas arenas, implicando uma deriva extensa dos focos de protesto e no imaginário revolucionário.

Constituem parte de um conjunto de desenvolvimentos muito mais vastos que têm vindo a ocorrer por todo o mundo, nas sociedades muçulmanas, indianas e budistas, continuando aparentemente, embora sob formas marcadamente diferentes, as contestações entre diferentes movimentos religiosos reformistas e tradicionais anteriores que se desenvolveram nas sociedades não-ocidentais. Simultaneamente, os diversos movimentos pós-modernos ou pós-materialistas são uma transformação de muitos dos movimentos críticos da modernidade que se desenvolveram no Ocidente[157]. Nestes movimentos as tensões básicas intrínsecas ao programa moderno, especialmente as que ocorrem entre tendências pluralistas e totalitárias, entre atitudes utópicas e atitudes mais abertas e pragmáticas, entre identidades multifacetadas e fechadas, entre um colectivo distintivo e a razão universal, jogam-se mais em termos das suas próprias tradições religiosas baseadas nas suas respectivas religiões Axiais do que nas do Iluminismo europeu – embora sejam grandemente influenciadas por este último, e especialmente pelas tradições participativas das grandes revoluções.

Todos estes desenvolvimentos atestam, de facto, o contínuo desenvolvimento de múltiplas modernidades, ou de múltiplas interpretações da modernidade, e sobretudo da des-ocidentalização, da separação da modernidade do seu padrão «ocidental», privando, por assim dizer, o Ocidente do monopólio da modernidade. Esta atitude de confrontação com o Ocidente, com o que é percebido como ocidental, encontra-se nestes movimentos estreitamente relacionado com as suas tentativas de se apropriarem da modernidade e do sistema global nos seus próprios termos não-ocidentais e, por vezes, anti--iluministas modernos.

Nestes movimentos, as tensões básicas intrínsecas ao programa moderno, particularmente as referentes ao pluralismo e totalitarismo, às atitudes utópicas e pragmáticas, às identidades multifacetadas e fechadas, bem como às relações com o Ocidente, à percepção das relações entre o Ocidente e a modernidade, são continuamente postas em jogo sob novas formas, segundo novos termos, o núcleo dos quais consiste nas tentativas destes movimentos em reapropriar a modernidade, definindo-a segundo os seus próprios termos, destacando-a radicalmente da ocidentalização e retirando ao Ocidente o monopólio da modernidade.

---

[157] Antoine Compagnon, 2005. *Les anti-Modernes*. Paris: Gallimard.

AS CONSEQUÊNCIAS DAS REVOLUÇÕES

No seio de todos estes movimentos, as potencialidades destrutivas e agressivas – manifestas nas tendências e orientações fortemente agressivas e exclusivistas; na designação ou denominação de grupos como «inimigos», a serem frequentemente excluídos das respectivas colectividades, sendo mesmo desumanizados; na forte orientação e simbolismo anti-racional; e nas concomitantes tendências para a santificação da violência, têm-se interligado de perto com processos de deslocação, de contestação entre interpretações da modernidade, e com lutas geopolíticas – aumentando a sua perigosidade.

CIII

A análise precedente mostra, em pormenor, que estes movimentos diversos que aparentam estar em oposição diametral, partilham, como indicámos acima, muitos temas, imagens e padrões culturais – sobretudo, talvez, a ênfase num tipo de autenticidade colectiva ou pessoal em oposição à predominância da «fria» razão universalista – todos eles atestando do longo alcance das transformações do imaginário revolucionário promulgado pelas grandes revoluções e pelas visões originais da modernidade, pelas tentativas de reinterpretação e reconstrução desta, pelas tentativas de diferentes movimentos de se reapropriarem da modernidade e de redefinirem o discurso da modernidade nos seus próprios termos.

Estes diferentes movimentos divergiam em relação às componentes universalistas ou comunais particularistas primordiais do programa; em relação às premissas da autonomia do homem, da vontade humana, da razão, e da relação com as fontes de autoridade. Todas estas variações implicavam diferentes relações entre as antinomias básicas do programa modernos e as suas críticas – mas, ao mesmo tempo, partilhavam a ênfase na participação, igualdade e, paradoxalmente, também a ênfase na escolha e livre-arbítrio inerentes às concepções autónomas do homem, bem como as tensões entre orientações pluralistas e totalitárias intrínsecas ao programa da modernidade.

Assim, enquanto nos movimentos pós-modernos, com a sua forte afinidade com o multiculturalismo, a crítica da visão clássica da modernidade se aproximava da direcção do relativismo e da negação aparente das grandes narrativas, embora de facto, como analisou brilhantemente Frank Kermode[158], eles implicassem fortes orientações apocalípticas nas quais a dimensão expres-

---

[158] Kermode, Frank, 1966. The New Apocalyptists. *Partisan Review*, 1966.

O NOVO CONTEXTO: ALTERAÇÕES NOS TIPOS DE MODELO DO ESTADO-NAÇÃO...

sivista da existência humana era tornada absoluta – mesmo se «dispersa» por contextos múltiplos e heterogéneos, muitos destes movimentos «pós-modernos» e «multiculturais» desenvolveram orientações fortemente totalitárias, plenamente patentes nos diversos programas de «correcção política».

Paralelamente, nos movimentos religiosos, a asserção de novas ideias absolutas e universalistas contrariava as alegações absolutas dos modelos clássicos da modernidade, desenvolvendo, devido à sua grande variedade, bem como às suas dinâmicas internas, posicionamentos potencialmente mais pluralistas ou pragmáticos – e mesmo algumas orientações ou temas «pós-modernos», o reconhecimento ou aceitação de múltiplas orientações culturais. A sua confrontação contínua com o problema da perda dos marcadores de certeza, com a necessidade de convencer sectores cada vez mais alargados das suas sociedades da sua solução para o problema; com potenciais concorrências de diferentes movimentos ou regimes fundamentalistas, a aparente certeza absoluta que promulgavam enquadrava-se já bastante na estrutura de incerteza da heteronomia característica do discurso da modernidade.

Para mais, as suas pretensões de certeza combinavam-se, como era também o caso relativamente à autenticidade promulgada por outros movimentos, com uma forte ênfase na escolha individual e na existência de um espectro de escolhas para o indivíduo, fazendo desta consciência ou conflito individual uma fonte de legitimação.

Os debates e confrontações em que se envolvem podem, de facto, ser formulados em termos «civilizacionais», mas estes mesmos termos – na verdade, o próprio termo «civilização» contido neste discurso – encontram-se desde logo inscritos na nova linguagem da modernidade, nos termos totalitários, essencialistas e absolutizantes derivados das premissas básicas do discurso da modernidade, mesmo quando possam basear-se também na velha tradição religiosa; e eles implicam uma contínua transformação destas identidades e dos programas culturais da modernidade. Na verdade, a própria pluralização dos espaços de vida no enquadramento global atribui-lhes orientações absolutizantes altamente ideológicas, trazendo-os ao mesmo tempo para a arena política central. Quando estes choques ou contestações se combinam com lutas e conflitos políticos, militares ou económicos, podem efectivamente tornar-se muito violentos.

Os confrontos entre estes movimentos, e entre diferentes orientações no seu interior, decorrentes destes desenvolvimentos constituem choques entre diferentes programas de modernidade, entre diferentes tentativas de apropriação ou reinterpretação da modernidade em permanente mudança. Ao posicionarem-se para lá do modelo do Estado-nação estes novos movimentos não se moveram para lá da problemática básica da modernidade, e essa problemática continua a ser uma componente central dos seus discursos. Todos estes movimentos são profundamente reflexivos, conscientes de que não existe uma resposta final para as tensões inerentes à modernidade, mesmo se cada um deles procura a seu modo fornecer respostas finais e incontestáveis aos dilemas irredutíveis da modernidade. Mas estes movimentos reconstituíram o problema da modernidade em novos contextos históricos, de novas formas. Assim, estes desenvolvimentos constituem aspectos da contínua reinterpretação e reconstrução do programa cultural da modernidade; da contínua constituição de múltiplas modernidades; das tentativas de vários grupos e movimentos de se reapropriarem da modernidade e de redefinirem o seu discurso segundo os seus próprios termos.

Para mais, estas contínuas reinterpretações da modernidade e respectivas contestações não eram estáticas. As variações entre estes movimentos, e no seu interior, não eram de conteúdo fixo. Ao invés, todos estes movimentos desenvolveram uma reconstrução ou renovação contínua de vários temas e símbolos, confirmando o facto de que o programa cultural da modernidade constituía um ponto de referência comum, positivo ou negativo, a todos eles. Estas tentativas de interpretação da modernidade encontravam-se, em todas as sociedades, em permanente transformação sob o impacto de forças históricas emergentes. Passaram dos grandes movimentos sociais, que eram prevalentes durante o longo período de predominância dos modelos dos Estados--nação ocidentais e revolucionários para os movimentos «pós-modernos» da cena contemporânea. Mas, em cada um destes períodos, desenvolveu-se não apenas um modelo de modernidade – mas múltiplos modelos na definição dos quais desempenharam um papel importante as experiências históricas e a herança cultural e civilizacional das suas respectivas sociedades, como era já o caso na Europa.

Ao longo destas mudanças e transformações o imaginário e as actividades revolucionárias constituíram uma componente contínua – mas também em contínua mudança – do discurso da modernidade. Estas foram, de facto, constitutivas, embora de formas diferentes, do desenvolvimento dos diferentes padrões de modernidade, das diferentes ordens da modernidade, e foram continuamente transformadas através desses processos.

As transformações dos símbolos, imagens e actividades revolucionárias foram moldadas não apenas, nem sequer sobretudo, pelos seus conteúdos intelectuais intrínsecos, mas pela relação entre esses conteúdos e os enqua-

O NOVO CONTEXTO: ALTERAÇÕES NOS TIPOS DE MODELO DO ESTADO-NAÇÃO...

dramentos e contextos históricos alargados no seio dos quais se desenvolveram ou foram absorvidos. De particular importância na cristalização deste contexto foram os diferentes modos revolucionários e não-revolucionários de cristalização inicial dos regimes modernos e dos padrões institucionais e culturais destas sociedades; a combinação do impacto do programa original da modernidade nos seus respectivos centros, nas suas elites, nas suas inter--relações com os estratos mais alargados das suas respectivas sociedades e nas relações e configurações inter-civilizacionais em contínua transformação.

Em todos estes movimentos, os símbolos, imaginários e actividades revolucionárias desempenharam continuadamente um papel fundamental, constituindo componentes muito importantes dos seus repertórios simbólicos, da sua interpretação da modernidade, confirmando o papel central destes símbolos e actividades na própria constituição da modernidade, no seu discurso e desenvolvimento institucional, na constituição de diferentes ordens institucionais de modernidade.

Índice

Introdução à edição portuguesa:
S.N. Eisenstadt – Cultura, Estrutura e Acção Social   7

Primeira Parte
AS GRANDES REVOLUÇÕES E AS ORIGENS
E CRISTALIZAÇÃO DA MODERNIDADE:
ALGUMAS COMPARAÇÕES

I. Introdução: os enquadramentos históricos
    e civilizacionais das grandes revoluções   31

II. As características distintivas dos processos
    e ideologias revolucionários   41

Segunda Parte
AS «CAUSAS» E ENQUADRAMENTOS
HISTÓRICOS E CIVILIZACIONAIS DAS REVOLUÇÕES

III. Causas estruturais e sociopsicológicas   61

AS GRANDES REVOLUÇÕES E AS CIVILIZAÇÕES DA MODERNIDADE

IV. O enquadramento histórico:
as contradições da «Primeira Modernidade» 67

V. Os contextos civilizacionais das grandes revoluções.
As Civilizações Axiais 73

Terceira Parte
A VARIABILIDADE DAS CIVILIZAÇÕES AXIAIS
E DAS DINÂMICAS POLÍTICAS:
O CARÁCTER DISTINTIVO DO PROCESSO REVOLUCIONÁRIO

VI. Civilizações transcendentes. A civilização hindu 89

VII. As dinâmicas políticas de uma civilização «mundana»:
a ordem política chinesa confucionista 103

VIII. Civilizações monoteístas. O Islão 113

IX. Civilizações cristãs: o complexo europeu 121

X. Uma digressão comparativa:
O Japão – a restauração revolucionária não-Axial
e considerações finais 129

Quarta Parte
VISÕES COSMOLÓGICAS, MODOS DE REGULAÇÃO
E POTENCIAIS REVOLUCIONÁRIOS:
DINÂMICAS POLÍTICAS NAS CIVILIZAÇÕES AXIAIS

XI. Potenciais revolucionários nas civilizações Axiais 141

XII. Visões cosmológicas, modos de regulação, e dinâmicas
políticas nas sociedades imperiais e feudo-imperiais 147

XIII. Visões cosmológicas, modos de regulação e dinâmicas
políticas nos regimes patrimoniais 159

ÍNDICE

XIV. Observações finais. As «causas», contextos históricos
e enquadramentos civilizacionais das revoluções.   165

Quinta Parte
AS CONSEQUÊNCIAS DAS REVOLUÇÕES

XV. Consequências das revoluções.
A cristalização do programa político e cultural da modernidade   171

XVI. As consequências das revoluções:
a variabilidade do simbolismo revolucionário
nas sociedades modernas – considerações preliminares.   203

XVII. O novo contexto: alterações nos tipos de modelo
do Estado-nação revolucionário e não-revolucionário   233